ちくま文庫

漢字とアジア

文字から文明圏の歴史を読む

石川九楊

JN259277

筑摩書房

本書をコピー、スキャニング等の方法により無許諾で複製することは、法令に規定された場合を除いて禁止されています。請負業者等の第三者によるデジタル化は一切認められていませんので、ご注意ください。

漢字とアジア――文字から文明圏の歴史を読む【目次】

漢字とアジア——文字から文明圏の歴史を読む

序章　漢字文明圏とは何か

歴史は文体の積畳

東アジアとその歴史について概観するにあたって、まず歴史とはいったい何でしょうか。歴史というのは、過去の出来事にとどまらず、現在に連なり、現在を絶えずつくり出している力ですから、結論的にいえば「文体（スタイル）の積畳である」と私は定義したいと思います。言葉のスタイルや言葉以外のさまざまな文化ジャンル、また言葉の前段階での表現のスタイルを人類史は蓄積してきました。そういうスタイルの積み重なりを歴史と考えるのが一番いいと思います。

歴史というと、西暦何年にどことどこがどのように戦ったかというような戦争史観や合戦史観、また権力者達の政治的・軍事的政策や判断をクローズアップした英雄史観・武将史観が中心となります。そして他には、民衆の生活から探る民衆史観もあります。しかし、そういう営みを通じて、人類とりわけ人間の精神的な枠組み、物を考える枠組み、あるいは人々と接し共同して生きていくスタイルがいったいどこまで来たのかを考えていくことこそが歴史を考えることではないでしょうか。

歴史の主体はあくまで人間です。その人間は「言葉する存在」です。この場合の言葉とは動物が仲間を呼んだり威嚇したりするときに発する鳴き声や叫び声とはまったく異質なものです。

たとえば暗いところで鍵穴に鍵を差し込むときにも、人間にはかならずこのあたりにこのような形であるはずだという姿が見えています。幻像としての鍵穴を「鍵穴」という言葉に触発されて絶えず見ています。このように、人間の言葉は幻像と二重になって存在するという基本的な構造を持っています。動物にはそういう言葉の働きはなく、あくまで目の前に見えるものを知覚し、それに反応するだけです。そういう意味で人間は「言葉する存在」です。

その言葉は、世界を切り取って名付けていく単語つまり語彙と、文体（スタイル）からなり、これらのあり方が人間の思考を決定づけています。文体というのは語彙を載せる船のようなもので、その船が思考の枠組みとして、あるいは文化として一番大きな力を持っています。われわれはその船を離れて思考することはできません。思考や行動は具体的な言語のなかに微粒子的に存在し、これと一体のもので、自分たちの文体のあり方をどのように変えていくかを考えないかぎり歴史が変わっていくことにはなりません。

またこのことは、人間の歴史が、言葉（語彙と文体）から離れられず、したがって言葉の枠組が変われば、歴史もまた異なった姿であらわれる事実を意味します。

私も含め、読者諸兄姉は一九〇〇年代から二〇〇〇年代のどこかで生まれ落ち、それ以前に蓄積された語彙と文体、すでにある言葉のなかに、ある時期から参加し、またそこを去っていく生涯を送ります。長生きしたところでわずか百年ぐらいのもの。長い人類史のなかにほんのちょっと参加するだけのことです。

そのごくわずかの期間を、歴史的に言葉の枠組みで決められた角度で物を見、考えながら、生きていきます。しかしそのなかで、われわれが受け取った言葉ではどうしても表現しきれない何かがそこに残ることがあります。受け取った語彙と文体を使って十全に言い尽くせればいいのですが、それだけでは言い尽くしたことにはならないと感じられる異和の部分、自分が本当に言いたいことを言いえていないことを何とか表現しようとするところに新しい語彙と文体が生まれてきます。

無意識が歴史をつくる

すでに社会には厖大なスタイルが蓄積されています。しかし、それを引き継ぎ全面的に駆使したとしても、なおかつまだ思いを表現しきれずに、これとは違うことをちょっとだけ言いたいという表現に対する欲求があります。組み合わせを変えてみたり、あるいは表現のアクセントを変えてみたり、あるいは新しい言葉をつくったりしながら何とか少し新しい表現を試みるのです。それがまわりの人に受けとめられれば、それが社会的な新たな文体となって歴史をより豊かな方向へ導いていくことになります。

そうではなくて、過去の文体の限界内でやっていくということになれば、表現力は基本的に強まることはなく、徐々に弱まっていくことになります。近年、いろいろな分野で、既存の著名作品の再演や焼き直しが目につきますが、今われわれがどっぷり漬かりはじめているインターネット社会、あるいはコンピュータ社会というのが、既存のものの組み合わせをいろいろ変化させることはあっても、すでに入ったものを基本的に増やしていく力はないという意味で、歴史に対してあまりプラスに作用することはないと思われます。

結局、人間ひとりひとりが生きていくなかでの表出と表現の積畳が歴史です。表出というのは自覚されないまま外側へ出ていくものです。じつはこの部分の方が大きいのです。それから意識的に表現する部分があり、この二つの蓄積が現在の文化的な状況、すなわち歴史をつくっています。

その人間の表出と表現を生み出すのは、——ここが一番大事なところなのですが——、人間の意識下の意識、つまり無意識、自覚されない意識です。表現といえども無意識が原動力になっています。怖いのは何かぽろっと漏らした言葉にじつは本心があったり、あるいは自分が自覚もしないでついつい反復して使っている言葉にスタイルが宿ることです。頑張って意識的に小説を書いたとか詩を書いたとか、そういうところよりも、むしろ普段何気なくしゃべっているときに、いつもあの人はこういう言葉を使うとか、あるいはこういうふるまいをするというところに本心があって、そういう自分自身すら気づいていないような本心の積み重なりが歴史をつくっているのです。

歴史の進む道

北朝鮮というと、いわゆる拉致問題がクローズアップされます。もとより、拉致は許すことのできない国家の犯罪のひとつですが、これなどは、時代の本心（無意識）とマスコミが騒いでいることとのあいだに大きな亀裂があるように思います。それほど大きく、深刻な問題として捉えていないというところに私はむしろ日本人の本心があると思うのです。ところがある時期からテレビや新聞は拉致問題について大袈裟に取り上げ、日朝関係をことさらに荒立てるような報道をしています。しかし、そのように対立を煽るところには本心はなく、北朝鮮と早く正常な関係を保ち、国境を越えて民衆同士が自由に交流するようになればいいという思いにおそらく日本人の本心はあると思えるのです。

われわれは歴史を見るときに表面的なところではなく、無意識がどう動いているかを努めて見ていくようにすればいいのです。それには自分自身の本心を探ってみればいいのです。冷静になって、本当はどう思っているのかということを自問してみることです。

人類史は二百万年とも五百万年ともいわれていますが、数百万年の歴史を経て現在まで来たその歴史は、決して無方向に右往左往してきたのではなく、やはりひとつの方向を持っていて、こういう社会でありたいと願っている人間の無意識（理想や希望）の方向に歴史は進んできたと思えます。

たとえば階級的な格差や、肌の色の違いや人種の違いによる差別、あるいは男女間のいわれのない差別はだんだん少なくなってきています。さらに貧富の差が小さくなり、みんなが豊かになるという方向に、また戦争や圧政もなくなる方向に、少しずつではあれ、動いています。もちろん歴史のなかには揺り戻しの時代があり、とくに一九七〇年代以降、中東あるいは南アメリカ、アフリカで、これまで以上に飢餓に苦しむ状況や、局地的に悲惨な戦争が生まれていますが、長い歴史のなかではそれも徐々に解決する方向に動いていくと思います。歴史は確実に、人類の無自覚の希望や理想の方向に進んできているといえるのではないでしょうか。

しかし現在、それが大きな曲がり角に来ています。私自身、一九八五年頃に「明治維新に匹敵するような時代の変革期にある」ということを、こんなことを書いていいのかと自問自答しながらおそるおそる書いた記憶がありますが、今やそれは多くの人が認める事態に至っています。それほど大きな人類史上の曲がり角にあることは紛れもない事実です。それをはっきり示したのが二〇〇一年九月十一日のニューヨークのツインタワーのあの事件だと思います。そういう現状を踏まえた上で、東アジアの歴史について講義をしようと思います。

言語と文字から歴史を読みなおす

アメリカ依存の政権ができてからというもの、下火となりましたが、ヨーロッパの「EU」に倣って二〇〇〇年代初頭には「AU（アジア連合）」という言葉が生まれました。また一九九〇年代以降の急速な中国の経済発展とともに、「東アジア」なる言葉もよく耳にし、目につくようになりましたが、それでは、東アジアとは、どのように定義すればよいのでしょうか。

結論的にいえば、日本、中国、韓国・朝鮮、台湾、越南（ベトナム）が含まれる東アジアというのは、単なる地理的な概念ではありません。「漢字文明圏」というかたちで括《くく》ることのできる歴史的、地理的、文化的な共通性をもつ地方です。たとえば、イスラムは地理的にいえば西アジアということになりますが、それでは東アジアと西アジアと合わせてアジアという定義づけが可能かというと、私にはそうは思えません。東アジアというのは地理的な概念ではなく、「漢字文明圏」つまり「有文字・無宗教の歴史的、地理的、文化的地帯である」と私は定義したいと思います。とりあえず、「漢字文明圏」と表現しましたが、「一文字が一語である漢語文明圏」と言う方が正確です。西欧アルファベット、アラビア系文字、インド系文字とは異なり、漢字は一語が一字、つまり「言葉即文字（漢語＝漢字）」という構造をもつ、〈音〉よりも〈義〉優先の言葉であり、それゆえ、変化しにくく、水圧も高い言葉です。東アジアの各国は、例外なく、この漢語・漢字を共通項としてもつことによって生まれ、括られ、再生産されている地方であり、また、この漢字に対する戦略の違いによって、中国、日本、朝鮮・韓国、越南などの国が生まれています。ちなみに漢語依存率は、中国では九割以上、越南は七割、日本や朝鮮・韓国でも五割以上を占めます。

アジア的段階の前にアフリカ的段階という概念を持ち込んだのは詩人にして思想家・吉本隆明《よしもとたかあき》さんですが、私の解釈ではアフリカ的段階とは無文字段階を意味します。東アジアは文字を持っており、かつ、宗教を持つヨーロッパなどとは違い無宗教です。有文字・無宗教の歴史的、地理的、文化的地帯、また歴史段階を東アジアと規定できると思います。

ただしこのときに、日本には仏教や神道があるではないか、朝鮮にも儒教やキリスト教、また道教もあるではないか、と考える人も多いと思います。しかしこれらは今私がここで使う宗教という範疇には入りません。それらは無宗教のなかでの政治思想や学問であったり、習慣であったり、世界観であったりというレベルのもので、宗教ではありません。宗教といったところで、いずれも、これらは近代以降、西欧キリスト教をモデルに再構成されたそれにほかなりません。

二〇〇一年の9・11事件を経て、これから世界の人類がどういう方向に向かうのかを考えるときに、吉本さんが規定するようなアフリカ的段階、ヘーゲルやマルクスがいうところのアジア的段階を経て、そのあとつづいて古代、中世、近世、近代、現代と区分される時代があるという西欧型の歴史観は、民主制的近代化を促すという意味で、有効な歴史観として機能したことは事実です。しかし、同時にまたその限界も見えてきたように思われます。たとえば、少々強い言い方をすれば、東アジアにおいては、紀元前三世紀、秦《しん》の始皇帝時代に、基本的には宗教段階を終えていますから、西欧やイスラムが二次的に衣替えしたとはいえ、いまだ宗教的な観念の宇宙を払拭しきれていないことは、西欧は東アジアでいえば、秦の始皇帝時代以前の歴史段階にとどまっているという言い方さえできないわけではありません。また、中央集権の郡県制と地方分権の封建制のあやとしての政治制度や中華・華夷制の国際外交制度をもつ東アジアは、民主制は知らなかったものの、治政としての政治学は始皇帝時代から先進地方でありつづけました。孔子をはじめ諸子百家の脱宗教＝政治化のための言説や為政者のための倫理、道徳が、現代日本の経営者にも役立つのはそれゆえです。

言葉から離れられない人間の歴史を、言葉のスタイル、とりわけ、文（書き言葉）と言（話し言葉）の関係、つまりは言語に対する文字の関係から分類して世界史を考えなおすのが本書の狙いです。その新しい歴史観では、言葉即文字の、文（書き言葉）中心の構造をもつ東アジアの漢字文明圏がまずひとつあります。次いで第二に、発音記号のごとき文字しかもたない、言（話し言葉）中心の構造をもつ欧米・西アジア・南アジア・北アフリカの宗教文明圏があります。これは子音と母音をもつアルファベット文明圏と、子音優位のイスラム文明圏と、母音優位のインド文明圏の三つの文明圏に分けられます。さらに、もうひとつ第三のアフリカ的な無文字文化圏を想定し、大きくはこの三極の歴史の総合として考えていくというものです。

むろん、東アジア漢字文明圏が西欧やイスラムなど他の文明圏と対立するというわけではありません。かつて、「東洋的叡智」という言い方がありましたが、はじめにお話ししたように東アジアは宗教をすでに脱した歴史段階にあり、西欧よりも先の思考をすでに持っています。その東アジア的叡智が生きて活躍できる場もまた二十一世紀に確実にあると思われます。

第1章　文字と国家の誕生——中国史Ⅰ

これから三章にわたって中国史のお話をしますが、本論に入る前に、まず前提として押さえておくべきことを簡単に整理しておきます。

それは、中国の姿についてです。中国は、今われわれが考えるようなひとつの〈大きな国家〉として捉えるよりも、いわばヨーロッパのようなひとつの〈大きな地方〉として捉えたほうが、実情に合っています。このように考えることができれば、中国の歴史だけでなく東アジア各国の歴史も非常に明快になり、同時にそのことを通してヨーロッパやイスラムとの違いも明らかになり、世界史像が手に取るように見えてきます。こうしたスケールの視点を持っていないと、東アジアの問題に対して誤った判断をすることになります。

第二次大戦のときに、日本は「アジアはひとつ」「八紘一宇」といったスローガンを掲げて、大陸や半島に侵攻し、植民地化していったことは周知のとおりです。そうしたスローガンの背景には、「アジアの盟主は日本である」という視点がありました。

しかし、アジアの盟主は日本ではありません。あくまでも盟主は中国です。ただし、この場合の中国という意味は、中華人民共和国という具体的な国家を指すのではなく、歴史的な概念としての中華、正確には漢語・漢字文明です。その中華に照らし出されることによって、周辺の朝鮮半島や弓なりの列島・弧島（＝日本）が誕生しました。その歴史の延長上に現在が繋がり、存在しています。

つまり中国を、「南北朝鮮、越南（ベトナム）、日本、台湾、琉球、沿海州を含めた東アジアの中央部」と捉えるわけです。このような視点から歴史を考えることは、決して日本にとって屈辱的なことではなく、むしろ東アジアを、ひいては世界をありのままに見ることに繋がります。

このことを強調する理由は、北朝鮮をめぐる問題で異様とも思える状況が日本で起こっているからです。もしかすると将来に禍根を残しかねない問題を孕んでいます。だからこそ、きっちり東アジア問題について考えてみる必要があると思います。

ただ、われわれのような庶民レベルの人間が国家のやり方について提言しても、あまり意味がありません。それよりはむしろ、日本人と北朝鮮の人々がどうすれば仲良く平和に交流することができるのかを考えるほうが、第一義だと思います。

このときに大切なのは歴史を考える視点であり、「東アジアは中国を中心とする非常に曖昧なグラデーションで繋がる地方であり、中国といわれている国も実のところはヨーロッパのように複数の国が寄り集まってできている」という視点をもつことです。

中国を束ねる原動力

東アジアの歴史における中国の位置を考えれば、中国が中華思想に傾くのも止むを得ません。それは事実だからです。また、「日本文化は中国文化のひとつのバリエーションにすぎない」と中国人が考えるとしても、それはそれで仕方がないとも思います。それも事実だからです。ただ、そのバリエーションがいかほどの質をもつに至っているのかという問題は当然残ります。この点について敬意を払わず、無視するというのであれば、これもまたおかしな話です。

東アジアの歴史のなかで中国が果たしてきた役割はきわめて大きいものです。では、その中国とはどういう国なのか。「漢字のみを使用する言語圏である」、これが本書での中国の定義になります。ただしその中国の内実は、日本や朝鮮、あるいはベトナムと同じようなレベルのいくつかの「国」が連合してできている連邦国、連合国であって、各国で使う文字が漢字一種類に統合されているということです。

中国は多民族国家ということになっています。これは現在の中国政府自身が表明していることです。人口は約一四億人で、世界の五分の一を占めています。その九十数パーセントが漢族で、残り数パーセントを占めるのが少数民族で、その数は五五あるといわ

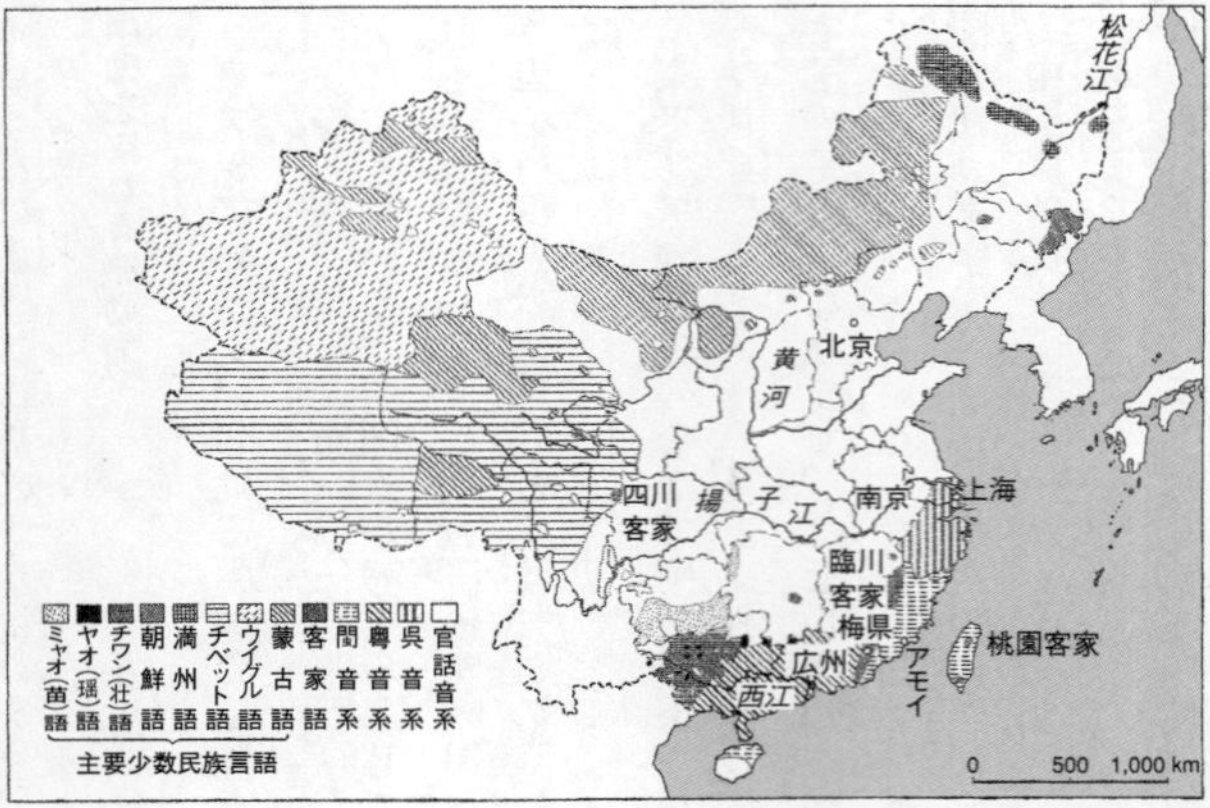

（出所）『中国文化叢書１ 言語』大修館書店、1967年

図１ 中国の代表的な言葉とその分布

れています。しかしそういう意味で多民族国家というのではありません。九十数パーセントといわれる漢族自体が実はフィクションなのです。漢族というのは、要するに「漢字族」です。「漢族」とひとくちに呼ばれている実体が多数の族、つまり多数の国に分けられるということです。

その証左として、漢族が使う言葉は複数あります。代表的な中国の言葉を列記したものが、**図１**です。

たとえば、中国語を学ぶ初学者向けの入門書として、『中国語四週間』『広東語四週間』という本があります。ほかにも、上海語の本などいろいろあります。このことからわかるように、中国には数多くの種類の言語があって、一口に中国語とは括れない。それが中国語です。たくさんの言葉を寄せ集めて中国語はできている。その中国語をあえて一つにまとめて呼ぶとするなら、「漢字語」（漢語）というしかありません。

『中国語四週間』における「中国語」とは、中国語全体を指すのではなく、北京語を中心とした普通話、日本でいう標準語のことです。一方、『広東語四週間』における広東語とは何なのか。この本の説明に、「中国語で使用される文字は漢字であるが、広東語でも同じく漢字が用いられている」と書いてあります。「広東語でも漢字を使う」とわざわざ書いてあるということは、裏を返せば、北京語を中心とした普通話と広東語とは違う言葉だということです。

もちろん、日本でも上方の言葉と江戸の言葉とは明らかに違います。だが、そういうレベルではない差異が中国語にはあります。ひとつのエピソードを紹介しますと、浙江《せっこう》省の温州というところで、北京語を中心とした普通話（標準語）を使ってテレビやラジオなどで話すと、それを理解できる人は五パーセントしかおらず、それをアナウンサーが温州語に翻訳して説明すると、一〇〇パーセントの人が理解できるそうです。ただし、その範囲は六〇キロ圏域だけで、そのエリアを越えた人には温州語は通じないらしいという話が『中国文化叢書１　言語』という本で紹介されています。

要するに、言葉が違うのです。たとえば広東の人が北京に行っても、会話は通じない。

逆に、北京の人が広東に行ったとしても、普通話（標準語）が普及している大都市圏では言葉が通じる可能性が高いでしょうが、地方語つまり方言の強いところでは通じません。

このような話し言葉の違いを超えて、中国は一つのまとまりになっている。その原動力が漢字にほかなりません。

「中国」の括りをいったん外す

右に述べたとおり、中国語の姿は多様です。次にその具体的な例をみていきましょう。日本語の「あの人」という意味に当てはまる言葉は、北方語や北京語を中心とした普通語では「他［t'a］」といいます。上海語や蘇州《そしゅう》語を含む呉《ご》語では、「□□人［ge? ke? nien］」と言います（「□□」に対応する漢字がない）。

それから次は福建語を含む閩《びん》語。これは文字も発音も変わって「伊［i］」となります。次の広東語を含む粤《えつ》語では、「佢［kɔei］」となり、次の客家《はっか》語では同じ「佢」で［ki］と発音しているということです。粤語・客家語のこの「佢」という字は、日本でいえば「峠」「辻」「榊」のような国字にあたるもので、本来の漢語にはない漢字です。その国字が広東語や客家語では使われています。むろん北京の方にはこういう文字はありません。客家語というのは北から広東の方へ逃れてきた人たちが使う難民の言葉です。

それから、広東の方ではよく使われる文字に、「吔」「嗰」「啱」など口編の字がありますが、これも発音記号にあたる字を口編に付けて、新たにつくった漢語にはない漢字です。また面白いのは、「冇」という字があるのですが、これは「無」という意味の字です。「有」という字の下の二本の横棒がないから「無」なのですね。そういう文字をつくっています。

これらの言葉と同様に、日本語、朝鮮語、ベトナム語を並べてみれば、北京語、上海語、福建語、広東語、客家語と同じように、日本語、朝鮮語、ベトナム語も位置づけることが可能です。

たとえば、「三」という漢語は、北京語では「ｓａｎ（サン）」であり、呉語では「ｓε（セ）」で、閩語では「ｓａｍ（サム）」や「ｓａ（サ）」。それから粤語では「ʃａｍ（サーム）」。子音が「ｎ」から「ｍ」に変わっています。客家語は「ｓａｍ（サム）」、朝鮮語は「ｓａｍ（サン）」、ベトナム語では「ｔａｍ（タム）」です。そして日本は「ｓａｍｕ（サン）」になる（増田弘・大野敏明『古今各国「漢字音」対照辞典』等による）。このように並べていけば、同じ言語圏であることがわかるでしょう。

今われわれは中国を政治的な括りにしたがって「大陸にある大きなひとつの中華人民共和国」と考えていますが、言葉という文明文化的な括りからは、「中国はいくつかの国に分かれ、さらにそこには朝鮮半島、越南、弧島、琉球、台湾が含まれる」というかたちで中国像を描けるでしょう。このことが本章で最も強調したいことです。

西欧言語学の限界

言語学という学問があります。最近あまり聞かなくなりましたが、八〇年代の日本では、スイスの言語学者・ソシュール（Ferdinand de Saussure）という人の言語学が大流行しました。ただ、この学問は西欧で生まれた学問なので、文字に対する観点がまったく抜け落ちています。なぜそうなったのかというと、西欧にはアルファベットという発音記号のような文字しか存在しないからです。西欧人には文字のことがわからないから、漢字の文明と文化の構造は理解できないのです。

西欧の言語学は音を無視しては成り立ちません。音とは、つまり声。声が言葉には不可避です。このときの言葉とは話し言葉です。口言語といってもいい。話し言葉にとって声が不可避であるのなら、書き言葉にとって文字、つまり書字は不可避ということになります。文字を書くことが存在しなければ、書き言葉は存在しないのです。言葉はどのように発達して現在にあるかといえば、話し言葉と書き言葉が相互に干渉しあい、お互いに影響を与えながら、その総合として存在しています。

ところがソシュールの言語学では、「言葉は話し言葉と書き言葉の統合体として想定されるものではない」と断言しています。そんな学問が世界の言語論になれるはずはありません。書き言葉を除外して、話し言葉だけで言葉が存在するというのは、無文字の社会ならありうるかもしれませんが、いったん文字ができた社会では、言語学の対象を話し言葉だけに限定していいはずはありません。当然、書き言葉も言語学の対象になります。話し言葉と書き言葉の統合として言葉は存在するのです。

このことをわからない人が、実は、言語学者なのです。ソシュールは「話し言葉と書き言葉の統合体」として言葉を考えるのではなく、「書き言葉とは話し言葉を文字で定着させたものである」と考えているわけですから。

むろんソシュールの思想のなかで役に立つ点もあるでしょうが、言語論においては取るに足りない、むしろ笑うべきものです。文字なくして言葉がありえますか。少なくとも東アジアではそんなことは考えられない。どう考えても歴史とは違っているし、われわれが使っている言葉の実態とも違っています。しかし、ソシュールの言語学のような学問で、言語学者という人たちは仕事をしてきたのです。

よくいわれる話ですが、北京語と広東語の違いは、イタリア語とスペイン語の違いと同じ、もしくはそれ以上あります。それほどの差がある言語が漢字で結びつけられているのです。それは日本語にも朝鮮半島のそれにも当てはまりますし、越南もかつてはそうでした。

このことを逆から考えてみます。もし中国が漢字を廃止すればどうなるでしょうか。

完全にヨーロッパと同様の事態に陥ります。ヨーロッパは、スペイン、ポルトガルがあり、イタリア、フランスがあり、ドイツがあり、スイスがあるというように小さく分かれていきます。大陸の諸地方も分かれる過程で当然戦争、内戦が起きますから、結局、中国は漢字を廃止できずに、現在のような簡体字を用いることでなんとか辻褄を合わせているのです。

一字が一語の漢字語のみの言語は非常に厄介です。一万字＝一万語ぐらいは知らないと、本当の意味で読み書きできないからです。日本語の場合には、やさしい文であれば漢字を使わずに平仮名だけで済ますこともできます。ところが、中国には平仮名がないから全部漢字を使わざるをえない。一万字もの漢字を覚えるのは大変なので、どうしても無文字の民が多くなります。これを有文字の民にするために中国政府が採った政策は、使用する文字の数を三〇〇〇〜四〇〇〇ぐらいに抑え、かつ簡体字で書き方もできるだけやさしくするというものでした。

言葉の性格、文字の性格

ここまでの話を少し整理しておきましょう。一言で説明すれば、「中国語というのは漢字語のことで、中国語という言語はない」ということです。その実態は、北京語であり、上海語であり、福建語であり、広東語であり、客家語であるわけです。そういう言

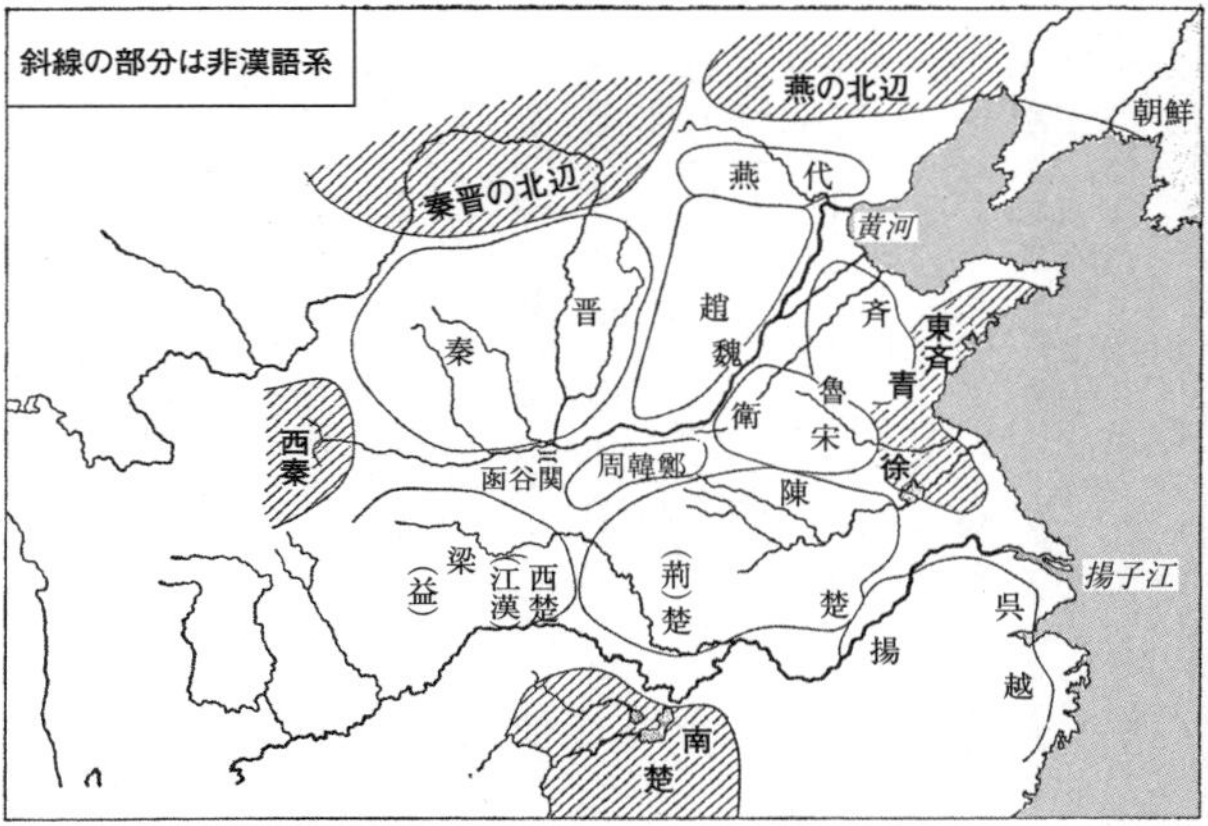

（出所）林語堂「前漢方言区域考」による。『中国文化叢書１　言語』

図２　前漢方言区域図

語が中国語と総称されるのは、要するに漢字語としてひとつに括られるからです。もともと中国語があったのではなく、中国語（漢字語）になったということです。

では、過去の中国にはどんな言葉があったのでしょうか。**図2**をご覧ください。これは林語堂《りんごどう》という人がつくった前漢時代の方言（言語）の分布図です。秦の時代以降にどんな方言があったかを記したもので、ここに列挙されているのがそれぞれの言葉です。北の方からみていくと、燕《えん》、代《だい》、趙《ちょう》、魏《ぎ》、晋《しん》、秦《しん》、西秦《せいしん》、周《しゅう》、韓《かん》、鄭《てい》、衛《えい》、魯《ろ》などがあります。つまり、たくさんの国と、その国の言葉があったということになります。

やがて、近接した地域ごとに方言のブロックを形成します。燕・代の言葉、趙・魏の言葉、斉・魯の言葉、衛・宋の言葉、中央では周・韓・鄭の言葉というように、近接した国同士の言葉が大まかにまとまり、方言のブロックをつくっていき、それが現在の中国語の母体になっています。

当時はいろいろな構造の言葉があったと思います。これは推測にすぎませんが、現代中国語と同じ構造の単音節孤立語の言葉だけではなく、現在の日本語のような膠着語《こうちやく》的な言葉も存在していたはずです。そういう言葉が漢字語で整理され、漢字になることの困難な助詞や助動詞が退化していって、「単音節の孤立語」に分類される言葉になっていったのだと考えられます。

単音節孤立語というのは、一語が一音節、母音一つで発音されるということです。たとえ母音が二つ三つと重なっていても（重母音）、母音は一つ。孤立語というのは、語形が変化しないということです。この孤立語に対して、語形が変化する言葉が二つあります。一つは、ヨーロッパの言葉のような屈折語であり、もうひとつは、日本語、朝鮮語、モンゴル語のような膠着語です。

孤立語は語形が変化しないといいましたが、これは言葉の性格ではなくて、じつは文字の性格なのです。単音節というのも、たとえば「越境」という言葉であれば、これで一つの単語になっているわけですから「越境」という言葉はもう単音節ではありません。

一般的には、「「越」が単音節、「境」も単音節であるから、中国語は単音節の孤立語である」と考えられているわけですが、そのときの中国語というのは漢字語であって、漢字が単音節の孤立字であることを意味するにすぎません。そういうふうにしか考えられないのです。なぜなら、世界中で単音節孤立語というのは中国とその周辺にしか存在しないからです（ただし、非常に原初的な言葉には単音節孤立語もあります）。

言語学では、動詞が前に来るか後ろに来るかというように、語順で言葉を分類します。たとえば、日本語と朝鮮語は、ほとんど同じ言葉と思えるくらい語順も含めて似ています。

しかし、語順で言葉を分けることには意味がありません。無文字社会に文字が入り込んでから、言葉がどのように変わったかという問題は、非常に難しくてよくわからないからです。そうではなく、「言葉は基本的には同じような構造をもっていた」と考えたほうが、むしろいいと思われます。

政治の言葉、文明の言葉

このように考えてくると、中国語が単音節の孤立語であるのは、漢字が単音節の孤立字であるという文字の性格にすぎないことがわかります。

では、そのような性格をもつ中国漢字語はどういう特異性をもっているのでしょうか。

まずひとつには、断言言語であるということです。細かいニュアンス、含みを表現しづらい言葉です。

しかし、政治に非常に適した政治語です。中国語の激しい破裂音、あるいは強い響きは、断言言語のもつスタイルから来るものです。

中国漢字語のもつこの特性は、ベトナム語についても当てはまります。ベトナムは確かに国字のような字喃《チューノム》はつくりましたが、ベトナム独自の統一的なシステムをもった文字は生み出さなかった。そのため中国同様、ベトナムの政治や文化はきわめて政治的な色彩の強いものになった。それがじつはベトナム戦争でアメリカに勝利した理由にもなっています。

ベトナム戦争においてアメリカは、社会主義政権を倒して自分たちがバックアップする傀儡《かいらい》政権をつくろうとしました。ところがベトナムはアメリカの思いどおりにはならず、傀儡政権はベトナム全土を支配するに至りませんでした。アメリカに抗うベトナムの力は漢字語のスタイルによって育てられた力がその源泉にあると思います。アメリカに対してベトナムが抵抗力をもてたのは、その政治的な言語の高さに関係しています。

世界中のどの文化、文明圏にも話し言葉はありますが、東アジアの場合には、書き言葉である漢字文が生まれました。漢字・漢語です。その漢字文が政治の言葉として周辺の地にも浸透していく。それは文明の言葉でもあったのです。

ロゴスにエロスを差し込む

かつて中国にはいろいろな言語が存在し、複数の国に分かれていました。現在、満洲は中国領土に入っていますが、ここには満洲語があり、満洲の文字もありました。ある時期には沿海州《えんかいしゅう》あたりまで中国の領土が広がったこともあります。満洲から沿海州あたりの地域が独立して渤海《ぼっかい》国という独立国になった時期もあります。このように、中国にはいろいろな言語と国があったのですが、現在それらの地は漢字で統合され、中国は漢字一辺倒になりました。

東アジアのなかで、漢字一辺倒の中国に対して最も強い異和感をもったのが、中国に国境を接することなく海を隔て、いちばん遠く離れている島国・日本です。早くは紀元前三世紀半ば、秦始皇帝時代の頃に、大陸から漢字文をともなった文明が弧島に入り込んできて、弧島は文明化されます。ここに文明の基盤が確立しました。白村江《はくすきのえ》の戦いに敗れ、大陸・半島と一定の距離をとることを余儀なくされた七世紀半ば頃、本格的に大陸の政治と文化を導入して、それに合わせて国を建てたわけです。ただ、国を建てるけれども、中国から遠く隔たっているために、漢字文明に大きな異和感をもつことにもなりました。異和感があまりにも大きかったために、その異和の情念が新たな文字を生むのです。その情念が生んだ文字が、漢字と漢字のあいだに入るかたちでつくられた片仮名と平仮名です。

片仮名は漢字文に割って入り、まさに膠着し、膠着文体をつくります。たとえば、日本人であれば「日本文化」という四つの漢字でできた言葉の意味がすぐにわかりますが、西欧人がはじめてこの四文字漢字を読むときには、「日　本文化」なのか「日　本文化」なのか「日本　文化」なのか、あるいは「日本文　化」なのかがわかりません。「日本」と「文化」という単語を知っていてはじめて「日本」と「文化」がくっついた「日本文化」であろうという想定がつくわけです。「日本文化」だけでは、「日の本文化」なのか、「日本の文化」なのか、「日本文化する」なのか本当はわからないのです。「日本文化」のあいだに「ノ」を入れて「日本ノ文化」としたらより明確な日本語になります。あるいは「日本ハ文化スル」とすることも可能なわけです（「文化」を動詞化するのは少し無理があるかもしれませんが）。

「日本文化」というのはロゴスです。ロゴスというのは政治の言葉です。足らざるロゴスに情念、エロスを助詞で補足するわけです。エロスを差し込むことによって細かな表現が可能になります。要するに、少しでも自分が思ったことに近づくべく生まれてきた文字が、漢字とは異なる東アジアの文字なのです。

そのひとつにハングルもあります。ハングルは諺文《オンモン》という名で誕生しました。諺文とは俗言、要するに、ハングルは通俗的な言葉であり、下々の言葉だったのです。こうした背景をもつハングルには下々のエロスが膠着するのです。結果、半島では下々のエロスが文化に大きな影響を与えます。下々の情念が結集するかたちで韓国の言葉はかたちづくられ、そこにひとつの文化が生まれてくる。

では、朝鮮の上層の人々はどうだったかというと、その思考様式は完全に中国に同化していました。そのため、基本的に外交などの部分は、中国語風のきわめて論理的で儒教的な中国に通じた政治的な形態で遂行されていました。

こうした状況で、ハングル交じり文が生まれ、下々のエロスがあたらしく加わる文体が成立することになったのです。

平仮名が女のエロスを表現した

こうした特徴をもつ朝鮮文化と比べた場合、日本の文化はどのように位置づけられるのでしょうか。やはり大きな問題としては平仮名（＝女手）の発明の問題があります。平仮名の成立によって、もともとは片仮名というかたちで挟まれた情念が今度は平仮名文として、独立した表現領域を切り拓きます。平仮名文になるとどうなるかというと、平仮名は女手文ですから、女文になります。まさに女のエロスが表現されるようにもなってくるのです。

その結果、日本の文化は中国的な政治文化のほかに、男女の性愛を中心とした文化を表現するようになります。エロスが文化の中枢に居座るのです。日本独自の文化はここから出発します。

やがてそのエロスに反発するようなかたちで、今度は逆向きのベクトルをもつ男というものが仮想され、それがいわばヤクザの同志愛のような文体を形成するようになります。「女だてらに」とか「大和撫子」とか固定的に表現される日本の女の対極に、「男同士の相合い傘」のような表現が出てくるのです。「男ごころは男でなけりゃ、わかるものかとあきらめた」というような同志愛を基調にしたヤクザの論理、そういう妙な文化は日本語の文体に根ざし、それゆえ根づよく存在しつづけています。これは女の情念が結晶した平仮名文が、その対極につくった文化です。ヤクザ映画が描くような男は、実は日本の男がつくったのではなく日本の女がつくったのです。

こうしたことは、書を見れば一目瞭然です。楷書《かいしょ》というのは中国の政治の文字です。これはロゴスの表現です。それに対して、日本のいわゆる和様、平仮名の姿が入り込んできた三折法くずしの三蹟（平安時代の能書家、小野道風《おののみちかぜ》、藤原佐理《ふじわらのすけまさ》、藤原行成《ふじわらのゆきなり》の三人）の字は、まさにエロスの表現です。とくに女性を中心とした性愛の文化が姿をあらわすとともに、和様という姿ができるのです。

両辺倒の中国人、一辺倒の日本人

日本と中国の思考法の違いについて、大阪大学教授であった森三樹三郎《もりみきさぶろう》さんが『中国文化と日本文化』（人文書院、一九八八年）という本の中で面白いことを書いています。内山完造《うちやまかんぞう》（一八八五－一九五九。上海内山書店店主、日中友好運動の功労者）の言葉をひいて「中国人はほうっておくと両辺倒になる」「一つの原理を絶対化しない」というのです。曖昧を許さぬ断言言語ですから正否の両極をたえず睨んでいる必要があります。それに対して日本人は、「ほうっておけば一辺倒になる」「「乗り換え」方式」だとも言っています。私の考えでこれを整理すると、漢詩・漢文・漢語の音語と、和歌・和文・和語の訓語の二重言語である日本語人は音語から訓語、あるいはその逆に訓語から音語へやすやすと乗り換えるということでしょう。ましてこれに、「テレビジョン」を「テレビ」、「パーソナルコンピュータ」を「パソコン」と三音、四音に省略する単純記号化が加わると、さらにこの傾向が明瞭になります。最近耳にすることが多くなった「一人勝ち」という状況も、この日本式の乗り換え方式から派生したのです。

つづけて森さんはこう書きます。「日本人が相手を論駁しようと思えば、相手の理論を論破する必要はない」。西欧はむろんのこと、中国や朝鮮でも、誰かを論駁しようと思えば、「あなたのここが間違っている」と論破しなければいけないのですが、日本の場合はその必要はないというのです。「お前の考えは古い」とさえ言えば、日本では議論が終わると指摘しています。要するに、これは乗り換え方式だからというのです。

いずれにせよ、仮名文字・女手をもつことによって、二重複線言語化した日本語が誕生し、そこに日本の文化的な特徴が生まれてきたのです。

始皇帝による文字統一

ここまで中国史を理解するための前提について説明してきました。ここからいよいよ本論、中国史の解説を展開していきます。まず本章では、文字の成立から秦の始皇帝による文字の統一、漢の成立と滅亡、隋《ずい》による再統一までをお話しします。

東アジア史の前提は「漢字（＝漢語）の成立」です。それは今から三三〇〇年ぐらい前、紀元前一三〇〇〜一四〇〇年に遡上できます。

こういうことを考えると、いかに人間の歴史というものが現代に近づけば近づくほど急速度に展開しているかがわかります。人類の歴史が二百万年とすれば、東アジアでは、文字ができてからわずかに三三〇〇年ぐらいしか経っていません。日本で仮名文字が誕生したのは一一〇〇年ぐらい前のことですが、その時点から文化のありようがガラッと変わりました。

文字の誕生は、宗教の誕生であり、宗教国家の誕生。言葉では主語の誕生です。この場合の主語はあくまで神（天）です。神（天）というものが想定されて、それが能動的に仕事をはじめます。神（天）が主語になるのです。したがって、文字の誕生、宗教の誕生、国家の誕生、主語の誕生、これらは同時になされたのです。それが東アジアでは紀元前の一三〇〇年あるいは一四〇〇年の殷《いん》の時代の出来事です。

ただしこの時代の文字は、古代宗教国家の宗教的な神話にもとづいた、神話的な宇宙を宿した文字です。たとえば、「王」は、王権の象徴たる鉞《まさかり》という意味で「」や「」と、「父」は父権の象徴たる斧をもつ者という意味で「」、「母」は母性の象徴たる垂乳根を持つ者という意味で「」という具合に表現されています。「王」は鉞のかたちであればどんなものでもいいし、「父」は斧を手で持っていればどんなかたちでもいいし、「母」は跪《ひざまず》いた女のかたちに両乳が書き加えられていればどんなかたちに書かれてもかまいません。文字は象徴的図象。点画から成り立っていたわけではなかったのです。

文字学者・白川静《しらかわしずか》さんの業績は、これらの宗教文字がどんな構造で成り立っているかを通じて、中国古代の神話の構造をすべて解き明かしたことです。基本的にその神話の時代が殷から春秋戦国時代末までです。そのなかで、紀元前六～五世紀ごろから、孔子をはじめとする諸子百家の時代に脱宗教のための理論運動がはじまります。

この理論運動の姿が、たとえば紀元前一一〇〇年頃から前六〇〇年頃の詩を集めた中国最古の詩集である『詩経《しきょう》』と孔子とその門弟の言行録である『論語』のあいだにはっきりあらわれてきます。森三樹三郎さんの説を参考に言えば、『詩経』のなかに「罪」

という言葉が五十数回出てきますが、この罪はあくまで天に対する罪です。ここでは天が意識され、天の神つまり人格神に対する罪です。天の神に対する罪の問題というのは、キリスト教の問題でもあり、ユダヤ教の問題であり、イスラム教の問題でもあります。それが『詩経』のなかの大きな課題になっています。

ところが『論語』ではどうなるかというと、天はもはや神様ではなく、非人格的な「理」となります。天理、天の理《ことわり》、あるいは天道、天の道という、いわばロゴスになるのです。宗教的な天から論理的な天に変わり、政治性を帯びてきます。それゆえ「罪」という言葉は三回しか登場せず、「恥」の意識が強まっています。『論語』以前の『詩経』時代においては、明らかに天は宗教的な天として意識されていたのです。

このように考えると、諸子百家の言説というのは、宗教社会をどうやって抜け、政治的社会をつくるかという議論だったといえます。文字でいえば、「王」は鉞のかたちを象《かたど》っていればよかったのが、いかにして王を指し示す言葉、つまり文字にしていくかという問題が諸子百家の時代に対応します。この問題が完璧に解決されたのが秦の始皇帝の時代で、文字統一によってです。

諸子百家の言説によって、天にいる帝が「天の理」もしくは「天の道」となり、このようなロゴス化運動あるいは政治化運動を経て、ついに地上の帝、皇帝が生まれます。その始まりの皇帝こそが、始皇帝です。天帝が地に降りてきて、天にはもう神様がいなくなったのです。これが秦の始皇帝による文字統一の意味です。文字統一というのは、単に文字を統一したということだけではなく、文字による世界観の転回と社会の統一という意味も含まれます。これは紀元前二〇〇年ごろの出来事であり、まさにここからヨーロッパとは異なる東アジアの歴史がはじまるのです。

封建制から郡県制へ

始皇帝により中国が統一され、ここに政治国家・秦が成立します。このときに「王」の字はもはや鉞ではなく四本の線、つまり字画集合体となり、「王」の形と化します。ここに字画から文字ができるという構造が生まれたのです。これが篆書体《てんしょ》（実印などに使われる書体）です。その篆書体が社会の上部にあって、社会の上部の底辺には実用の隷書体《れいしょ》が生まれます。篆書体は政治文字の象徴であり、政治文字が誕生したことを宣言する文字であり、政治的に、実際に活動していたのは隷書で、隷書体が東アジアというまとまりをつくり出していきます。

ここで押さえておくべき大事なことがあります。それは郡県制と封建制の違いについてです。

「封建制」という言葉から何を思い浮かべますか。読者のなかには、封建時代における主従関係にもとづいた日本の武家社会のことをイメージする人もいるでしょうし、また、

「うちのお父さんは封建的で」という言葉が意味するような強圧的な上下関係のさまをイメージする人もいるでしょう。しかし、封建制という言葉がもともとどんな意味だったかというと、先ほどの方言地図（図2）にあったような、「各国が独立しながら群雄割拠している状態」がいわば封建制だったのです。現代ふうにいえば、地方分権が東アジアにおける封建制です。それに対立する制度として中央集権、つまり「郡県制」があります。

日本の社会は近代に入って封建制から郡県制に移行しました。江戸時代には各藩に分かれていて、それぞれの藩が独自の文化と産業をもっていました。江戸時代は封建制だったのです。廃藩置県によって、その藩を廃止し、中央集権国家、要するに天皇制を中心にした国家をつくり、藩主に代わって中央から任命された県知事が地方政治を担当するようになります。この都道府県制が「郡県制」です。江戸時代の地方分権から、明治時代に中央集権化することによって日本の近代化が達成されたのです。

これと同じことが秦の時代に起こりました。それ以前の封建制に代わって、秦の始皇帝以降、中国は郡県制に移行します。皇帝が任命した官吏を中央から郡や県に派遣して統治するという構造になったのです。この点はこれからの話を理解するうえでも重要なので押さえておいてください。

情念がつけ加えられた「草書」

　漢の時代に用いられていた隷書は政治的な文字で、当時の社会も政治一辺倒だったので、漢代には政治的文化以外、そこをはみ出る文化は育ちませんでした。前漢・後漢の大帝国を経て、やがて漢が亡び、三国、さらには六朝、南北朝ともいわれる分裂の時代が到来します。いわば、いろいろなものを一度整理してギュッとまとめた時代（秦〜後漢）から、もういちどバラバラになっていく時代（三国時代〜南北朝時代）が来て、さらにこの後、もういちど統一されるのが隋唐の時代です。

　漢はいわば平面に広がる平板な帝国です。象徴的にいえば、それが六朝時代に北と南に大きく分かれます。北と南に分かれることを通じて違いが明確になるのですが、今度はそれをまとめ上げるかたちで隋唐の帝国が生まれてきます。

　では、北と南の分裂時代、六朝時代に何が起きたのでしょうか。書史の観点からいえば、草書が完成します。書の歴史は、楷書→行書→草書と動いてきたのではなく、隷書と同時期に初期の草書が生まれ、正書体化を目指して草書が行書化し、さらに楷書化していきます。その草書が北と南の分裂の時代に完成します。草書とは何かといえば、草卒の草で、早書き、省略書き、要するに普段書きです。普段の文字がいわば文のかたちをとるようになったのです。

その象徴が手紙です。しかし、手紙文は文学史の枠組みのなかには入ってきません。なぜ入ってこないかというと、西欧の文学史の枠組みで考えるからです。中国あるいは東アジアの文学史を考えるうえでは、じつは手紙文はとても大切な文学ジャンルであり、その手紙が多数残っているのが王羲之《おうぎし》です。現在でも本格的な文学全集では書簡編が充実しているのは、それゆえです。

王羲之は手紙のなかで友人や親族に病苦や労苦の思いを告げました。これは人間の弱さである病苦や労苦を謳い上げる文体が東アジアにできたことを意味します。これに対応しているのが草書体です。現在、私たちは手紙を書くときに、「前略」から書き起こしたら「草々」と受けるように教わりますが、その「草々」というのは「早書きで失礼します」という意味です。要するに普段です。普段であるということは、政治の話の裏側にある人間の苦しみを表現することになります。つまり文学があらわれてくるのです。

中国では六朝時代に仏教や道教が流行りますが、これも草書体が誕生したことに関係しています。この時代にはじめて、政治を超えた人間の苦しみが具体的な文学上のテーマになってきます。

中国語は語彙の大宇宙だ!

最後に補足として中国語(漢字語)の二つの特質を整理しておきましょう。

第一には、中国語には西欧語にあるような文法もなく、中国語はいわば語彙の大宇宙であるということです。このことは子供の話し方を考えてみればわかります。子供は語順など関係なく単語を投げつけるように話します。たとえば、「ぼく　行く　学校」「ぼく　学校　行く」「学校　行く　ぼく」というふうに。

日本語は「てにをは」が難しいといわれますが、これは助詞が曖昧でも通じるということを意味しています。子供が話すように、場合によっては「てにをは」はなくても意味は通じます。日本語圏でも手話では特別の時以外「てにをは」は略されます。

他方、中国語には「てにをは」がありません。日本でも話し言葉のレベルにおいては、「てにをは」はそれほど重視されてはいません。全くなかったとは言いませんが、それほど厳密なものではなかったのです。ところが、和文ができて「てにをは」にうるさくなってきます。女手が生まれ、「てにをは」で繋がないと和文をつくれないからです。

文脈によっては、「てにをは」というのは交換可能なケースがたくさんあります。たとえば、「は」は「が」に代えることが可能である場合や、また「が」や「は」は「の」でも代行できます。そのため、話し言葉のなかでは「てにをは」の使い方がでたらめなケースも多いのです。

語彙を並べたてるだけのような中国語の構造がじつは言語の基本的な構造です。ただ、西欧は漢字のような文字をもたなかったために、語形を変化させることを話し言葉で非常に厳密にやってきました。もっともこれはハイクラスの知識人だけです。ヨーロッパは階級社会ですから、階級社会の上層部は厳密に言葉を磨いてきたのです。

これまで文法と捉えられてきたことについては、多少眉に唾つけて考えたほうが現実に適っていると思います。これは言葉の構造にかぎらず、あらゆることについても当てはまります。現実を出発点に物事を見直していくと、学者の見解とは異なり、意外に世界は同様だという姿が見えてくるのです。もちろん文化的な違いはあるけれども、基本的なところでは一緒だということになります。

中国語には品詞の区別がない

中国語（漢字語）の特質の二つ目は、品詞の区別がないことです。動詞が名詞に、名詞が動詞になったりします。日本語の場合では、名詞を動詞にする場合には「〜する」というような言い方が可能ですから明示できますが、中国語（漢字語）の場合には明示のしようがないのでどうしても曖昧になってしまいます。

当然、単数・複数の区別も曖昧であり、西欧の言葉のように性も明示されることがなく、さらには、格、人称、時制も明示されない曖昧な言葉です。

文法がない、あるいは明示されないと言いましたが、じつは語彙のなかに中国語の構造の秘密が隠されています。その秘密を簡単に説明すれば次のようになります（以下の話はすべて漢字二字を基本としています）。

①主語・述語構造。地が震えるということで「地震」。日本語なら「が」とか「は」をここに足せばより正確に表現できます。

②補充する構造。酒を飲むということで「飲酒」。車に乗るということで「乗車」。

③これも補充ですが、補う構造。打つだけでもいいわけですが、打って倒すということで「打倒」。それから落ちて下るということで「落下」。

④修飾の構造。この場合、修飾語が前に来る場合が多く、これは日本語と同じです。白いということで「白花」。最も高いということで「最高」。

⑤並列の構造。学ぶことと習うことで「学習」。大きいことと小さいことで「大小」。日本語では「と」で補われることが多い表現です。

二字を集めて連語にする場合に中国語的な文法が働いてくるわけです。

書の歴史と人間の歴史

ここまでの内容を簡単にまとめておきます。

紀元前一三〇〇年から紀元前二〇〇年、殷の時代から秦の始皇帝が出現するまでが、古代宗教国家の時代です。そして、秦の始皇帝の時代に古代宗教が払拭されて、政治国家に変わります。ここに秦・漢という政治の国家が生まれます。

この時代を書の観点から整理してみると、殷から秦の始皇帝の前までの時代が、亀の甲羅や牛の骨に刻った甲骨文、および金属器に鋳込んだり刻《ほ》ったりした金文の時代です。それを払拭したのが始皇帝であり、彼によって統一された文字が、すなわち篆書です。篆書が文字に字画をもたらしました。

甲骨文、金文は、いわば図象のようなものでした。ところが篆書の時代に入ると、字画を連ねて文字ができるという構造をもつようになります。じつは、これは世界史上の奇跡なのです。

当たり前といえば当たり前ですが、ヨーロッパではこういう文字の展開ができなかった。ヨーロッパの場合は、字画文字化の段階でアルファベットになってしまいます。アルファベットというのは、要するに発音記号です。そういうヨーロッパの文字の歴史を踏まえた上で東アジアの文字を見直してみると、図象の背後にある神話を全部剝いで、現実の政治に対応する文字に生まれ変わったのであり、これは奇跡というしかないのです。篆書が東アジアを形成した最も大きな力です。

末端の実用としては隷書が生まれているので、篆書・隷書が漢の字、つまり漢字です。そのなかでも実用ということを考えれば、隷書が漢の字に対応します。秦字といってもいいのですが、秦というのは始皇帝によって統一されて以後十五年ほどで亡びてしまうので、実質的には漢ということになります。この漢字が東アジア文明圏をつくり上げていきました。現在のわれわれの文化が遡ることができるのはこの篆書・隷書の時代まで。その前とはやはり断絶があります。現行の文字の起源だからこそ、日本では今も実印に篆書体の文字を使っています。

草書から楷書へ

やがてそういう政治的な文字のなかから、もう少し違う書体が登場してきます。それが三五〇年頃の王羲之に象徴される草書です。人間の老苦と病苦を謳い上げる詩が手紙を通して生まれてきたのです。草書は手紙に用いられました。手紙は、もちろん政治文書として誕生しています。王羲之の手紙でも相当数が政治文書ですが、なかには老苦と病苦が謳われるようになるのです。たとえば、「膝が痛くて朝まで眠れません」「老い先が短くて気も衰えています」というようなことを切々と書いています。

こうした手紙は何を象徴しているのか？　いわば政治に対する脱と非と反の意識を表現しています。政治が大きくのしかかっていることは事実だけれども、そこから抜け落ちた人間的な意識、つまり脱政治、非政治、反政治の意識が、王羲之が生きた東晋の時代に芽生えてきた。それが草書体書簡体成立の意味するところです。

生活の領域にあるものが具体的に言葉となってあらわれてきたのが、王羲之の時代を含む六朝時代です。じつは、現在の文字は王羲之の書きぶりを根拠に成立しています。

したがって、草書が書の根拠になっています。草というのは、手紙の最後に「草々」と書くあの草のことで、速いということです。要するに、正式のものではなく手を抜いたものが草です。手を抜いたところに、じつは人間の実生活の領域があります。そういう人間的なる書体が草書です。

私は書の歴史をずっと見てきましたが、歴史というのは、人間が人間的なるものを養い、それを育て上げてきた過程だと思います。貧困の克服についてもそういうことであろうと思います。要するに、人間は自分たちの夢を、一つひとつ現実のものとして叶えてきたのです。したがって、われわれが夢を失わないかぎり、時代というものは当然よくなっていきます。これは長いスパンで物を考えれば当たり前のことだと思います。

その人間的なるものを含めた新たな政治国家が、六五〇年頃に誕生します。その象徴が楷書です。草書が化けて正書体・楷書になったのです。多くの人が「まず楷書が生まれ、楷書をくずしたものが草書だ」と考えているようですが、実際の順序は逆です。人間的なるものを含む草書が、政治的なる文字の位置に攻め上り、入り込むことに成功して生まれたのが楷書なのです。

このため、楷書が書の典型になります。唐から宋にかけての時代は、典型である楷書を深化させ、さらにあらゆる領域に及ぼしていく時代です

第２章　分節時代から再統一へ——中国史Ⅱ

本章では、六朝時代から宋《そう》の時代までを概観します。

この時代は非常にわかりやすい。結論的にいってしまえば、東アジアが分節された時代です。漢字＝漢語による文明化によって、漠然とした広がりの東アジアが形成されたあとに、その内部が分節されていきます。秦・漢という漠然とした広がりをもつ東アジアが形成されたあとに、それぞれ少しずつ個性をもった地域がつくられていきます。

概観的に総括すると、まず殷・周・春秋戦国時代というのは古代宗教国家の時代で、宗教的迷妄に満ちた時代です。しかし、宗教的迷妄はこの時代の専売特許ではなく、現在も二次的ではあれ、ユダヤ教、キリスト教、イスラム教、あるいは新興宗教のなかにしばしばその姿を見せています。この宗教的迷妄という言葉をもう少し美しい言葉で言い換えれば、宗教的神話ということになります。その宗教的神話に満ちた時代が、東アジアでは秦の始皇帝時代に完全に終焉を告げました。したがって、春秋戦国時代というのは古代宗教国家から政治国家に移行する過渡の時代ということになります。

秦・漢の時代は、ごく大まかにいえば紀元前二〇〇年ぐらいから紀元後二〇〇年ぐらいまで、前漢・後漢あわせて約四〇〇年です。秦・漢は政治によって脱宗教化を果たしました。法と政治の体制を整えた政治国家が秦・漢時代に生まれ、その文明が周囲に広がり東アジアを形成しました。東アジア漢字文明圏の成立です。

やがて秦・漢の時代が動揺し、新しい時代がはじまります。後漢が亡び、六朝時代から南北に分かれたのです。呼称で南が先に来るのがミソですが、南北に分かれ、それがやがて隋唐時代に統一されます。そして隋唐を経て宋の時代となる——ここまでが東アジア分節の時代といえます。

古代の東アジア像をどう考えるべきか

東アジアの国家や文化の歴史を、次のように考える人がいます。たとえば、「日本という現在の枠組みから過去へたどっていけば、古代の日本に独特の何かがあったはずだ」、あるいは「朝鮮には古代から固有の文化があった」というふうに、もともと「日本的なるもの」があったとか、もともと「朝鮮的なるもの」があったとか、あるいは、おそらく中国人はそんなふうには考えないと思いますが、もともと「中国的なるもの」があったというふうに国の歴史を考えるのです。

国家の歴史の始まりをこのように考えた場合、原日本、原朝鮮的なるものの実体は実際には証明できません。事実としては、脱宗教化を遂げた秦・漢という政治国家の漢語の広域拡大運動によって東アジアが文明化（文字によって明るみに出されること）され、形成され、そのあとにいくつかの国と文化へ分かれていったと考えたほうが正しいと考えられるのです。

漢語・漢字による文明化によって、東アジアという枠組みがいったんできたときに、その東アジアの枠組みをどういう角度《スタイル》で受けとめるのかが各地方で問題になりました。つまり、その枠組みに溶け込むのか、それとも反発するのか、その戦術の違いによって、中国、朝鮮あるいは日本などに分かれていったと考えられます。

前章で秦・漢帝国について述べましたが、秦・漢帝国は、北九州の漢委奴国《かんのわのなの》に見られるように、点と線からなる漠然とした平板な広がりでした。「漢委奴国王」印については諸説ありますが、北九州の「漢の奴国《な》」、あるいは「漢の委奴国《いと》」（＝伊都国）に漢の光武帝から与えられた印であることが明らかになっています。日本の北九州の一部は明らかに漢に属する地方であったということです。漢＝中国と考えるからおかしくなります。漢字、漢語という言葉を使うように、漢というのは大陸の皇帝を中心とする東アジア的な文明的な広がりであって、決して大陸のひとつの国ではありません。

都市というのは「点」です。「線」というのはそれを結ぶ道です。その道には三つの種類があります。第一は海の道。第二は砂漠の道。第三は、通常われわれが「道」といっている陸を切り拓いた道です。じつは、重要な役割を果たすのは、前半の二つの道です。この二つは自然に出来ている道で、つくるのが最も大変なのが三番目のいわゆる「道」です。

海を航海するのは大変だと考えがちですが、海は天然に開けた道であって、海流に乗ればすぐに行き来できます。砂漠の道も同様です。砂漠を行くのは大変だと思われていますが、これは道をつくらなくてもラクダなどに乗っていけばいい。砂漠は自然に広がっている道なのです。

だからこそ、海の道と砂漠・砂の道は古代においては非常に重要な意味をもっていました。四大文明発祥の地の近くには、かならず砂漠が広がっています。エジプトもメソポタミアもインドも黄河流域もそうです。要するに、まわりに砂漠の道があり、それで周辺と繋がっていたのです。その異域との繋がりが文明を引き起こすひとつの要因になったと考えられます。

海の道にも同じことがいえます。たとえば、日本の明治維新についていえば、薩長土肥（薩摩、長州、土佐、肥前）という四つの国が明治維新のイニシアチブを握りましたが、なぜ薩長土肥かといえば、海を通じて外国に繋がっていたからです。長州や肥前は朝鮮半島と繋がっていました。薩摩は南島、琉球を通して中国に広がっていた。土佐も黒潮海流で繋がった薩摩の隣藩といえます。文明は自前で起こってくるのではなく、他の文化との衝突のなかから起こってきます。

第三の道がいちばん大変だと述べました。なぜか。要するに、山を拓いて道をつくることは大変な労力を必要とするからです。これら三つの道が「線」です。都市という「点」があって、それが道で繋がれていく。皇帝は、都市を支配するものを王に据えて、その王を帰順させるというかたちで、点と線をおさえていったのです。そのように広がっていたのが秦・漢の帝国です。

漢字とは何か、漢語とは何か

日本や朝鮮に最初から個性、つまり独特の文化があったわけではありません。まず、秦・漢による文明化を経て共通な政治的、思想的基盤が生れ、共通の上に結び合わされた後、その共通基盤に対する角度《スタイル》の違いに応じて少しずつ地域的特質、つまり独自の文化が形成されていったのです。

日本的なるもの、朝鮮的なるもの、越南的なるもの、あるいはモンゴル的なるものが、はっきりとした違いを明示していく時代――。それは六朝時代からはじまり、隋唐を経て、宋代でほぼ確定することになります。これが東アジアの分節の時代です。

したがって本居宣長《もとおりのりなが》が考えたように、「日本には古代から美しいものがあった」「漢語が入ってから人間はさかしらになって変なことを考えるようになった」わけではありまです。そして、東アジアを形成した共通の基盤は何かといえば、これは漢語（＝漢字）です。

ところで、漢字を文字と規定すればアルファベットは文字ではなく、アルファベットを文字と規定すれば漢字はもはや文字ではなくて文字が集合して生れた言葉になります。あくまで両者が対応するのは「rain」と「雨」です。「雨」を文字と規定すれば「rain」が文字で、「r」や「a」や「i」や「n」は文字を構成する要素ではあっても、文字ではありません。つまり「r」が「雨」の横画に対応し、「a」は「雨」の構えの部分に対応し、「i」は「雨」の縦画に対応し、「n」は「雨」の四つの点に対応することになるのです。

そして、漢字とアルファベットの表記法がどう違うかというと、アルファベットの表記法は「rain」のように字素であるアルファベットを横に並べていきます。それに対して漢字は「雨」なら「雨」の一字で一語になりますから、「一」や「冂」や「丨」や「⺀⺀」の字素が語の単位で一カ所にまとまるように構成していくのです。

漢字というのは要するに漢語です。では、漢語とは何か？　文によって統一される、文にウエイトがかかる文字言葉が漢語です。秦・漢の政治制度をバックとした、文治主義の文（書き言葉）主体の言語です。

漢語がもたらした文明

東アジアの文明化は、この漢語という大陸の言葉と深い関係があります。漢語は文字化された文書主義の大陸語であって、その当時の民衆が使っていたさまざまな国の方言、しゃべり言葉としての大陸諸語とは違います。前章で述べましたが、中国自体もあらかじめ存在したわけではなく、漢語によってつくり出された地方でした。いわゆる魏晋南北朝時代とは、秦・漢の時代にできた大陸の地方が分節されていく時代になります。北は魏・呉・蜀の三国のひとつ魏・西晋を経て五胡十六国から北魏へと進み、南は三国の呉《ご》から東晋そして宋《そう》・斉《せい》・梁《りょう》・陳《ちん》と六朝を経て、この南北が隋唐で統一することになります。

図3を見てください。これが紀元前二世紀後半、前漢が成立して半世紀ほどたった頃の地図です。大陸に前漢があり、その北側に大きく匈奴《きょうど》が張り出しています。匈奴は民族的にはモンゴル系ともトルコ系ともいわれています。それから右側の方に鮮卑《せんぴ》がありますす。鮮卑はこのあと匈奴に代わってモンゴル高原を支配することになるのですが、これも北方の遊牧民で、匈奴と同じようにモンゴル系ともトルコ系ともいわれています。

前漢の時代というのは、このような平板な広がりとしてありました。このなかから具体的に少しずつ国が分かれていきます。その分かれていく過程を示したのが**図4**になり

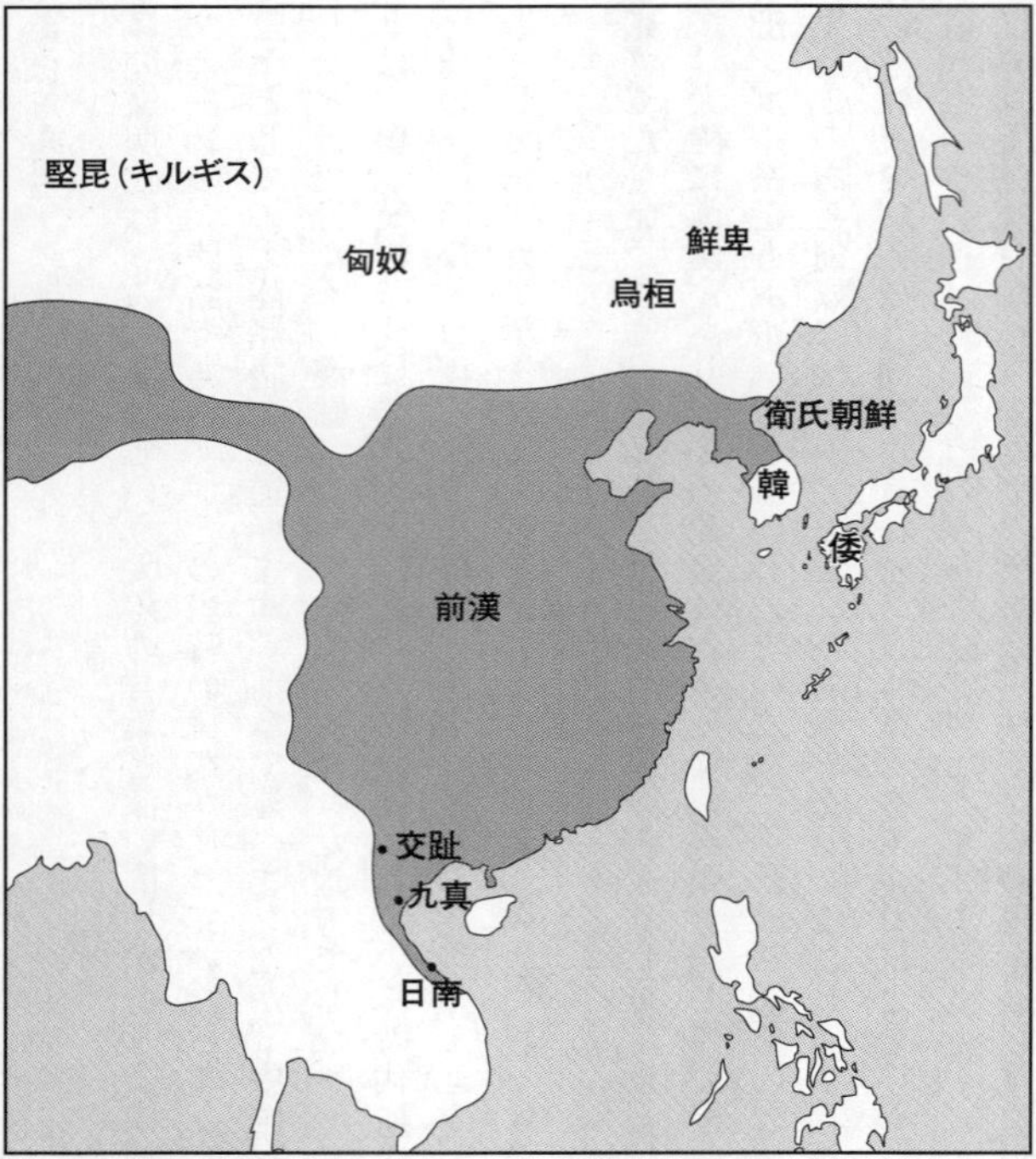

図3　前二世紀の東アジア

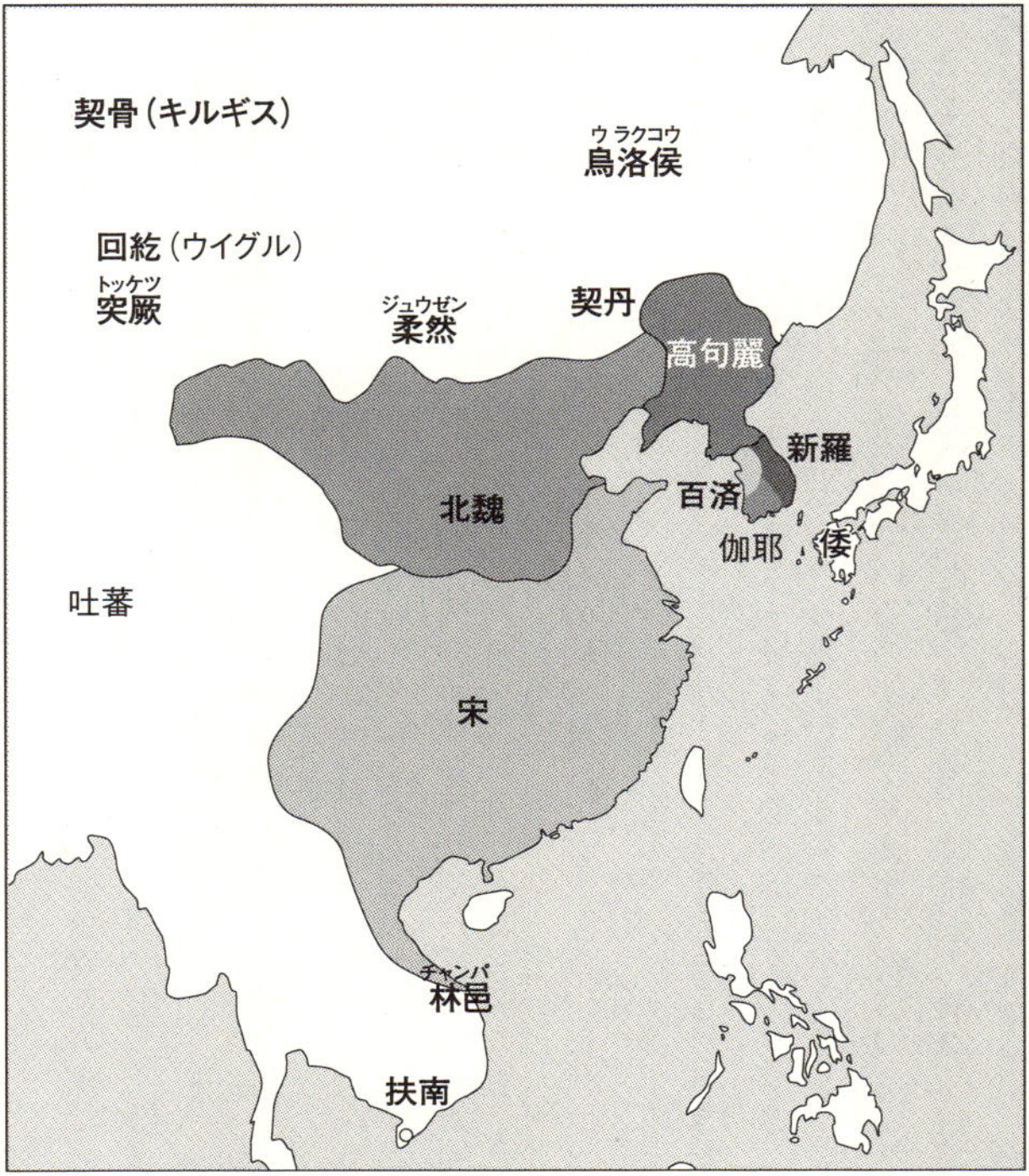

図４　五世紀後半の中国大陸

ます。

この地図は五世紀の後半、南北朝時代の中国です。南の方は六朝の宋で、北の方は北魏が登場しています。北魏は先ほどの鮮卑の拓跋《たくばつ》族が建てた国です。今の北朝鮮あたりのところに高句麗《こうくり》が生まれています。その西には契丹《きったん》も見えます。

この地図では、朝鮮半島に新羅《しらぎ》、百済《くだら》、伽耶《かや》があり、倭は北九州のところだけ顔を出しています。この当時は日本列島のうち北九州だけが、いわゆる東アジア、漢に入り込んでいたことになります。畿内が文明化されるのはもうちょっと後です。私は卑弥呼論争にはあまり興味はありませんが、邪馬台国の所在地は九州だろうと個人的には思っています。

図5を見てください。これは八・九世紀の頃の地図で、大陸は唐に代わっています。唐の西側は吐蕃《トルファン》（チベット）です。それからその北にはウイグルが出てきます。いわゆる満洲のあたりには先ほど小さくあった契丹がずいぶん勢力をもってきたことがわかります。契丹の東、日本海に面して新たに渤海《ぼっかい》という国があらわれています。朝鮮半島はこの時代、新羅に統一されています。この頃はもう日本ですが、日本は奈良から平安の時代に入り、北の方にも城が築かれているのがわかります。台湾のところに瑠求（琉球）と書いてあるのを押さえておいてください。のちに沖縄が大琉球、台湾が小琉球と中国から呼ばれるようになります。

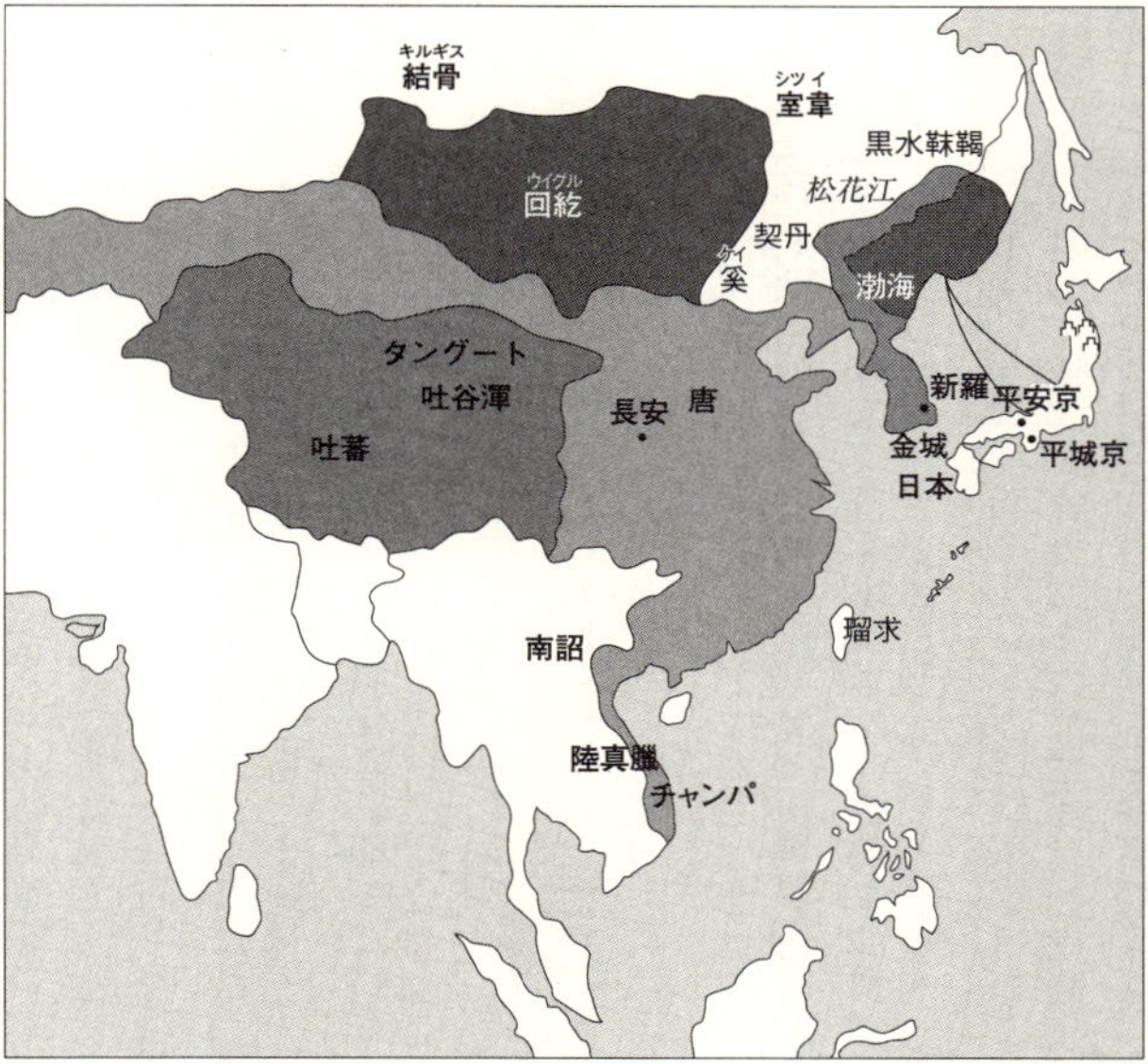

図5　八・九世紀の東アジア

このように、この時代は東アジアの分節化が進みます。この姿を少し頭に入れて、これからのお話をしたいと思います。

図3の地図では、朝鮮半島のところに韓、日本のところに倭と書いてあります。この頃に漢の文明、漢字・漢語の文明がほぼ行きわたり、東アジア漢字文明圏を形成します。問題は、匈奴のいた北方と、それから西方、図4でいえば吐蕃（チベット）が、いってみれば文明化されないのです。文明化されないというのは、漢字・漢語化されないことです。

漢語が半島から海を越えて極東の日本にまで及んだのとは対照的に、西と北、つまりチベットとモンゴルの方には及ばなかった。漢字・漢語は、たくさんの語彙数をもった非常に有効な言語であるにもかかわらず、西と北には伝わらなかったというのが東アジア史上の大きな謎です。

これをどのように考えたらいいのか。非常に難しい問題ですが、今までの言い方を踏襲していえば、いわゆる遊牧民は漢字・漢語の文明をうまく受けとめられなかったと説明できます。その理由は、「書字というものが農耕と関係しているからである」というのが、この問題に対する私のひとつの答えです。

「かく」行為は、漢字に直せば「掻く」「欠く」「描く」「画く」「書く」などとなりますが、これらは共通の行為内容を根底にもっています。土を鍬《くわ》で引っ掻いてすじを付けることが耕すということで、「掻く」ことと農耕とは深い関係がある。耕すことが農の基本であり、その農耕は「掻く」こと、つまり「書く」こととして書と繋がっています。

このような農耕文化の形態を漢字文明圏はもっていますが、かたやモンゴルやチベットは馬や羊の遊牧文化です。遊牧というのは「放す」「離す」「話す」という「はなす」文化に入ります。舞踊・舞踏・スポーツ・声楽・話芸などが同じ「はなす」文化のなかに含まれます。そういう遊牧の文化からすると、農耕生産に根拠をおく文化や政治制度は受けとめづらかったかもしれません。

ここで言いたいのは、なぜ漢字・漢語は東へだけ伝わって、西と北に伝わらなかったかということです。その原因は遊牧と関連するのではないかと思っているのですが、現時点では安易に結論づけたくありません。現時点で私が考えていることをお話ししてみただけのことです。

立ち上がる隋唐、分節する東アジア

ここからは、六朝時代から宋の時代に至るまでに、東アジアの各地方にいろいろな個性が出てくるということをお話しします。

時代の概観としては、二二〇年に後漢が亡びて、魏・呉・蜀の三国時代に入ります。そのあと二六五年に西晋《せいしん》が興り、西晋が亡ぶ三一六年あたりから以後、南北に分かれての攻防の時代がはじまります。先ほども述べましたが、なぜ北南といわずに南北と南を先にするかというと、やはり南の方を漢字文明と捉え、北を遊牧民、つまり中国の正系とは違った姿として捉えるためだと考えられます。

北の方は、三〇四年以後、五胡十六国のいろいろな国が興亡を繰り返していきます。五胡というのは、匈奴、これは先ほどいったようにモンゴル系もしくはトルコ系です。それから羯《けつ》、これは匈奴の一種族です。それから鮮卑、これも先ほどいったようにモンゴル系もしくはトルコ系です。それから氐《てい》、これはチベット系といわれています。最後は羌《きょう》で、これもチベット系ということです。

図6を見てください。これは現在の地図ですが、インドからヒマラヤ山脈の北の方に広がるのがチベット自治区です。その北側に新疆《しんきょう》ウイグル自治区が繋がっています。これが旧ソ連のカザフスタン、キルギス、タジキスタン、そしてイランやイラク、さらにはトルコと関連があるひとつの地方です。それからこれらと関連をもった内《うち》モンゴル自治区さらにはモンゴルが別個に北に広がっています。現在のモンゴル付近が北方の遊牧民、匈奴や羯の故地になります。

西域の諸部族

中国史を見る上でどうしても考えておかなければならないのは、北方・西域の諸族で

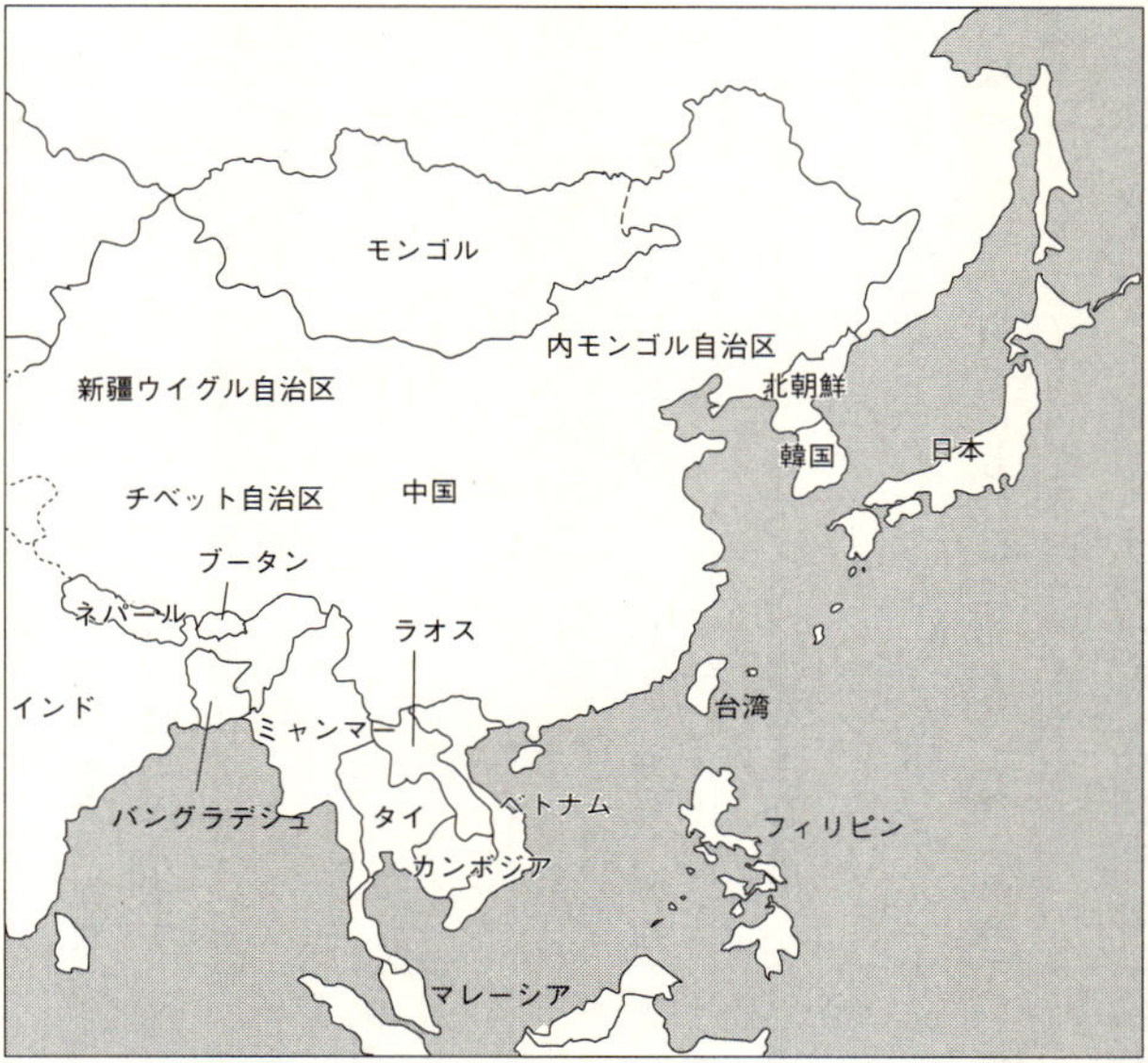
モンゴル
内モンゴル自治区
新疆ウイグル自治区
北朝鮮
韓国
日本
チベット自治区
中国
ブータン
ネパール
ラオス
台湾
インド
ミャンマー
ベトナム
バングラデシュ
タイ
フィリピン
カンボジア
マレーシア

図6　現在のアジア

す。主な部族として次の六つがあります。

まず第一は先ほども少し触れた匈奴です。匈奴は前三世紀末から後一世紀にわたってモンゴル高原を中心に活躍した遊牧騎馬民族です。前三世紀末に黄河の湾曲部と長城に挟まれたオルドスの地をめぐって秦と争っています。以後、漢の時代に入っても匈奴はたびたび漢に侵入し、漢を悩ませつづけてきましたが、前二世紀末には武帝のたびかさなる遠征で衰え東西に分裂し、さらに後四八年には南北に分裂し、南匈奴は後漢に服属、四・五世紀には五胡のひとつとして前趙《ぜんちょう》・北涼《ほくりょう》・夏《か》などの国を建てています。北匈奴は九一年に後漢に討たれ、西走したということで、フン族はその子孫だという説もあります。

第二が突厥《とっけつ》で、これは六〜八世紀にかけて活躍したトルコ系の遊牧民族で、最盛期にはモンゴル高原からカスピ海に至る大領土を支配しています。突厥文字などの文化は、次にこの地を支配したウイグルに継承されますが、そのウイグルもトルコ系の民族です。

第三がトゥングースで、これは東シベリアから中国の東北部にいた民族で、靺鞨《まっかつ》や渤海を建てたのは彼らです。あるいは金《きん》朝の女真《じょしん》、清朝の満洲族もトゥングース系です。ちなみに隋唐のもとはじつはこのトゥングースです。隋というのは北から興るのですが、要するにトゥングースから興ってきます。

第四のタングートは六〜十四世紀に中国西北部で活躍したチベット系の民族です。一

○三八年に建国された、西夏文字で名高い大夏国はタングートの国です。

第五の鮮卑は、先ほど触れたようにモンゴル系もしくはトルコ系の民族で、五胡十六国のなかの前燕《ぜんえん》、後燕《こうえん》、南燕《なんえん》、西秦《せいしん》、南涼《なんりょう》などは鮮卑の諸部が建てた国です。また鮮卑の拓跋部が建てたのが北魏です。

第六はソグドで、これは中央アジア、サマルカンドを中心とした地方に居住するイラン系の民族で、六世紀頃から中国と盛んに通商を行っています。ソグド文字は七〜八世紀から中央アジアで広く用いられるようになり、この文字が突厥文字・ウイグル文字・蒙古文字・満洲文字などへと受け継がれていきます。安史の乱の安禄山《あんろくざん》という人は父親がソグド人で母親が突厥です。イラン系とトルコ系の血の混じり合った人だということです。ソグドは突厥やウイグルの政治的指導をはたしていきます。

歴史的にも、もともと中国にとってチベットは異質で神経を尖らせなければならないところでした。それが現在もなおつづいています。中国の歴史をみると、チベットは中国の内部に入りにくい地域であり、それを自治区とはいえ無理やりに領土に組み入れたことに問題があります。同様の問題を抱える地域としては、ほかにイスラムが入り込んでいる新疆ウイグル自治区があります。

西と北の文字がソグド文字を継承したイラン系の文字でできていることなどを含め、西アジアに対して中国は敏感です。あるいは新疆ウイグル自治区やチベット自治区に対しても神経を尖らせています。この二つの地域が今後も中国でありつづけるかどうかは、結局、政治的以上に文化的に漢字文明のなかに完全に入り込めるかどうかにかかっています。

話をもとに戻します。五胡十六国の五胡、匈奴・羯・鮮卑・氐・羌などの民族が次々と北に国を建てることで晋（西晋）が亡び、晋は南へ逃げて三一七年に東晋を建てます。ここに書史を語るには欠かせない王羲之が登場してきます。王羲之というのは東晋の王族の一員ですから、一連の政治的な動静と非常に深く関わっていることを、書を学ぶ人は覚えておいていただきたいのです。

北においてはこの五胡十六国の時代を経て、四三九年に北魏が華北を統一します。その北魏が五三四年に東魏と西魏に分裂し、さらに東魏から北斉（五五〇－五七七）、西魏から北周（五五七－五八一）が出て、五七七年には北周が北斉を亡ぼし華北を再統一します。南は、東晋から、宋（四二〇－四七九）・斉（四七九－五〇二）・梁（五〇二－五五七）・陳（五五七－五八九）と国が代わります。そして五八九年、北周から出た隋が天下統一、つまり北と南の統一を果たします。

秦・漢の帝国は、皇帝が一番上に立ち、都市の豪族を王に任命するかたちで支配しました。点と線で結ばれた、いわば一次元の帝国です。たとえば、先ほど触れた漢委奴国王であれば、奴国の国王が皇帝のところに行って、漢帝国のなかの倭地方の奴国の王様であることを認める印をもらってくるのです。とはいえ、倭の王様が一帯を統一的かつ実効的に支配していたかといえば、必ずしもそういうわけではありません。要するに、王様に任命するという任命状を皇帝からもらってくるのです。漢の帝国のなかに北九州の奴国も含み込まれるような、そういう漠たる広がりを漢帝国はもっていました。

こうした広がりをもった漢帝国のなかで、漢字・漢語に対する地域ごとの戦略と戦術に違いが生じ、やがて帝国が分かれていきます。つまり、漢字文明に対してどのような位置取りをするかの違いによって、漢帝国が分節されていくのです。最初、分かれ方はいろいろな形をとりましたが、やがて大陸においては北と南の二つに分かれていきます。漠たるものが二つに分かれることはいいことです。次の段階を準備することになるからです。一が分かれて二となって違いが表面化してくるのです。違いが明らかになることが次をもたらす鍵です。北と南が違いを認めた上で統一されるというのが真の統一です。

かつての点と線が、六朝時代には北と南という二つの面になったのです。面というのは二次元です。じつは、この頃から倭も大陸の動きに合わせるように少しずつ面化していきます。三〇〇年代、四〇〇年代、五〇〇年代、六〇〇年代と経て、歴史として倭が明瞭な姿を見せるのは奈良時代ですが、だいたい六五〇年頃からはっきりと姿をあらわしてきます。

大陸では北と南でその違いを言あげしながら、最終的に北を核としてまとまります。倭の方も倭国の大乱のようなものを経ていろいろな声をあげながら、一つの統一した姿をとるようになり、七一〇年に奈良朝、律令国家の成立に至ります。このように、七世紀半ばから八世紀の初頭にかけて東アジアは分節されていき、違いをはっきりさせていきます。

いちばん最初に、大陸で隋唐の帝国がすっくと立ち上がります。それを真似て、そのミニチュア版ともいえる日本が東海の弧島で立ち上がります。するとその中間帯域の半島もそれを真似て立ち上がります。それからトゥングース系の渤海も立ち上がる。このようなかたちで、それぞれまとまりをもったものができて、東アジアが分節されるのです。

もちろん西と北には、チベット系、モンゴル系などの勢力があるのですが、基本的には東アジアでは、隋唐ができ、倭から日本ができ、半島が新羅に統一され、そして大陸東北部と半島の北の方に渤海ができるという、そういう分節を完成させたのです。

王羲之がスタンダードになったのはなぜか?

五八九年に隋が天下を統一し、六一八年に唐が隋にとって代わります。六二四年には高句麗・新羅・百済が唐の冊封《さくほう》体制下に入ります。要するに、唐帝国のなかの国としてこの三国が認められたのです。逆に六三〇年には、北方・西域の遊牧諸部族から唐の太宗皇帝は「天可汗《テングリカガン》」という称号をもらっています。「天可汗」というのは、遊牧国家の君主の称号である「可汗」の上に立つ君主という意味です。これにより、唐の皇帝が中国の皇帝であると同時に、異民族の首長でもあることを異民族自身が認めたことになります。以後、「皇帝天可汗」という文書を送って、北方・西域との正式の文書のやり取りをはじめます。

それから六六三年には、倭が唐と新羅の連合軍と戦い白村江《はくすきのえ》で敗退し、以後弧島に閉じこもることになります。六七六年には統一新羅が生まれ、新羅が唐軍を排除して朝鮮半島の統一的な支配を確立します。それから六九八年には渤海国が建国されています。ただし渤海が正式な国として唐や日本と交渉をもつようになるのは八世紀に入ってからになります。

六二〇年代には吐蕃が興り、チベットに統一政権を樹立して領土を拡大していくのですが、七五一年にはイスラムのアッバース朝に負けて西方への拡大を断念する。その一方、七五五年からはじまった安史の乱では、一時期長安を占拠しています。

さて、この間の姿を少し書で追ってみます。**図7**が「居延漢簡《きょえんかんかん》」です。これが木簡に書かれた漢代の貴重な隷書・草書体です。こういう時代においては、基本的に個性はない。もちろん隷書体にもいろいろな特質、それぞれに違いはありますが、それは個性的

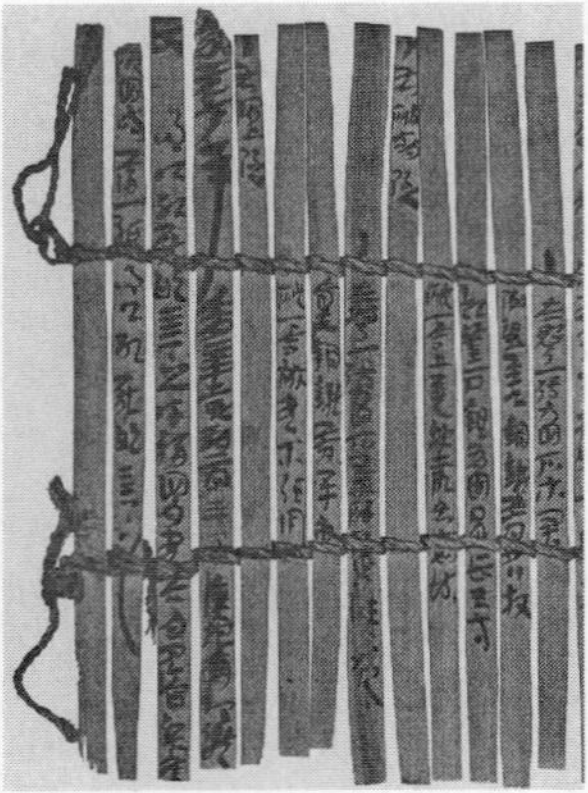

図7　木簡（居延漢簡）

図8　「礼器碑」

なスタイルというようなものではなく、同一の様式のなかでのちょっとした違いにすぎません。

図8が隷書体を石に刻《ほ》った「礼器《れいき》碑《ひ》」の拓本です。漢代の隷書碑には「曹全碑《そうぜんひ》」などいろいろなすぐれた碑がたくさん残っていますが、これらについても共通の隷書体であることを除けば、特異なスタイルというようなものは育っていません。

図9は王羲之の「姨母帖《いぼじょう》」の部分で、**図10**が楼蘭《ローラン》で発掘された李柏《りはく》文書です。これを見ていただければわかると思いますが、王羲之の行草書と敦煌近辺で発掘された文字の書き方にはそんなに差がありません。王羲之の書にじつは個性などないので

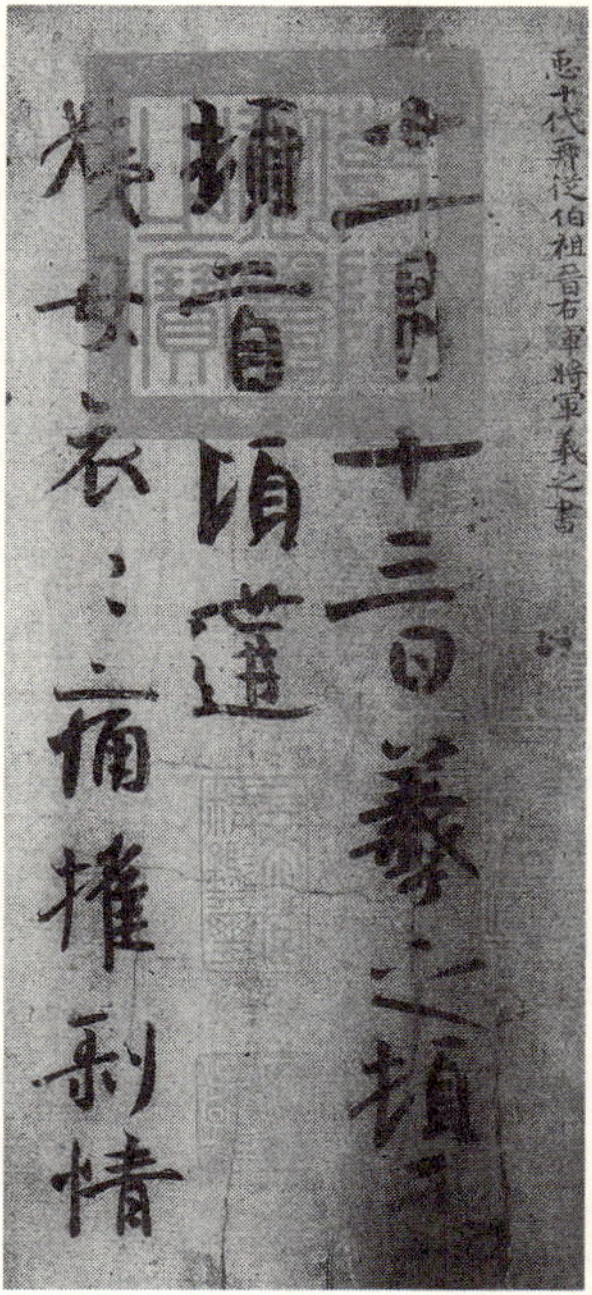

図９　王羲之「姨母帖」

十一月十三日。羲之頓首
頓首。頃遘
姨母哀。々痛摧剝情

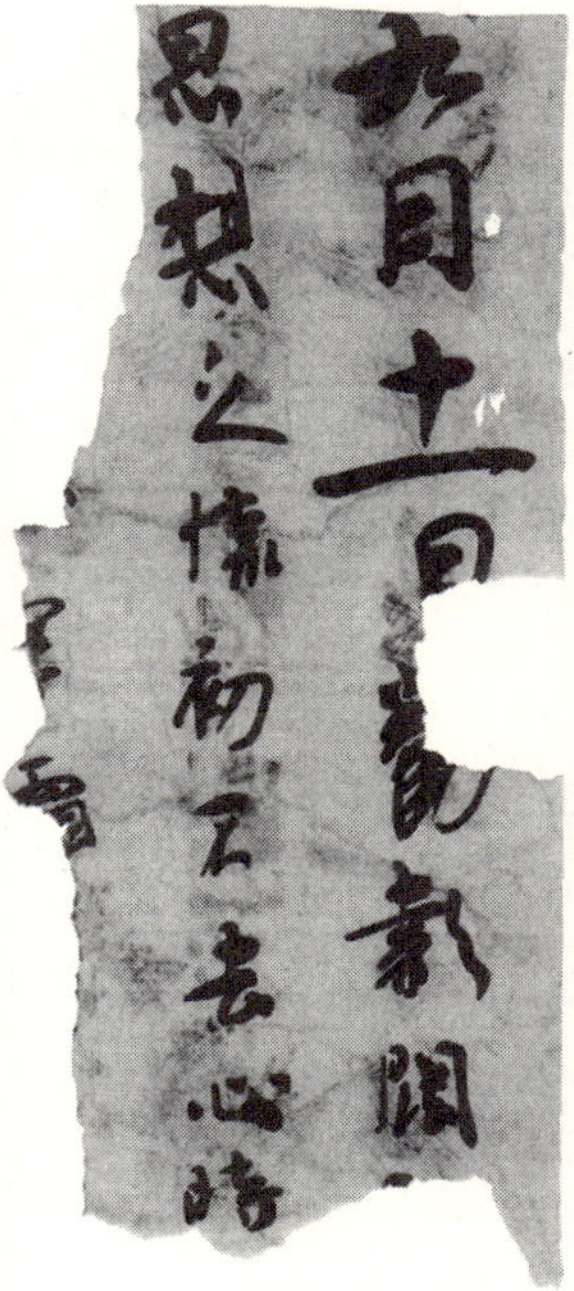

図10　李柏文書

九月十一日。勸報。闊　……
思想之懷初不去心時……

す。みなさん王羲之の書は素晴らしいといいますが、実際の姿をあまり見たことがないからそういう神話を語っているだけです。

王羲之の「姨母帖」は、当時の書き方のなかでは整理されたものでありましたが、新しい個性をもってはいませんでした。四世紀の草書体の書き方のシンボルが王羲之です。王羲之はいなかったといってもいいし、王羲之は無数にいたといってもいいような、そういう書き方が王羲之の書の根底にある。そこにシンボルとしての王羲之の意味があります。

たとえば王羲之の「集字聖教序《しゅうじしょうぎょうじょ》」（図17）が今なお東アジアの書のスタンダードで、我々が日頃書く文字もこれが下敷となっているのですが、これは唐の時代に太宗皇帝が主導し、その脇に褚遂良《ちょすいりょう》が付いていて、王羲之の書を広く集め、王羲之的なるものを整備した上でき上がったものでした。したがって、王羲之の書像は、実際には太宗皇帝や褚遂良によっていったん編纂された王羲之のそれに他なりません。それが東アジアの書のスタンダードになったということです。

二折法から三折法へ、二次元から三次元へ

先ほど、秦・漢の帝国は点と線で結ばれた一次元であり、南北朝は面で構成された二次元と言いました。その言い方に倣えば、隋唐時代は三次元ということになります。北

と南の二つに分かれた異質なものを統一した立体的な姿があらわれます。

じつはこうした違いが書にもあらわれています。南北朝の時代の二次元は、書でいえば二折法にあたります。二折法とは、ひとつの画を書くときに「トン・スー」と書くか「スー・グー」と書くか、いずれにしても「いち・に」の二拍子のリズムで書く書法を指します。けれども、隋唐三次元の時代になると、ひとつの画を書くときに「トン・スー・トン」と、つまり「いち・に・さん」という三拍子、いわゆるワルツのリズム、三折法で書くようになったのです。

「トン・スー・トン」と書く三折法＝立体法が、隋唐の帝国が立ち上がったシンボルになっている。それを東アジアに広げてみれば、日本が立ち上がり、朝鮮半島が立ち上がるような、東アジアの分節化の姿を三折法が象徴しているのです。

二折法の二のリズムというのは、たとえば**図9**「姨母帖」の「十一月」の「一」という字を見ていただければわかると思いますが、これは「トン」と置いて「スッ」と抜くだけの典型的な書きぶり（筆蝕）です。普通に文字の字画を速く書けばこういう書きぶりになります。それから、一行目の八字目の「羲之」の「之」という字の最終画も、楷書ではこんなふうには書きません。「トン」と置いて「スッ」と抜いた書きぶりになっています。「トン・スー」という二のリズムで書く。これは楷書だと「トン」と来て、緩めて「スー」と書いて、「トン」と沈めてはらいます。楷書の三折法、つまり三次元法というのは異様な書き方で、自然には成り立たない書法です。書くことと刻ることの異質なものを統合した高度な次元をもつことによって、三次元に立ち上がるのです。

王羲之の書を見て「素朴なところがいい」と感じたり、あるいは「癒される」ことがあるとすれば、要するに「トン・スー」の素朴さに起因しています。「トン」と書いて「スッ」と書いて「グッ」と沈める「トン・スー・トン」式の複雑な三次元法にはない素朴さが、六朝時代の書の特徴です。

次ページを見てください。図11が欧陽詢《おうようじゅん》の「九成宮醴泉銘《きゅうせいきゅうれいせんめい》」で図12が褚遂良の「雁《がん》塔聖教序《とうしょうぎょうじょ》」です。「九成宮醴泉銘」は「楷法の極則」、つまり楷書のなかの楷書といわれています。縦画がどこまでも揺るぎのないまっすぐな姿をしています。横画も微動だにしないような直線的な書き方がされているように見えます。この書き方は北の北魏の石刻文字に由来しています。

「北碑南帖」という語がありますが、これは北では石刻の文字に見どころがあり、南では筆で紙に書いた文字に見どころがあるという意味です。それがもう少し南の姿をしていって、柔軟な筆で書く姿を一つの画のなかに写し込んだのが「雁塔聖教序」です。「九成宮醴泉銘」の方は、北の石刻の姿にまだちょっと寄っている感じです。もともとの北魏の石刻というのは、石を鑿で切ったような恰好をしています。これが素朴な六朝時代の北の石刻文字です。

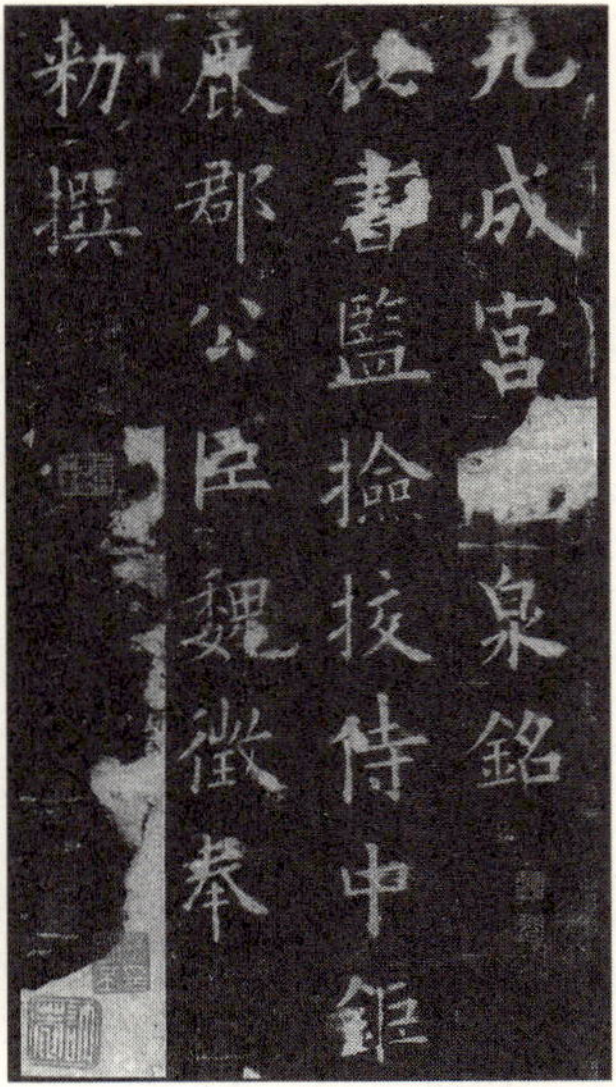

図11　欧陽詢「九成宮醴泉銘」

図12　褚遂良「雁塔聖教序」

隋からはじまり唐初に至って、「九成宮醴泉銘」のようなやや北的な姿で石刻の姿を写し込む書があらわれます。やがて唐初期でも六五〇年を過ぎると、刻《ほ》る姿よりも書く姿を優位にさせた、「雁塔聖教序」のような非常に自然な、筆で書いたと思わせるような石碑が出てきます。

「雁塔聖教序」の一行目の「三」の字の最終画では筆が震えつつ進む姿まで刻り込まれています。それは「九成宮醴泉銘」の二行目の三字目の「監」という字

図13　「牛橛造像記」

の直線的で鋭利な最終画とはまったく違った姿をしています。「監」という字の最終画は石をピッと切った姿に近い、北の石刻文字の姿をしています。それに対して、たとえば「雁塔聖教序」の三行目の「二」の第二画などは、起筆で力が加わり、その力が抜けて送筆し、そしてまた終筆部で沈んだ、というように筆で書いた姿を明らかにとどめています。北の石刻の文字と南の王羲之に象徴される筆書きの文字が統一され、三次元化して楷書ができ、それがさらに筆書きの方に寄っていくという、そういう姿を「雁塔聖教序」は見せています。それは都市を〈線〉で結合する一次元の秦・漢帝国から、南北に分裂するというかたちで二次元の〈面〉になった六朝時代を経て、分裂の統一として三次元の立体的な帝国となった隋唐帝国が生まれたことに対応しています。

　秦・漢の隷書体の姿は、都市を線で結合するというような一次元の姿でした。南北分裂の姿のひとつが、南の王羲之の草書体の「トン・スー」「スー・グー」式の二折法、二のリズムであり、もうひとつが北の石刻文字の険しく厳しい姿です（図13）。そして、南北の違いを統一した姿が楷書であり、「トン・スー・トン」の三折法の姿ということになります。

唐の時代の六五〇年頃に、中国は前史を終え、後史に転じます。その分水嶺は楷書が完璧に成立したときです。楷書の姿はその以前から多少みられますが、完璧に成立したこの時代をもって中国史は前史と後史に分かれます。東アジア全体の文脈でいえば、六五〇年までは大陸史はすなわち東アジア史でもあったのですが、六五〇年頃を境に、大陸史はいわゆる中国史になります。朝鮮半島、日本、越南など、周辺部の東部と南部で部分的分離独立がなされて、六五〇年頃から中国史がはじまるのです。ただし、非漢語化地帯である西方および北方と、中国との間での緊張関係は、絶えずそこに付きまとい、その後もずっとつづいていくことになります。

唐の滅亡と平仮名の誕生

時代概観について説明をつづけます。九〇七年に唐が亡びると、九一六年に北の方で契丹から遼《りょう》という国が興ります。九六〇年に宋ができますが、北の方には遼が厳然としてあるのです。遼は一一二五年に滅亡しますが、いずれにしても北と西では中国と異なる遊牧民たちの文化的な営み、運動がつづいていきます。

二十世紀初頭に日本が満洲に手を突っ込んだのも、このような歴史的な文脈のなかで理解できます。中国が北朝鮮に対して神経を尖らしている原因もここにあります。また現在、中国がチベットや新疆ウイグル地方に非常に神経質になっているのも、漢文明のなかに入り込まない西と北の問題が残りつづけているからなのです。

六五〇年は初唐時代の絶頂期にあたります。欧陽詢の「九成宮醴泉銘」は六三二年でそのちょっと手前。褚遂良の「雁塔聖教序」はちょっと先の六五三年にそれぞれ成ったもので、この中間に東アジア史を二つに分ける分岐点があります。

その後、唐はいくたびか事件に巻き込まれます。六九〇年に中国史上最初の女帝である則天武后《そくてんぶこう》が立ち、周という国を建て、新しい文字、いわゆる則天文字を定めています。たとえば、「日」という字の代わりに「〇」という字をつくり、また水戸《みと》光圀《みつくに》の「圀」という字も則天文字です。「國」の代わりに「圀」という字を新しくつくったのです。

これより以前に、高宗が則天武后を立后するのに反対したのが褚遂良です。褚遂良は結局、越南に流されて、越南で死ぬことになります。少なくとも明末に至るぐらいまでは、書で問題になるような人はだいたい一流の政治家で、政治的な問題と深く関わっている人々でした。

先ほどいったように、王羲之は晋を復興するために、北方の失地を回復しようという歴史のなかに存在した政治的な人物です。同様に、いま触れた褚遂良もそうであり、それから書で王羲之と並び称される顔真卿《がんしんけい》という人も、政治的な問題と深く関わっていました。顔真卿は安史の乱に抵抗して敗れ、最期は反乱を起こした李希烈《りきれつ》の説得のために派遣され、逆に捕えられ殺害されました。このように、政治の先端となんらかのかたちで関わっていた人たちが書家だったのですが、それが明ないし清の時代から少しずつ姿を変えていきます。

中国では書家が政治に深く関わっていたのですが、こうした中国の動きと比べると、日本の場合は対照的です。たとえば、記紀万葉ができたのは奈良時代以降であり、国づくりの経過を記した歴史書と、国づくりの歌ができるのが楷書体成立の後です。八世紀の一〇年を過ぎてからで、安史の乱に向かうような時代です。

それからもうひとつ、日本を考えるときの重大なポイントがあります。それは八九四年の菅原道真《すがわらのみちざね》による遣唐使の廃止です。それがなぜ重大なのかというと、九〇七年の唐の滅亡と平仮名の誕生とが関連しているからです。唐は黄巣《こうそう》の乱（八七五−八八四）のような農民の反乱によって力を弱めていくのですが、そのなかで遣唐使が廃止され、日本の平仮名が九世紀の終わりから十世紀はじめぐらいに生まれてきます。

それ以前にも日本には漢字の音を借りたり、義を借りた、借用文字である、いわゆる万葉仮名がありました。けれど、中国から完全に独立した日本独自の文化がつくられるのは、平仮名の誕生からです。「衰退の一途をたどる唐に、もう頼ってはいられない」

という理由から、平仮名が成熟していって『古今和歌集』に繋がり、『古今和歌集』を突破口にして、和歌と和文が生まれ、日本の文化が中国とは別個の姿をつくりあげていくことになります。女手（平仮名）は唐の滅亡と一体化して生まれています。

儒教、仏教、道教

中国では後漢の初頭、紀元過ぎあたりから仏典の翻訳がなされていますが、仏教文化が花開くのは南北朝時代です。儒教というのは治世学です。もちろん春秋戦国時代には老荘思想、道教もありましたが、それもあくまでも治世学の範疇内の裏側にある脱政治学や身を隠すことによって存在を主張する新しい仕官の術にすぎず、必ずしも儒教的な政治学の域を超えるものではありません。

とはいえ、このような儒教の政治学的な枠組みを揺さぶった思想が仏教と道教です。もちろん儒教の枠内にとどまりましたが、仏教と道教がこの時代に花開きます。仏教と道教はある意味でいえば、脱・非・反政治思想です。政治から抜ける、政治と関わり合わない、あるいは政治に反対する、そのような思想・意識が、はじめて中国の知識人たちが表現できるまでに成熟し、姿を見せたのが南北朝時代です。

この変化を端的に象徴しているのが王羲之の手紙です。手紙が文学の一表現様式として成立し、そこで老苦や病苦、老いの苦しみや病いの苦しみを謳うのです。いわば詩の代用をするような、あるいは新しい文体として登場するような手紙が、この時代に誕生したのです。

南北朝時代には、前述したとおり、北と南の書はずいぶん異なっていました。北は北魏あたりの険しい石刻の文字であり、政治をシンボライズした、造像記、写経あるいは墓誌銘などに代表されます。一方、南は筆で紙に書いた書であり、これは王羲之の手紙がモデルです。そこに脱・非・反の政治性が書き込まれているのです。

ほかには竹林《ちくりん》の七賢《しちけん》、あるいは「帰去来辞《ききょらいのじ》」の陶淵明《とうえんめい》のように、それまでの政治一辺倒であった儒教とは異なる考えとしての道教が、南北朝時代に登場してきます。道教というのはもともと民間に伝わる中国古来の土俗的な宗教ですが、この時代に姿を見せてくる道教はあくまで新しく入ってきた仏典との衝突に、それをモデルにしてつくられたものです。道教が南北朝時代に流行した理由は、仏教によって再編成された新たな道教が生まれたからです。それは日本の神道が、明治維新以降にキリスト教が入り込むことによって、キリスト教をモデルに新しい神道をつくっていったのと同じ原理です。

中国においては、儒教と仏教と道教は一体化しており、この三つを別々の対立的なものと捉えてはなりません。あくまで儒教（つまり政治）が中心にあって、そのまわりに仏教・道教があることになります。

したがって、現在のわれわれが考えるように、禅の寺院を「仏教を教えるところ」と考えるのでは不十分です。禅院は儒教も道教も教えられていた三教一致の空間です。そういう視野で歴史を見直していくと、今まで見えなかったものがいろいろ見えてきます。南北朝時代には、北魏だけで寺院が一三〇〇以上あったといわれるぐらい仏教が広まります。ただ、これらは宗教としての仏教の寺ではなく、政治の傍《かたわ》らに付属した寺です。したがって、これらの寺は、お賽銭《さいせん》を投げて南無阿弥陀仏《なむあみだぶつ》と唱えるような場所ではありません。このことに注意してほしいのです。あくまで南北朝時代の仏教寺院は一種の政治機関です。信仰機関でもあるけれど政治機関でもあるという、いわば政治のための信仰機関とでもいうべき存在だったのです。

隋唐帝国誕生の書史的な意味

漢代の木簡の隷書に個性はありませんでした。漢代の石刻隷書にも個性といえるような表現はありません。木簡の隷書体にも石刻の隷書体にも個性差といえるような表現はなく、あくまで微小な様式的な差にすぎません。

王羲之の書は非常に有名ですが、じつは「王羲之がこういう書を書いた」とは必ずしも抽出できない。王羲之にも個性はありません。むしろ、この当時の書き方の全体、類的な象徴です。とくに王羲之の草書がそうです。

篆書・隷書というのは政治的書体です。他方、草書というのは人間的書体です。日常に近い書体であり、書（書字）が人間に近づいてきた証明です。王羲之はその象徴です。王羲之の書と、敦煌あたりで発見される書の書き方とは非常によく似ています。

ところが、南北朝時代になって違いが成立します。先ほど触れたように、匈奴・羯・鮮卑・氐・羌などによって北の文化がひとつの「面」の状態で生まれ、南はまた南で一つの「面」のまとまりを見せ、その違いが統一されて隋唐ができました。分裂が統一され、三次元的立体となって立ち上がり、違いを認めた上での統一体として隋唐帝国が誕生したのです。

大小、強弱、断続が統一をつくる

東晋の王羲之の草書というのは、二次元の草書でした。これは「トン・スー」「スー・グー」の二折法で書かれる草書です。やがて楷書があらわれ、ここに三次元法の書き方が生じると、「トン・スー・トン」の三折法、三次元法の草書が生まれることになりました。それが狂草です。

狂草というのはどんな姿かというと、**図14**を見てください。後半になると繫がってきますが、こういう次々と連続する草書です。二折、二次元法の「トン・スー」の場合は、「トン・スー、トン・スー」というふうになるから、「トン・スー」と「トン・スー」を繫げるのは難しいのですが、三折、三次元法の「トン・スー・トン」となると、「トン・スー・トン・（スー・）トン・スー・トン……」とこういうふうに繋がり、連続が可能になります。連続する草書体、これが狂草です。その連続する背景に立体的なまとまりが認められるのです。

要するに、一つの展開が生じると、文字の大小、強弱、断続が紡《つむ》ぎ出され、それらが全体で一つの立体的な統一体をつくることになります。

狂草の時代は、長安の春、玄宗《げんそう》皇帝の開元の治、李白《りはく》や杜甫《とほ》の時代です。それらの詩は、懐素《かいそ》の「自叙帖《じじょじょう》」（図14）のような書の段階にあるのです。

陶淵明の詩が王羲之の書のような姿であるとすれば、李白・杜甫の詩は懐素の「自叙帖」のような姿であったと考えればよいでしょう。王羲之の書と懐素の書の違いを考えることによって、陶淵明の詩のスタイルと李白や杜甫の詩のスタイルとの違いまで入っていけます。

陶淵明や李白・杜甫の詩は国語の教科書にも載っています。しかし、陶淵明の詩や李白・杜甫の詩を活字で読み込んでいってもその差はすぐにはわかりませんが、「陶淵明は王羲之的な表現であって、李白・杜甫は張旭《ちょうきょく》や懐素のような表現をしている」という見方で接すれば、言葉のいわゆる表層的な意味だけの違いを超えて、それぞれの詩の違いがもう少し具象的、立体的な違いとして見えてくることになります。

時代がさらに下ると、立体化した三次元の書がさらに細分化し、宋の多折法《たせつほう》の書が生

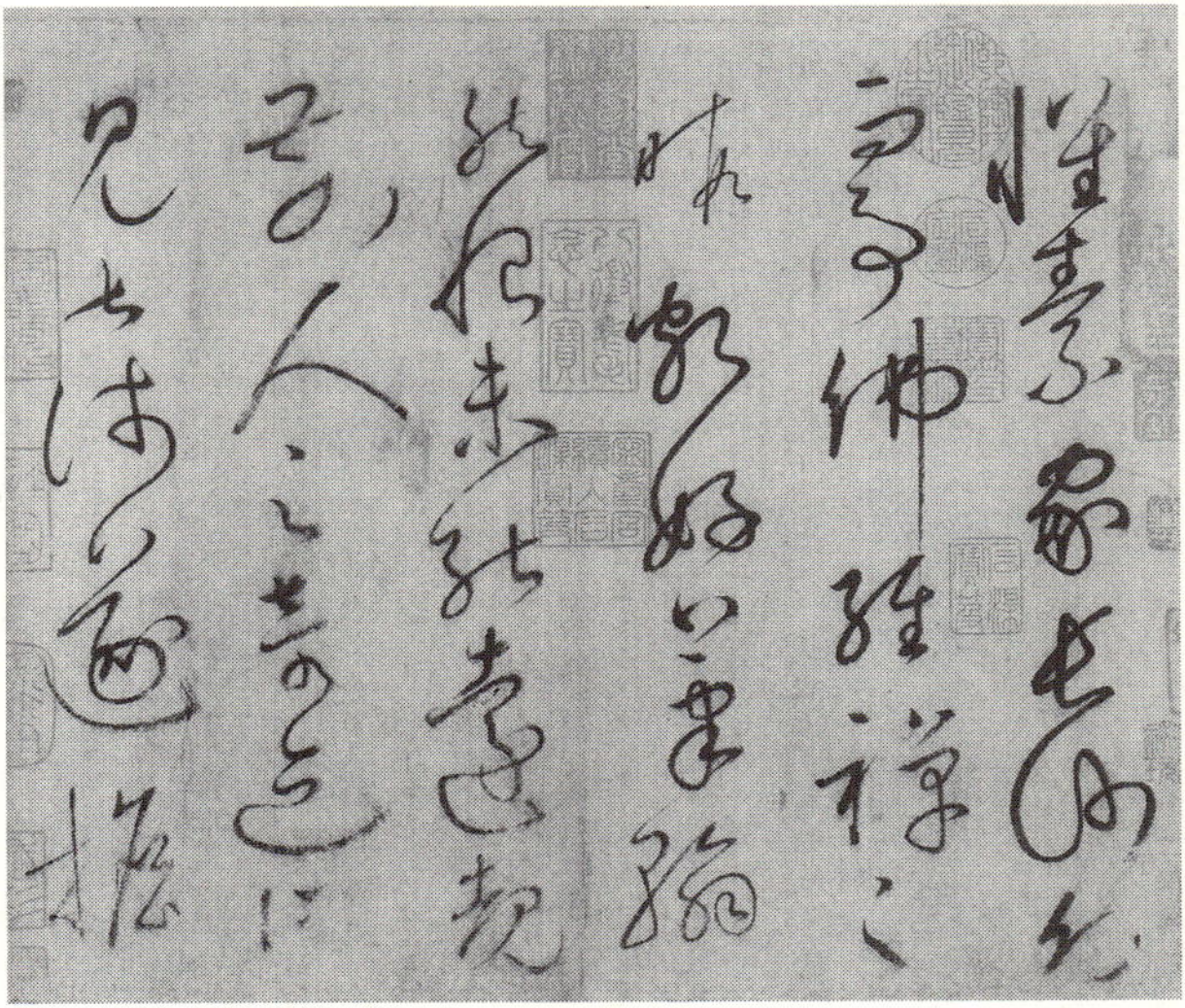

図14　懐素「自叙帖」

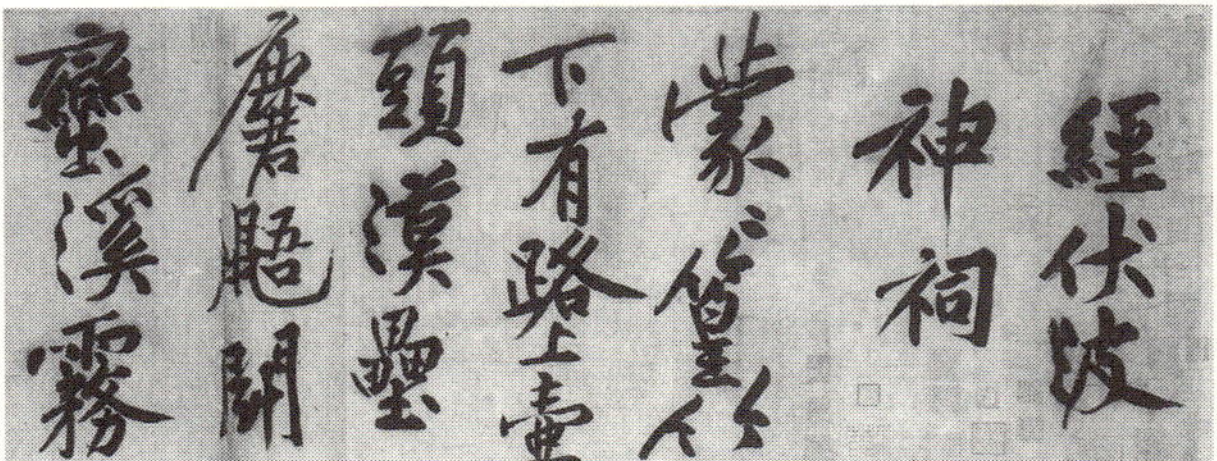

図15　黄庭堅「伏波神祠詩巻」

まれます。宋の時代からまた新しい書の時代が生まれるのです。その姿が図15に示した黄庭堅《こうていけん》の「伏波神祠詩巻《ふくはしんしかん》」です。一つの画がもはや「トン・スー・トン」式ではなく、もっと微細に分節されて「トン・トン・スー・グー・ツー」とでも表現できる複雑な書法で書かれています。その多折法出現の理由は、宋の社会の内部に今までの貴族階層とは違った新しい階層が生まれてきて、それが歴史になんらかの姿を投影しはじめるからだと考えられます。

書に象徴される分節の時代

最後に本章のまとめとして、実際の書を図版で少し見ておきます。まず図16を見てください。

王羲之の「十七帖《じゅうしちじょう》」です。繰り返しになりますが、王羲之の脱・非・反政治の姿は、この草書の姿で出てきました。当時、隷書体が政治的な文字として上部には聳《そび》え立っていました。その隷書をくずすのです。要するに、政治から逃れる、政治に反対する、政治と関わらないようにする、そういう意識を持った文字の姿が草書体であり、それがこの「十七帖」です。

次に図17「集字聖教序」を見てください。これは王羲之の字を一字一字拾い集めて、唐の時代につくられたものです。書体は、草書を少し固めた、草書と楷書の中間にあた

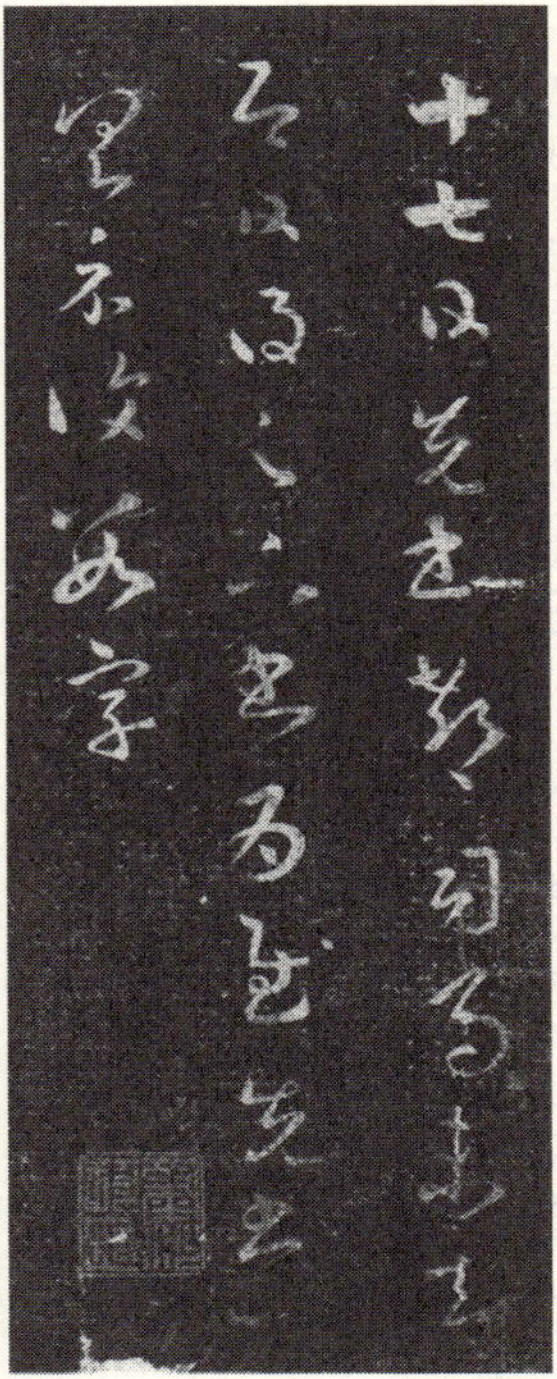

図16　王羲之「十七帖」

十七日先書。郗司馬未去。即日得足下書爲慰。先書以具示。復數字。

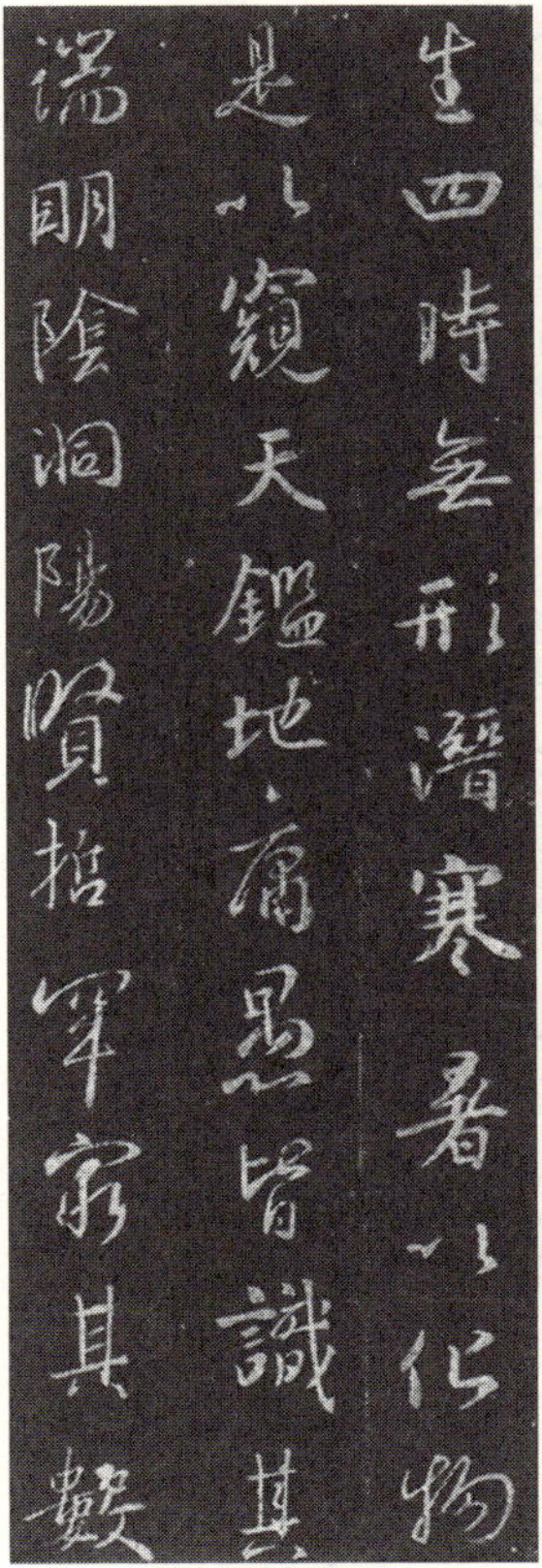

図17　王羲之「集字聖教序」

る行書体です。

この行書のレベルでは、先ほどいったような「膝が痛くて朝まで眠れません」というようなことは書かないのです。そういうことは草書で書いて、もう少し政治的な方面に使う書体が行書です。

それがさらに楷書体になった姿が、図11欧陽詢の「九成宮醴泉銘」と、図12褚遂良の「雁塔聖教序」です（図12）。これがちょうど六五〇年前後の作品です。この楷書体があらゆる領域に浸透していきます。

繰り返しになりますが、楷書体というのは三のリズムでできています。王羲之の時代は二のリズムで書かれていました。二は平面ですが、三になって立体化するのです。どういうことかというと、一つの画を「トン・スー」「スー・グー」と書くか、「トン・スー・トン」と書くかの違いです。「トン・スー・トン」、つまり「いち・に・さん」のリズムで書いていくことが、まさに立体化する姿なのです。

この三のリズムがあらゆる領域に及び、盛唐期の李白・杜甫の時代になると、本来二のリズムで書かれるべき草書体までが三のリズムで書かれるようになります。そうすると、文字がどんどん繋がっていく。やがてそれが宋の時代に入ると、今までとまた大きく姿を変えます。

六朝から宋にかけての時代は、東アジアが分節されて、東アジアのなかにいくつかの国がつくられていく時代といえます。中国といっても決してひとまとまりではなく、その内実はいわばいくつかの国が集まったヨーロッパのような姿をしています。中国は漢字・漢語によって、まるでEUのように諸国がまとまったかたちで存在しています。

この中国に対して、少し違う角度《スタイル》と立場をとる朝鮮半島、日本、越南、さらに北の方に渤海というような国も生まれてきます。

第3章　深化から解放へ——中国史Ⅲ

本章ではとても欲ばって、宋から現代に至る長い時間のお話をします。

前章では王羲之の時代から楷書の時代に至る行草書の時代について説明しましたが、じつは、この王羲之の時代は現在までつづいています。ひと区切りつけるとすれば、楷書がひとつの頂点、典型をつくることになります。これが「トン・スー・トン」の立体法・三折法です。

この「トン・スー・トン」の三折立体法が東アジアをつくりました。唐が立ち上がると、それを真似て東海に日本が立ち上がり、統一新羅が半島に立ち上がり、さらに北の方では、現在の北朝鮮から中国東北地方に位置するところに渤海国が立ち上がる。そういうかたちで、東アジアに国が分節的につくられていく。それが六五〇年以降七〇〇年すぎの東アジアの歴史の実体です。

〈典型〉の意識

先ほど、王羲之からはじまった原理が現代までつづいていると言いましたが、じつは、楷書の次に、宋でもうひとつ区切りをつけることができます。宋のところでいったん区切れるのです。時期はだいたい一〇〇〇年が目安になります。実際にはもうちょっと前ですが、この頃までは〈典型〉が貫いてきた時代です。

この場合の〈典型〉というのは、〈左右対称〉と〈等間隔〉の美の原理です。この二つが基本です。厳密にいえば、草書以降に横画は少し右に上がるわけですが、基本的には〈左右対称〉です。左と右は同じ長さで、左が伸びれば右も伸びる。たとえば「木」という字は基本としてはどのように書くかというとおおよそ中心軸を対称軸として左右が対称になるように書くのです。

〈等間隔〉というのは、字画と字画の間隔をできるだけ揃えるのです。たとえば「目」という字の場合、書道をやっていない人が書くと、たいていの場合、「目」と中の二本の横画が近づきます。これは外側に囲みを書いて、その中に二本書くという意識で書くからです。しかし、横画の間を等分に分割するという意識で「目」のように書けば美しく書けます。

こういう等分分割原理が王羲之の時代以前からすでにあり、その王羲之の書が化けて楷書になります。図11欧陽詢の「九成宮醴泉銘」も、図12褚遂良の「雁塔聖教序」も、もとのかたちは王羲之の「蘭亭序《らんていじょ》」（**図18**）のような姿がベースにあると思って差し支えありません。いくぶん未整理であった「蘭亭序」が完全に整理されて「九成宮醴泉銘」や「雁塔聖教序」になったのです。

〈拡張〉と〈縮退〉の時代へ

ところが、宋の時代になると、〈左右対称〉と〈等間隔〉という原則が大きく崩れました。どうなったかというと、この原理がさらに〈拡張〉されたのです。**図19**を見てく

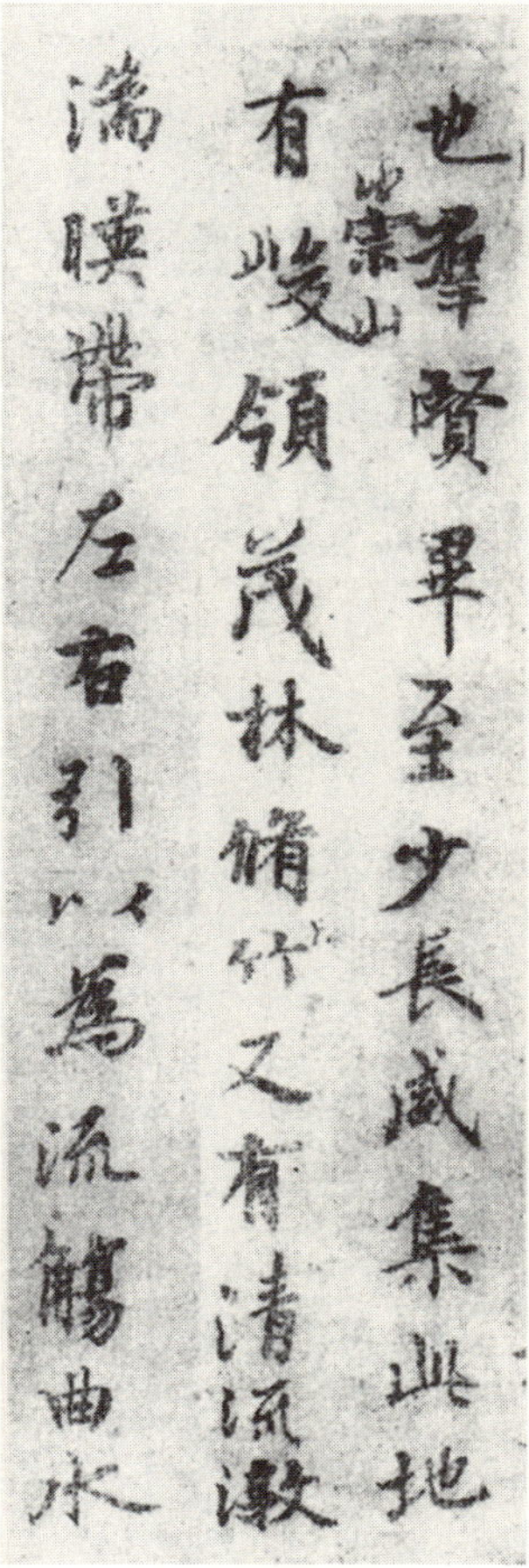

図18　王羲之「蘭亭序」

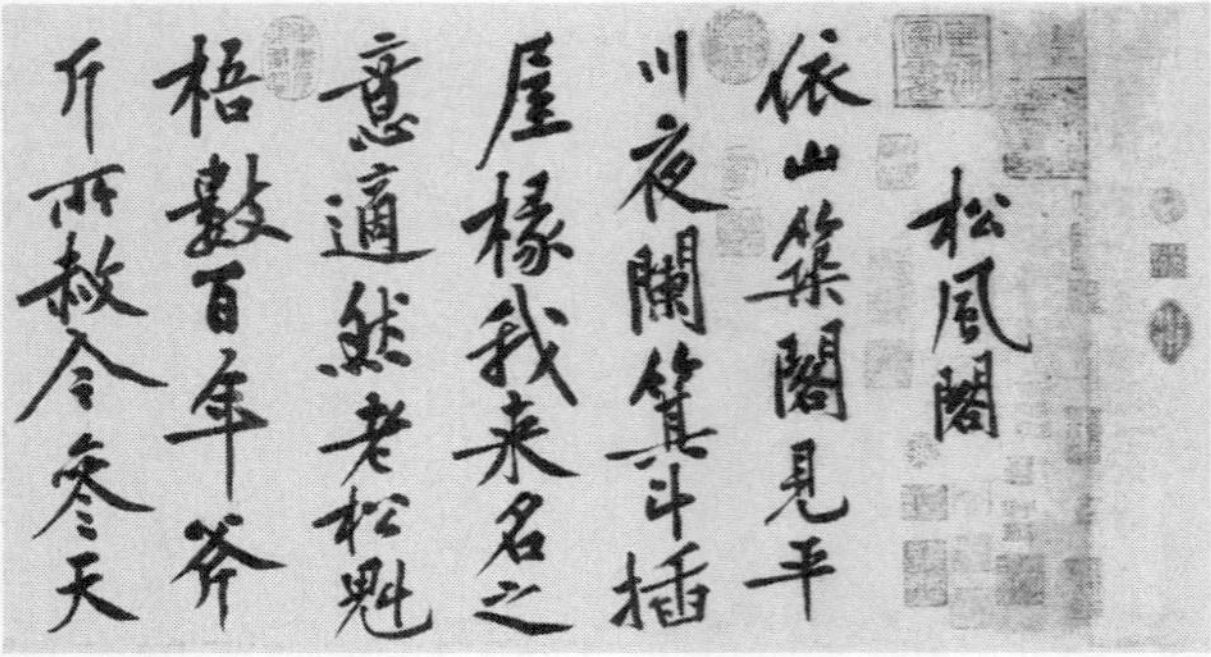

図19　黄庭堅「松風閣詩巻」

ださい。黄庭堅の「松風閣詩巻《しょうふうかくしかん》」です。この字を見ていただければわかると思いますが、たとえば最終行の四字目、これは「今」という字です。左払いと右払いが極端に長くなっています。これが〈拡張〉です。

〈拡張〉が生じるということは、かならずその反対の原理が働き、〈縮退〉も生じてきます。黄庭堅の場合は、左右ともに拡張します。双方拡張が黄庭堅の特徴です。「今」字の左右の払いの下のラインを結べば、そのなかに第三画以降の「ラ」の部分が入ってしまいそうです。初唐代の楷書では左払いや右払いは決してこれほど長くはなりません。

本文三行目の四字目の「来」という字を見てください。これも左右の払いが拡張されているのがわかります。また新字体で数えれば四画目にあたる横画の左側が非常に伸びています。左払いも右払いも伸びて、両者の終筆部を結ぶとなかに第五画の縦画終筆部が入り込むぐらいに伸びています。本文一行目の最後の「平」という字も横画が左側に極端に伸び、右側は短かく終わっています。

こういうことは臨書《りんしょ》（手本を傍らに置いて、これを熟覧しながらていねいに写す方法）をしてみるとよくわかります。臨書をするとなぜわかるかというと、臨書をするときに「左を長くしよう」と思って書くのですが、実際に書いてみるとまだまだ短いのです。自分では長く書いたと思っても、実際はもっと長い。そういうことを身をもって知るのが臨書という、実践的に書いてみることの大事な効用です。

「今・来・平」いずれも、先ほどいった〈左右対称〉と〈等間隔〉という原則が崩れています。したがって〈典型〉の延長上で崩されるのが宋の時代であり、唐の時代までとは明らかに違った書が、宋の時代にはじまったのです。

もうひとつ、先ほどの「今」の字で非常に露骨にあらわれていますが、右払いを見てください。一見すると、払いのところで二段階に払っているように見えますが、そうではなく、二段階目に行くまでにもさらにいくつにも分節されています。ひとつの画が「トン・スー・トン」式の書き方ではなく、「ト・トン・トン・スー・グー」などと、書くときに筆画のなかに〈動揺〉が生まれてくるのです。宋の時代には、安定が崩れ、いわば〈動揺〉が表現できるようになったのです。

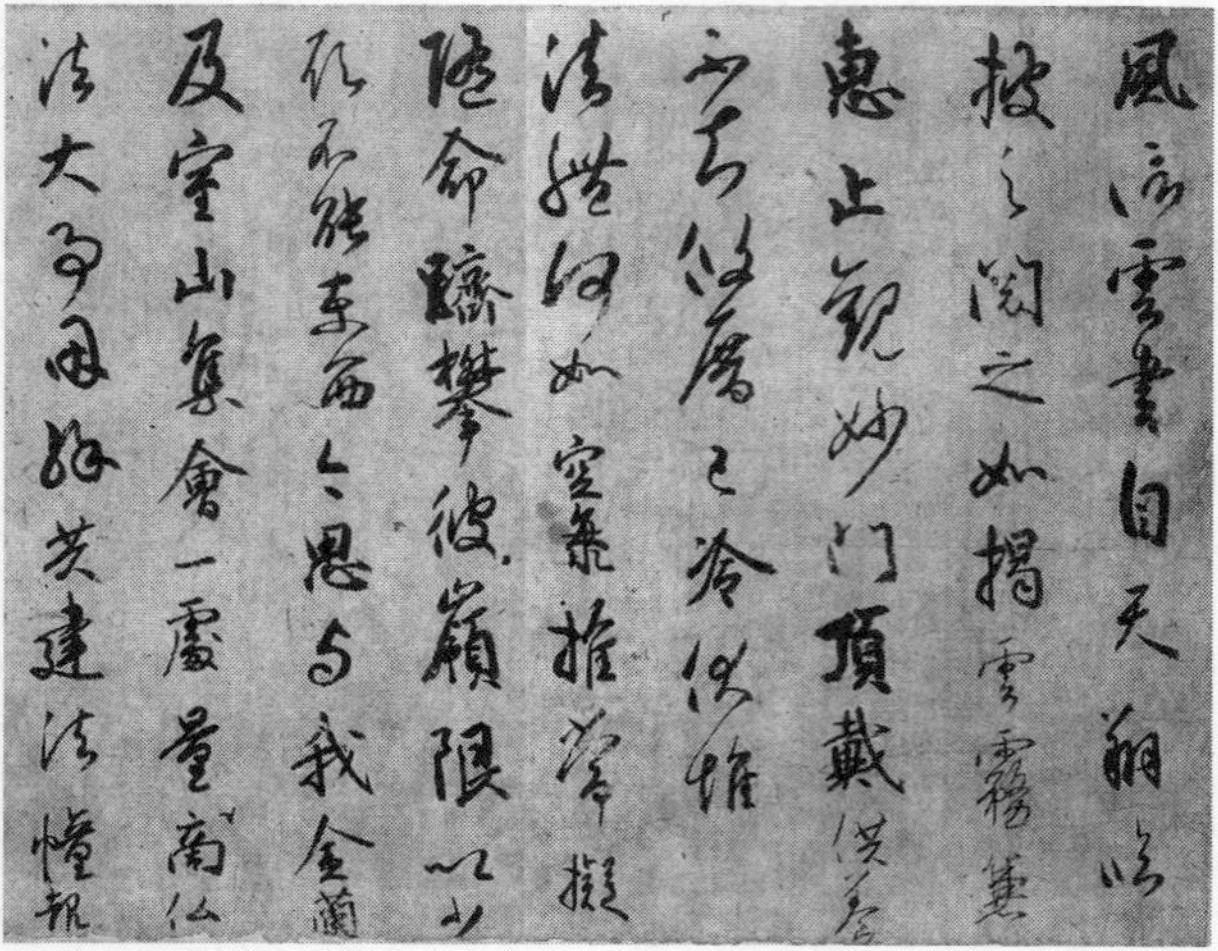

図20　空海「風信帖」

風信雲書。自天翔臨。
披之閲之。如掲雲霧。兼
惠止觀妙門。頂戴供養。
不知攸厝。已冷。伏惟
法體何如。空海推常。擬
隨命。躋攀彼嶺。限以少
願。不能東西。今思與我金蘭
及室山集會一處。量〻商佛
法大事因縁。共建法幢。報

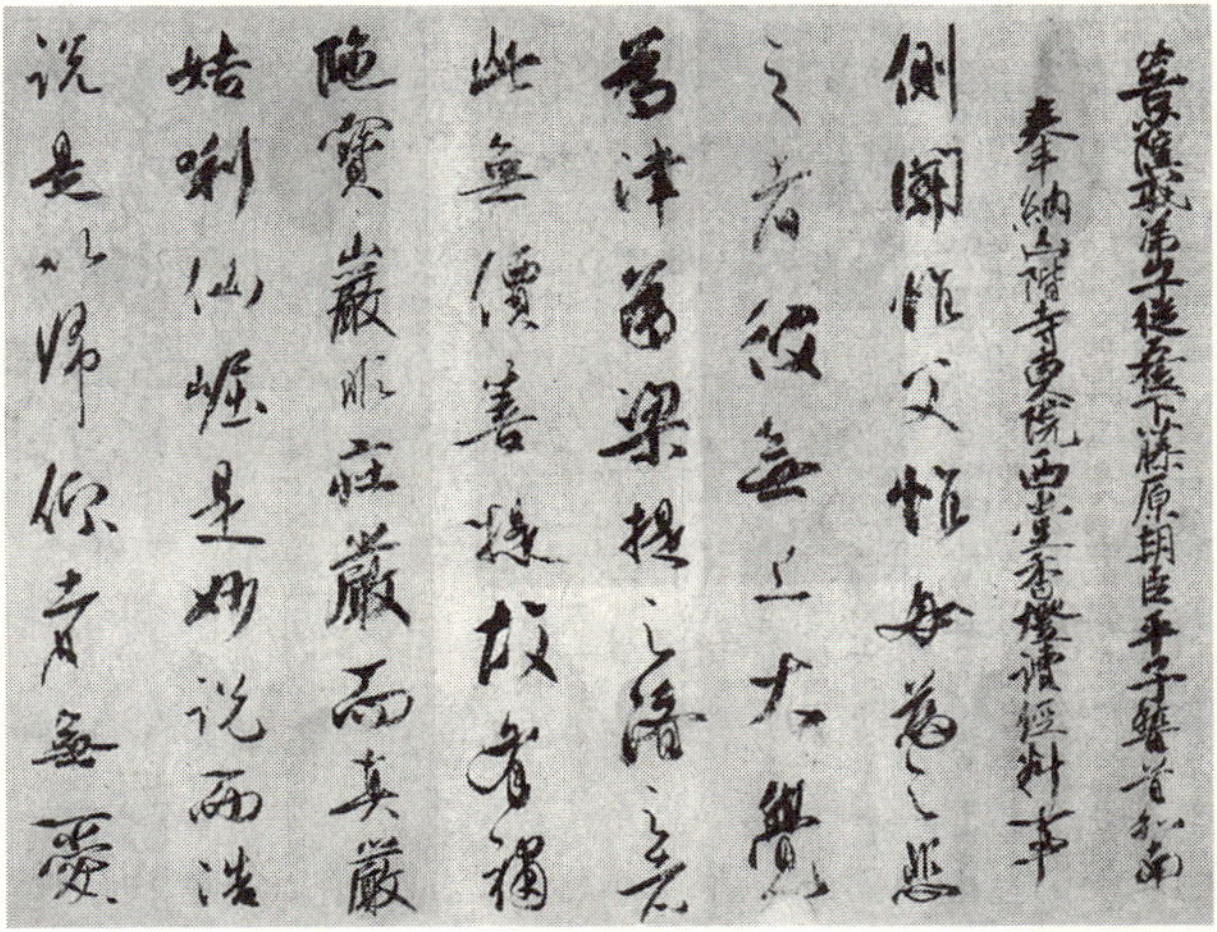

図21　橘逸勢「伊都内親王願文」

菩薩戒弟子従五位以下藤原朝臣平子稽首和南
奉納山階寺東院西堂香燈讀經料事
側聞。惟父惟母。慈之悲
之者。彼無上大覺。
爲津爲梁。提之濟之者。
此無價菩提。故有補
陁寶巖。非莊嚴而眞嚴。
姑喇仙崛。是妙說而浩
說。是以歸仰者。無愛

この極端な左右のアンバランスや〈動揺〉はなぜ生じたのでしょうか。それは政治からはみ出す容量が多くなってきたからです。書の表現はあくまで現実の世界を投影しますが、少しずつ、人々が書の世界の内部にも生きはじめたのです。いわば「民衆」（もっとも、民衆という階層が歴史に登場するのはずっと後のことですが）のようなものが歴史の舞台に少しずつ登場し、その姿が書にあらわれてきたということです。

それまでの字はみんな似ていました。たとえば、日本の空海《くうかい》の字（図20）は王羲之に似ています。橘 逸勢《たちばなのはやなり》の字（図21）も王羲之に似ています。なぜか。王羲之からはじまる〈典型〉の範囲内の文字だからです。

ところが、宋の時代の一〇〇〇年頃を境に、もはや〈典型〉の範疇では語れない時代になります。これは書を見れば明らかにわかります。三五〇年から一〇〇〇年頃までは、どんな人が書いてもみんな同じようなかたちに収まりますが、宋の時代に入るとそこからはみ出る字が生まれてきたのです。

その代表が黄庭堅と蘇東坡《そとうば》（蘇軾《そしょく》）です。左も右も双方伸びるのが黄庭堅であるとすれば、左側に伸び右に縮むのが蘇東坡です。図22が蘇東坡の「黄州寒食詩巻《こうしゅうかんしょくしかん》」です。これは蘇東坡の代表作であるのみならず、書とは何か、書を代表する表現とは何か、書が書であることを象徴する作品とは何かと問われたときに、その問いに答えるときには黙ってこれを見せればいいのです。これぞまさに書、書のなかの書です。

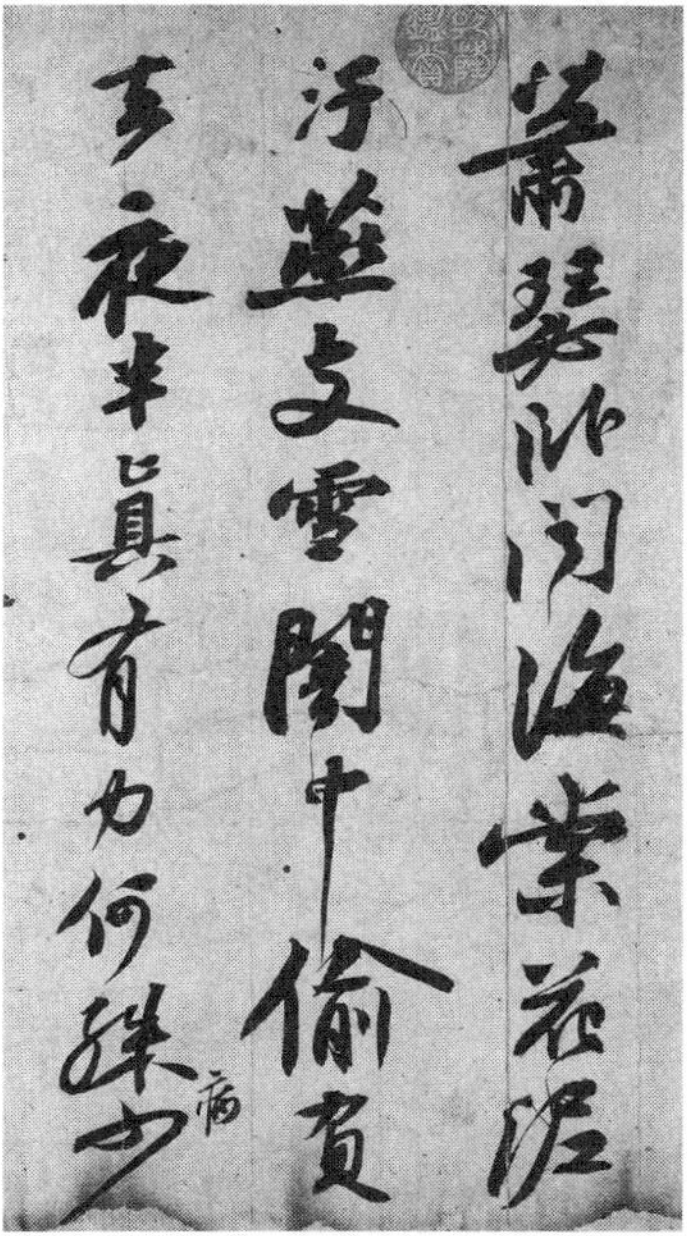

図22　蘇東坡（蘇軾）「黄州寒食詩巻」

蕭瑟。臥聞海棠花。泥汙燕支雪。闇中偸負去。夜半眞有力。何殊病少

さらにもう少し難題をお話しすれば、蘇東坡の「黄州寒食詩巻」こそが書だと思えるようになれば、これはもうほぼ書が本格的にわかったということになります。書に通ずるための入口は欧陽詢の「九成宮醴泉銘」です。このあたりがいいというのはまず、入門の入門段階です。顔真卿のたとえば「多《た》宝塔碑《ほうとうひ》」をいったんは醜いと否定した上で、次いでその醜さが書の新しい段階を切り拓いたことを知る——このあたりが入門です。そこを経て、本当に細かいところも含めて「これが書なんだ」ということがわかるようになったときに、蘇東坡のこの書のすごさがわかるのです。このように考えていただけ

図23　蘇東坡と黄庭堅の「我」

ればいいと思います。

図23には二つの「我」という字があります。上段は蘇東坡の書いた「我」、下段は黄庭堅が書いた「我」です。蘇東坡の「我」の字は左側が伸びており、右が非常に縮んでいます。黄庭堅はその逆。伸びることが可能になれば縮むことも可能になるのです。伸びたり縮んだりというリズムが宋の時代に誕生したのです。

唐から宋へ

中国の書史における内実についてお話ししてきましたが、そこから何が読み取れるのでしょうか。中国の書道史における大きな変化について、ごく簡単に説明します。まず、「唐から宋にかけては、唐（〈典型〉）の深化である」ということです。

ぜひ覚えていただきたい書論の言葉があります。「晋韻・唐法・宋意・明態・清擬態」というものです。書に限りませんが、「晋は韻を尊び、唐は法を尊び、宋は意を尊ぶ」という、これは定説です。ここから先は必ずしも定説ではないのですが、「明は態を尊ぶ」とよくいわれます。その次は私がつくったものですが、「清は擬態を旨とする」ということです。

「晋韻」というのは、〈左右対称〉と〈等間隔〉を原理に脱・非・反政治意識がのっかった草書体をイメージしていただければわかると思います。

「唐法」というのは、欧陽詢の「九成宮醴泉銘」、あるいは褚遂良の「雁塔聖教序」の、どこにも揺るぎがなく、どこを叩いてもどこにも欠落がない原理というのが法です。

「宋意」というのは、まさに黄庭堅の「松風閣詩巻」で、〈動揺〉がかたちになってあらわれています。その筆蝕、書きぶりをなぞってみると、グーッと奥深くまで行って、浮いてきて、またグッと奥深くまで行って、そしてまた浮いている。ひとつの字画は一本の線を引けば終わりのはずなのに、そこに深く探りを入れて、緩んでもういちど探りを入れてという、そういう姿がまさに宋意ということだと思います。

また、唐から宋にかけては、「三折法・立体法の浸透」が行われました。前章で触れたように、盛唐時代、李白・杜甫の漢詩に相当するものが、草書の三折化、狂草といわれるものです。

宋は唐〈典型〉の拡張と縮退

前述したとおり、宋の時代に入ると、唐〈典型〉の〈拡張〉と〈縮退〉が生じます。伸ばしていくところと縮んでくるところの両方があるのです。こういう姿はこれ以前にはありませんでした。歴史の意識が、ここからかたちになってあらわれてくるのです。その原理を解いてみると、まず「多折法」であることが指摘できます。「トン・スー・トン」ではなくて、「トン・トン・トン・スッ・グー」というような多拍子のリズム法で一つの筆画が書かれているのです。

つぎに、「拡大＝縮小」の原理があります。拡大したり縮小したり、伸びたり縮んだりするということです。そこに「筆蝕リズム法の成立」があります。それまでは「トン・スー・トン」のリズム法だけで、違いがあるといっても、力の強弱、筆速の速い遅いかにすぎませんでしたが、その一画を書く書字構造の全体に関わるリズム法が大変貌を遂げ、「いち・に・さん」の単調なリズムだけでなく、微細化した複雑なリズムが成立してくるのです。「トン・スー・トン」から「ト・ト・トン・スー・スー・スー・グー・グーグー」などにいたるまでのさまざまなリズム法が可能になったのです。この変化により、さまざまな表現が可能になり、「字画の内実の深化」が生じました。この新段階の書きぶりが、先ほどいった「歴史のなかに民衆のようなものが少しずつ姿をあらわしてきた」姿だと考えられます。

私たちは日頃不用意に、ひとつの字画を線といいますが、決して線ではありえず、言葉＝文字の一点一画を書き進んでいく、その書法の内実が、深化して、一点一画の書きぶりにいろいろな表現（作者の意識）を盛り込んでいるのです。この微細な一点一画を書き進んでいく過程の書きぶりが書の問題であって、一本の線（点画）の長さや太さという結果で語れるものではありません。字画を書き進んでいく力の過程は書の根幹に関わるのです。

元は西アジアと古典（王羲之）の合体

では宋の後、元《げん》の時代はどう展開するか？　この解読が非常に難しい。日本の書の歴史的展開を語るのと同じような難しさがあります。日本の書の歴史を語る難しさとは何か。それを説明するために、ここでごく簡単に日本の書道史を辿ってみます。

日本書道史上には、三筆と呼ばれる優れた三人の能書家がいます。平安初期の空海、嵯峨《さが》天皇、橘逸勢《たちばなのはやなり》の三人です。この三筆は中国の王羲之からはじまる草書、そして行書を学び、これを模倣しました。ところが、平安時代の中・後期になると、三蹟と称

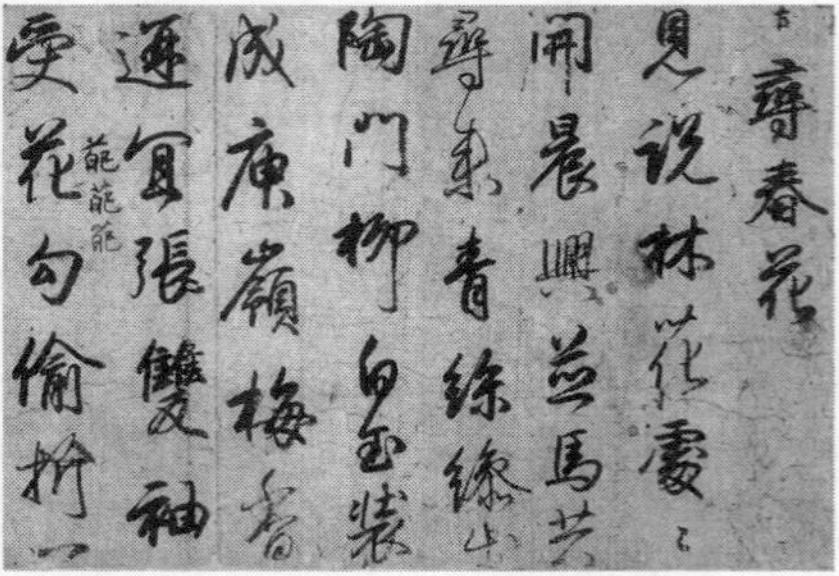

◀小野道風「屏風土代」

尋春花
見說林花處々
開。農興並馬共
尋來。青絲綉出
陶門柳、白玉装
成庾嶺梅。香
进宜張雙袖
受。花句偷折一

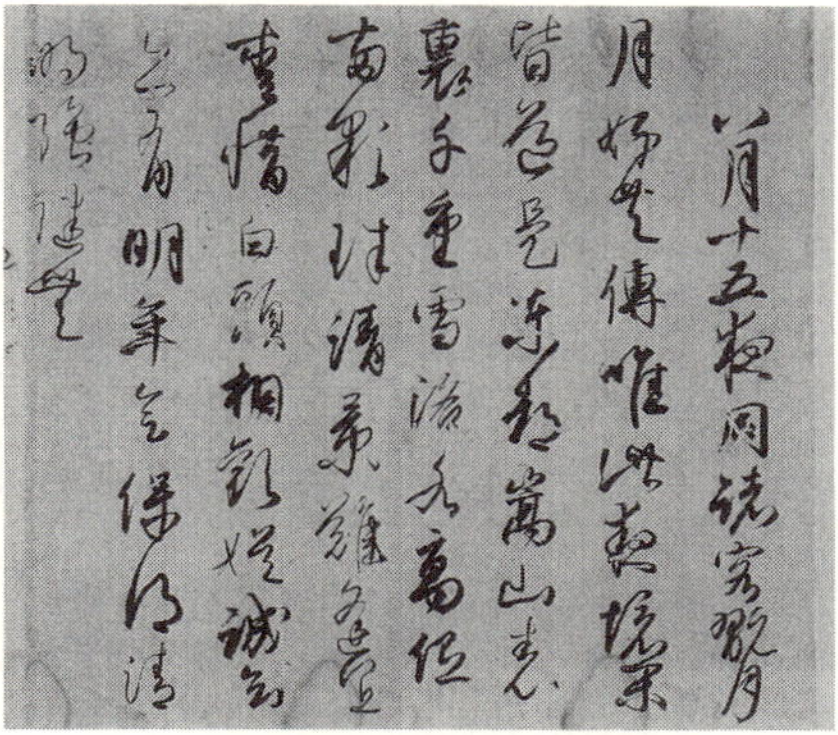

◀藤原行成「白楽天詩巻」

八月十五夜、同諸客翫月
月好共傳唯此夜。境閑
皆道是東都。嵩山表
裏千重雪。洛水高低
兩顆珠。清景難逢宜
愛惜。白頭相（勸强）勸娯誠知
亦有明（來）年會。保得清（晴）
明强健無。

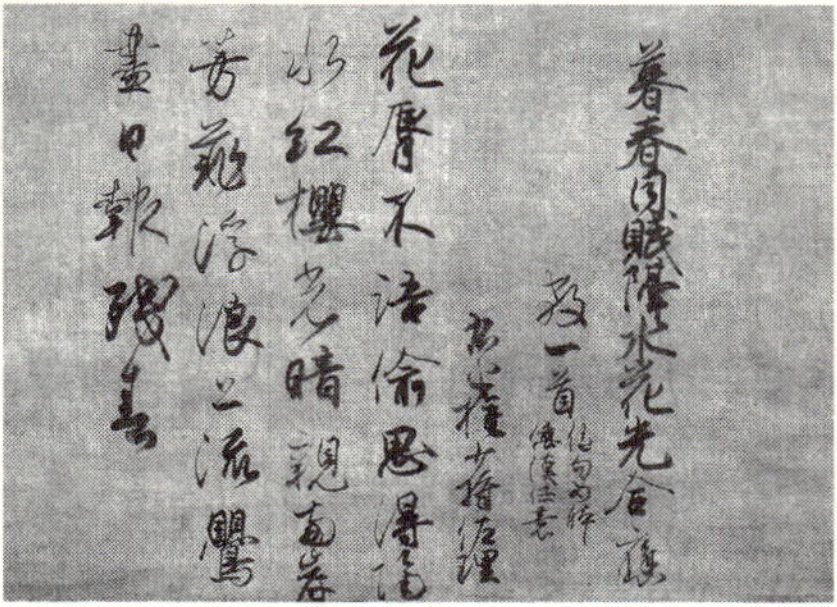

◀藤原佐理「詩懐紙」

暮春同賦隔水花光合應
教一首絶句搗躰倭漢任意
右近權少將佐理
花脣不語偸思得。隔
水紅櫻光暗親。兩岸
芳菲浮浪上。流鶯
盡日報殘春

図24　三蹟の書

される能書家（小野道風、藤原行成、藤原佐理。図24参照）が出て、書が従来の中国風から一変して和臭を帯び、和風、和様になります。和様とはどういう書かというと、漢字に女手（平仮名）の書きぶりが入り込み、漢字が女手風に書かれるようになった書です。つまり、女手風で書かれた書、この担い手が三蹟です。

日本の書の歴史的展開は、三蹟までは理路整然としています。ところが三蹟以降、とくに一二〇〇年頃になると、日本の書の歴史的展開はまったく訳がわからなくなります。平安までのあの麗《うるわ》しい仮名の書が、鎌倉時代以降、どこかへ消えてしまうのです。せっかく平安時代に美しく整斉されていたものが壊れてしまい、和様もいわゆる流儀書道（漢字仮名交じり文の安定した書法が確立し、各流派が伝承段階に入ったもの）にかたちを変えていきます。一方、宋の書の影響を受けたこれまでにない禅僧の書も登場してきます。なんだか訳のわからないものになっていく。それはなぜかというと、外部からの影響を受け、書史の連続性が損なわれたからです。

さきほど、日本同様に、元の時代の書もわかりにくいと言いました。元というのは蒙古で、中央アジアから西アジアにかけての文化を載せています。その意味で、「元は西アジアと古典（王羲之）の合体である」といえます。このため、元の時代には奇妙な書が出てきます。

ひとつは習字の手本のような字が出てきます。歴史上はじめて習字の手本のような、書き手の表現を押し殺した字が出てくるのがこの時代です。**図25**は元の趙孟頫《ちょうもうふ》という人の「仇鍔墓碑銘《きゅうがくぼひめい》」ですが、要するにただ単に綺麗に書いただけの字です。同じように綺麗に書いても、唐の「九成宮醴泉銘」や「雁塔聖教序」とは違って、お習字の先生が書いたような字になっています。

図26を見てください。これも元の鮮于《せんう》枢《すう》という人の書「透光古鏡歌《とうこうこきょうか》」ですが、綺麗に整っているけれども習字の手本という感じの書です。筆蝕のなかに載せている内実がわ

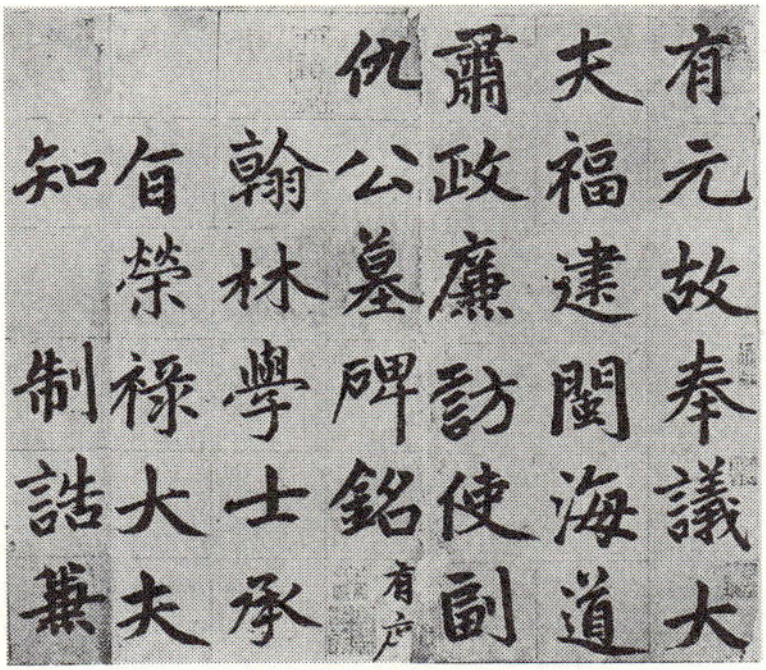

図25　趙孟頫「仇鍔墓碑銘」

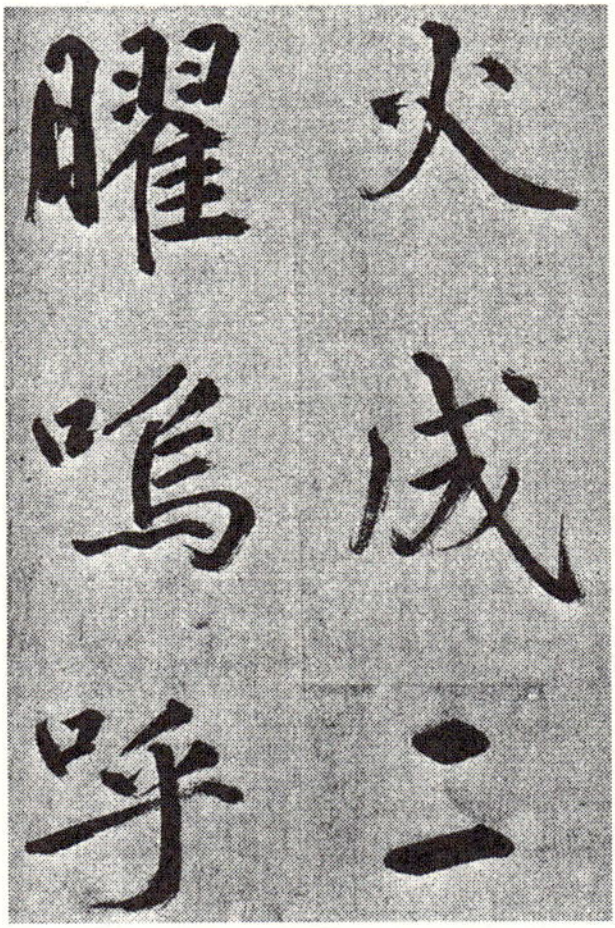

図26　鮮于枢「透光古鏡歌」

からないのです。何を表現しようとしているのかがわからない。

じつはそれには理由があります。趙孟頫の場合は、宋の一族でありながら元つまり異民族に仕えたため、本心は書けないのです。本心を隠して書かなければいけないとき、習字の手本のような書が出てきます。

習字の手本はなぜ面白くないかというと、書き手の癖や主張したいことを抑制して書くため、味気ないものになってしまうからです。元の時代の書家も、同様のことを強いられる環境にありました。武臣であること、つまり、宋の一族でありながら元朝に仕えなければならなかった——。こうした歴史的な背景から、習字手本のような書は出てくるのです。

他方、なんだか訳のわからない不思議な表現も数多く出てきます。図27、元の康里《こうり》巎《き》巎《き》の書「李白古風」を見てください。この人は名前からわかるように西アジア系の人です。この書を見ればわかると思いますが、要するに文字が次々とつづいていくというよりも、一字一字がピッと切れるのですね。たとえば第一行の六字目に「千」という字があります。その最終筆（第二画）が起筆後ピッと削るように書かれています。また、同じ行の下から二字目の「与（與）」という字の最終筆も波磔《はたく》のようにまたピッと切れています。払いが全部ピッピッと切るようなリズムになっています。しかも、図28の明の祝允明《しゅくいんめい》などと比較して見ていただくとわかりますが、見た目が、ヘラで書いたような

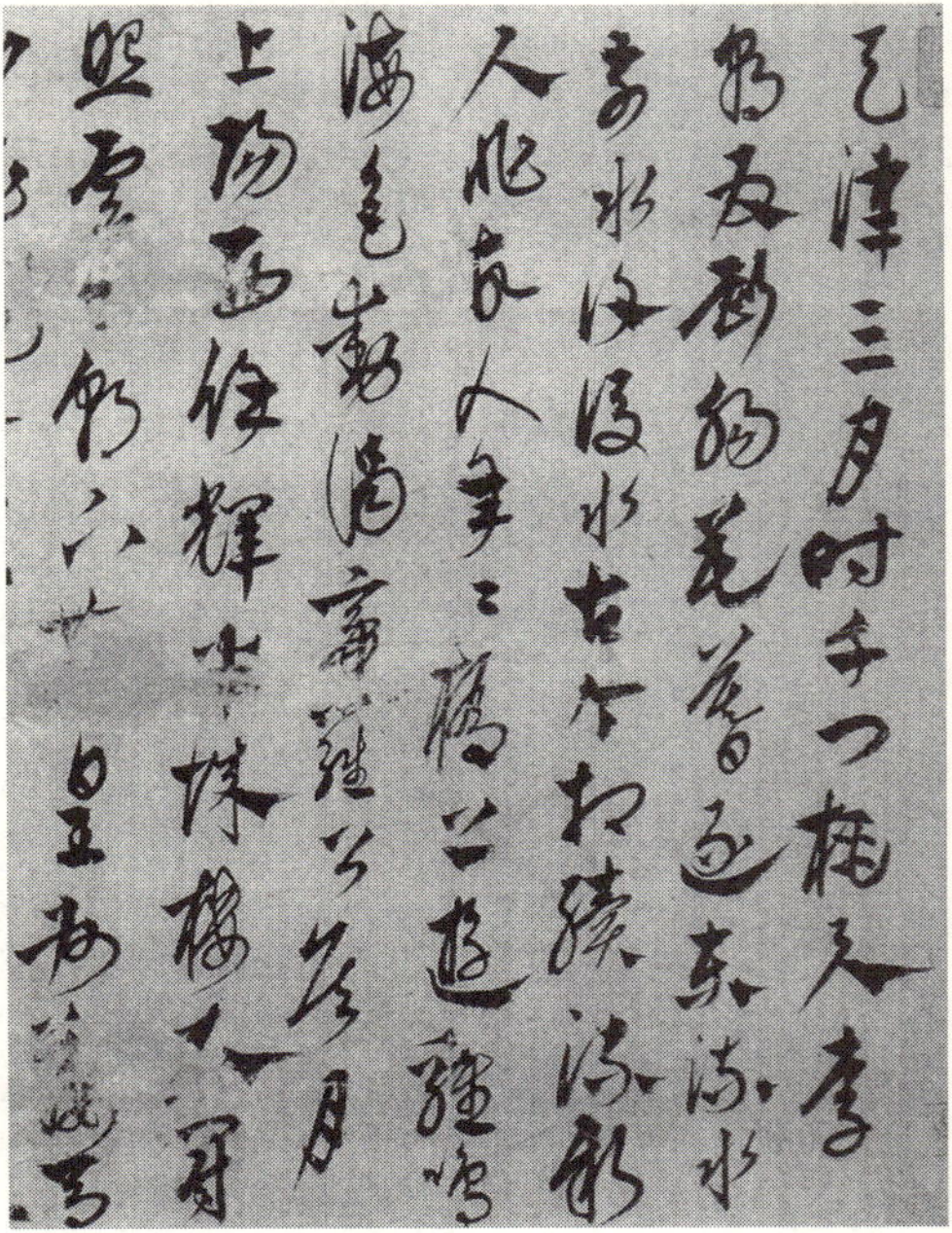

天津三月時。千門桃與李
朝爲斷腸花。暮逐東流水。
前水復後水。古今相續流。新
人非故人。年〻端上遊。難鳴
海色動。謁帝難公候。月〔落〕
上陽西。餘輝半城樓。衣冠
照雲日。朝下散皇州。鞍馬

図27　康里巙巙「李白古風」

平べったい筆画の表情になっています。

こうした書きぶりは、西アジアの、ヘラを使ったアラビア文字などの書き方に影響を受けています。この書は西アジアに繋がっているのです。こういうヘラを使ったような書き方は空海の「飛白十如是《ひはくじゅうにょぜ》」や唐の太宗の「晋祠銘《しんしめい》」の題額（図36）などにも出てきますが、これらは西アジアのヘラを使って書く文字の影響だと思われます。もともとは先の尖った筆ではなく、平べったい、先の切れた刷毛のような筆で書くことによって、こういう字画の姿があらわれるのです。むろんこの書は丸筆で書かれたものですが、西アジアの影響がこの時代の書にそうとう入り込んでいます。このように元の時代の書は非常にわかりにくく、それまでの書の歴史と繋がりをもって説明しきれません。

先ほど触れたように、日本の書の歴史も、鎌倉時代以降、なんだか訳のわからないものになっていきますが、これは要するに、大陸、半島を支配するに至った元のいたずら、あるいは中央アジア、西アジアのいたずらといってもいいのかもしれません。

明は宋（〈典型の拡張〉）の深化

元の時代は、中央アジア、西アジアの影響が中国の書にもあらわれ、書の歴史がうまく繋がらなくなりました。しかし、この事態はいつまでもつづきはしません。次の明の時代になると、図28のような書があらわれてきます。

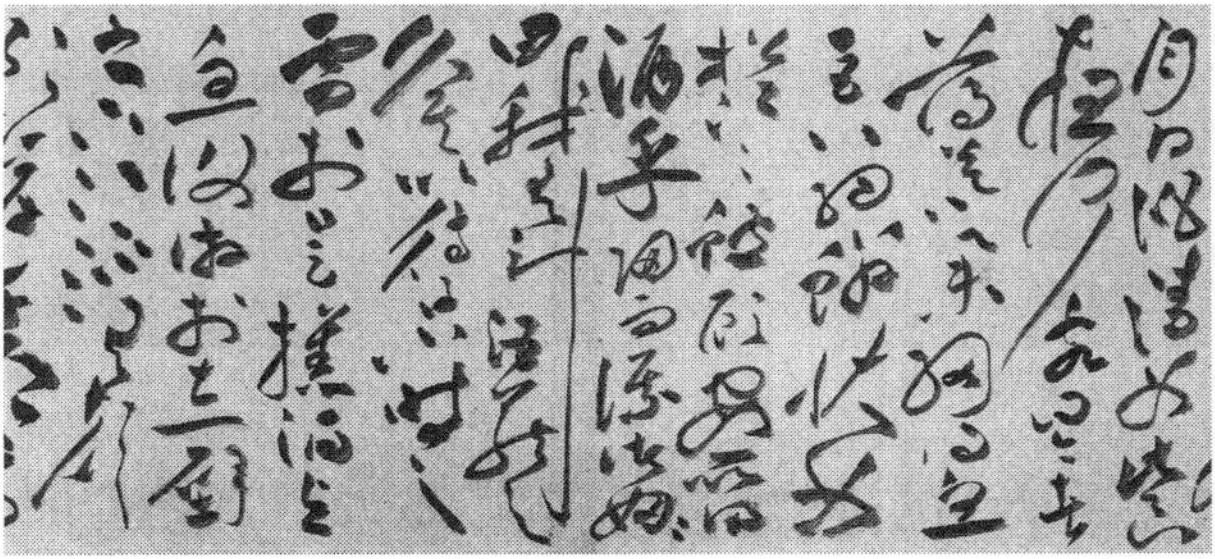

月白風清。如此良
夜何。客曰。今者
薄暮。擧網得魚。
巨口細鱗。狀如
松江之鱸。顧安所得
酒乎。歸而謀諸婦
曰。我有斗酒。藏之
久矣。以待子不時之
需。於是携酒與
魚。復游於赤壁
之下。江流有聲。

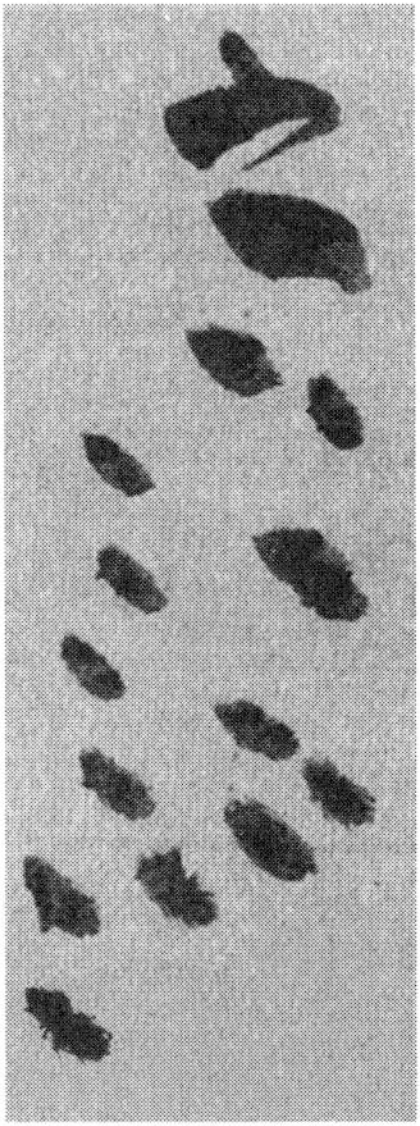

図28　祝允明「前後赤壁賦巻」

この書きぶりはひとつの画を書く筆蝕の内実が、さらに豊かになったことを意味します。宋の時代から生じてくる多折法によって、一画の表現の内実が非常に豊かになったといいましたが、その内実の豊かさを保ったまま、今度はひとつの点や画がさまざまな姿を見せはじめるのです。

その典型的な例が祝允明の「前後《ぜんご》赤壁《せきへき》賦《ふ》巻《かん》」です。図28下は上の図版の左上部分の拡大版ですが、最初は「之」という字で、その次は「下」、その次は「江」「流」です。宋代の書よりもよりいっそう具体的かつリアルに、字画の書きぶりが主張をしはじめ、非常に細かくものを言い出すのです。

まず「之」を見てください。ピシッと入り、それだけすぐパッと次の画に移ります。第一画はこの短さです。打ち込んだ力が反撥されて、そしてそのまま次の第二画へ進みます。頭のところに少しささくれ立った跡が見えるようにピシッと打ち込み、短く書いて止まります。

第三画は強く打ち込みます。そうすると、第三画はビューッと伸びたいところですが、ピシッと入りながらギュッと急ブレーキをかけ、キキキキととまります。明の時代になると、じつはそこまで筆尖と紙（対象）との力のやりとりの劇である筆蝕の過程がリアルに見えるようになるのです。

それまでの宋の時代は、たとえば黄庭堅の書であっても、見えるのは字画が揺れて伸びていく姿どまりです。ところが祝允明の「前後赤壁賦巻」の「之」字では、ボンと入ってギュッとブレーキをかけながら筆が奥に押し込まれるようにしてゆったり進み、右の端のところでいちど筆が上がって、上がった筆で第二画を打ち込むのです。打ち込んで開いた筆はもういちど緩み、緩んだあと沈んで第二画を書けばいいわけですが、そうではなく、そのままの状態で進む。ということはここで対象からの反撥する力を封じこめて、徐々に力を緩めつつ第二画を書いている。その次に第二画の起筆部の韻を踏んで、同じようにドンと打ち込んで、第二画をさらに縮小したようにブレーキをかけた状態で第三画が書かれるのです。

臨書とは実践的にこのような書きぶりをなぞって筆蝕の展開を解読することです。実際に書きながらその書きぶりを読むのが臨書です。長い短いと見れば、長くあるいは短くしか書けない。太い細いと見れば太くあるいは細くしか書けない。そうではなく、ボンと入ってきて、韻を踏んで打ち込んだものが、ブレーキがかかり、筆が奥に押し込まれて……という筆の動きをとおしての筆尖と紙（対象）との力のやりとりの劇を読むのが臨書です。そこまで読むと、じつは、祝允明が使っている筆の先が紙の上を進んでいく動き具合すなわち祝允明の書きっぷりが今ここに甦ってくるのです。

その次が「下」という字です。「下」という字は草書では上にひとつ、下にふたつの点三つに崩されます。点といいますが、この第一筆は字画としての動きを極限まで縮め、そうとうな摩擦力を含み込んだ姿になっています。要するにバンと奥に向かって打ち込む姿が手にとるようにわかる、まさにそこまでリアルな表現が明の時代になると可能になったのです。

王羲之であれば、点は点として綺麗に書いてしまう。ところが、点を打って次へ繋げていくのではなく、バンと打ち込む姿を、その景色を、リアルに書きあらわすことのできる段階になったのです。ひとつの字画の書きぶりのなかに、いろいろなドラマが含み込まれて甦ってくる――その段階が、明の時代になると現れてきたのです。

これは従来はなかったことです。王羲之にはこんな字は書けない。空海にもこんな字は書けません。空海の「崔子玉座右銘《さいしぎょくざゆうめい》」の「々（繰り返し記号）」にパシッと打ち込んだ起筆の姿がありますが、これは飛び散るしぶきからそれを感じさせるもので、「前後赤壁賦巻」のように、筆画自体がその具象的表現をもる姿ではありません。

この「下」の三つの点を受けて、今度はこの三つの点と韻を踏んだかたちで「江」という字が書かれます。サンズイは二つの点に省略されており、「工」のところは、三画分の動きをあたかも一つの点と見紛うばかりに凝縮して書いています。一つの点のごとき形状をよく見ると、「工」と書かれているその動きが、ここから甦ってきます。そこまで筆蝕がリアルに見えるのです。奥に向かうその力、速度、さらには筆が入っていく角度。そういう動態をリアルに見せながら字が書かれるようになったのです。

その次が「流」という字で、これは見ていただければわかるように、もう筆を叩きつけるだけです。左側の偏がボンボンボン、右側の旁もボンボンボンボンと。これで「流」という字です。

そうすると、この「江流」をいかに気持ちよく書いたかがわかるでしょう。トントンと来てギュギュッ。それからボン、ボン、ボンと来て、ボン、ボン、ボン、ボンですね。サンズイにあたる方の点三つが先だと思いますが、まさに書いている得意満面の意識までが見えてくるようです。これがじつは先ほど触れた、「明は態を尊ぶ」という姿です。そこに活動している筆蝕の姿がまざまざと見えてくる水準を、書が獲得した——これが明の時代です。

唐の時代は、ひとつの字画を「トン・スー・トン」という具合にわずかな強弱はあるにしても、線を引くように書けばいいと考えられていました。次の宋の時代には、ひとつの画にいろいろな表情が盛り込めるようになりました。さらに明の時代になると、ひとつの画に盛り込まれた生きて活動する姿が見えてくるようになります。祝允明の「前後赤壁賦巻」の一点一画には、具体的に喜怒哀楽までもが書きこまれるような段階に至ったのです。この具象的筆画の新段階から類推すると、明の時代になって、歴史が具象化したこと、つまり政治の上層部だけではなく、民衆も大きく歴史のなかに登場してきたことがわかります。

この時代には、倭寇や華僑が活発な活動を行い、それにともない商業都市が繁栄しました。これらのことを考えても、この時代にいかに人々がいきいきと動きはじめたかがわかります。それが「明態」を支えた意識です。

こういう中国の書史の展開の姿を見ると、いつも気にかかるのは日本の歴史です。日本の書の姿を見ると、中国の書の姿と大きく違います。日本の書は、和様、あるいは中国風の書の日本風への消化（日本化）に終始していて、明の書のようなリアルな姿が書のなかに登場してきません。それは中国と日本の歴史の違い、またその歴史を生きる人々の生き方の違いだと思います。

先ほど触れたように、明は宋の〈拡張〉です。字画の内実が一層深化したのです。したがって、いろいろな表現が生まれてきます。たとえば、捩《ね》じれた筆毫の表現が使われるのはこの時代からです。それまでは筆が捩じれたまま使われることはありませんでした。また、かすれも常用されるようになります。それから筆の荒れも表現の非常に重要な要素になってきます。こういう表現が明の時代の特徴となります。

清の無限微動法

次に清の時代に入ります。清の時代は、初期と中期以降の二つに大きく分けられます。初期というのは康熙《こうき》帝時代、十七世紀あたりです。この時代は非常にいい時代で、明とはまた違ったかたちで創造的な時代だったと思います。ところが十八～九世紀に入ると、さらに違ったかたちに展開していきます。したがって、清の時代を二分するなら、その初期を康熙帝時代とし、後期を乾隆帝《けんりゅう》以降と分けて考えられます。

康熙帝時代を象徴する遺産が、**図29**の金冬心《きんとうしん》（金農《きんのう》）の書です。上下ともに金農の字です。ここには決定的に新しいレベルの書の誕生を確認することができます。

前項で述べたとおり、明は宋の延長線上に筆画の筆蝕表現の内実を深化させ、豊饒化させました。多彩な表現を可能にしたわけです。清の金農時代に入ると字画が震え出すのです。これは非常に象徴的だと思います。

図29上が「横披《おうひ》題昔邪之廬詩《だいせきやしろし》」という作品ですが、二行目の「三」という字を見てください。筆画を書く微動がじかに見えます。これは震えです。ある意味でいえば、来るべき時代の予感のようなものです。その時代とは何かというと、西欧との衝突です。

多折法で「一」という字を書く表現現場に、いろいろなものを盛り込む宋、明の時代から、やがて清の時代になると、一つの画を書くことは震え、無限微動だという原理をつかむのです。

話は変わりますが、展覧会やあるいは結婚式で署名をするときには震えないといけないのです。震えるのが当たり前であって、震えないのでは駄目です。プロは震えているけれど震えていないかのように書くだけの話です。だから震えればいいのです。震える

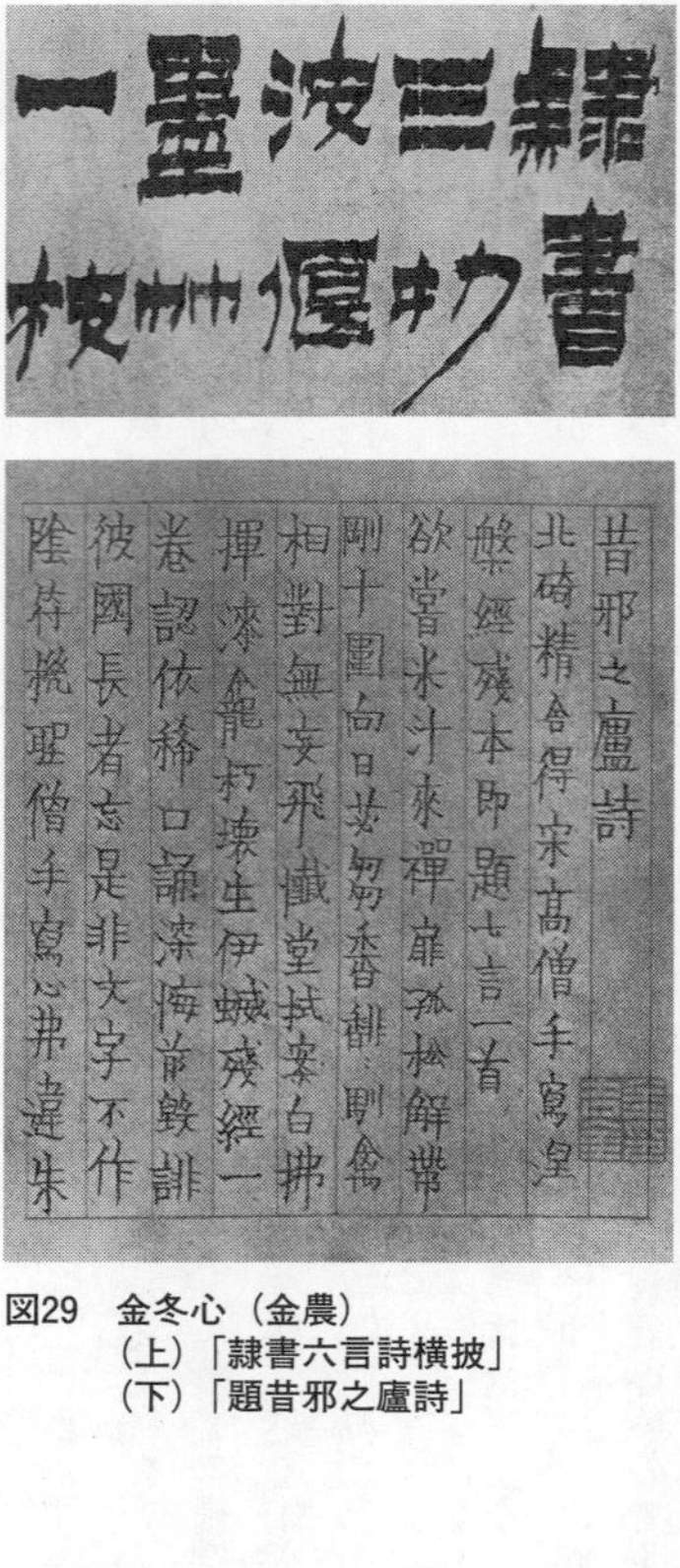

図29　金冬心（金農）
（上）「隷書六言詩横披」
（下）「題昔邪之廬詩」

ことが書のいちばんの基本にあることを、金農ははっきりとひとつの書として表現したのです。

震えというのは何か。「いまだ知らず」ということです。未知の世界とこれから対決するということです。これは、来るべき西欧に対する震えともいえます。また、震えているということは、いつも動いているということ。いつも動いているということは、すなわちどのようにでも対応できるということです。

バッターボックスで今まさに打たんと身構えた野球のバッターのバットは小刻みに震

えています。少しも震えないように固定してもっていたら、振り遅れて打てません。どのような球の種類、どのようなコースにでも対応できるように軽く微動させておいて、そして瞬時に球に向かっていくのです。それと同じように、動いているということは、いかようにも動けるということと同義ですから、いかような字でも書けるということになります。

そうすると、図29で示した、金農のような奇妙なかたちの字も生まれてくるのです。現代の変なかたちの文字の起点はここにあります。おおよそ十七世紀の終わりから十八世紀ぐらいになると、筆をもってどのようにでも書ける段階になるのです。それは、中国の書が、いってみれば西欧のいわゆる美術造形のどんなものにでも対応できるようになったということです。

清の時代には、さらに印刷文字が普及します。図29下に示した金農の「昔邪之廬詩《せきやしろし》」は、ガリ版のような文字で書かれています。これは楷書体や隷書体ではなく、いってみれば筆で書いた印刷文字です。筆で書いた印刷文字がガリ版文字です。印刷文字の真似をして手で書いたものです。

このようにある時期から、手で書くことが印刷文字を真似るという書き方も出てきます。そのはしりが金農の書です。こういう字まで筆で書けるようになったのです。ここまで来れば、もうどんな字でも書けます。どのようにでも字は歪められる段階に至ったのです。

康熙帝時代はまだ健全でした。ところが、次の乾隆帝以降になると、いささか癖をもちはじめます。これは、明らかに帝国主義的西欧の脅しによって生じた、これに対抗する現象です。清朝の時代に碑学《ひがく》（古い石碑の文字を研究する学問）が行われるようになりますが、なぜ碑学が清朝において盛んになったのかというと、その背景には、帝国主義的な西欧の進出があります。中国に脅しをかけ、中国の一部を意のままに扱うような、今まで見たこともない西欧が登場してきたのです。

欧米に対する中国の闘い方は、ひとつは歴史の古さを見せていくことです。いかに中国は歴史の古い国であるかを見せていくのです。ニクソン米大統領が毛沢東《もうたくとう》を訪問したときに、毛沢東自身は中国人民に対しては古い本など買う必要はない、読む必要はないといっておきながら、ニクソンを自室書斎に招き入れて、その映像をテレビを通じて世界中に流させました。書斎の壁面には厖大な古書があり、その部屋でニクソンと会談するのです。中国の歴史というものを背景にして、アメリカの歴史の浅さを浮き彫りにし、そこで対決しているのです。アメリカが唯一ある種の怖れをもっている国は、やはり中国でしょうね。歴史の古い中国以外にはないと思います。

話を戻します。清の時代、乾隆帝以降になると、篆書や隷書が盛んに書かれるようになります。古代中国の文字を筆で書きあらわすようになるのです。篆書・隷書は基本的には石に刻《ほ》られた文字で、石に刻られた姿で完成しており、筆で書く文字ではありません。ましてや篆書はそれまで筆で書かれたことなどほとんどない文字です。もちろん目安としては筆で書いたと思われますが、刻る段階で綺麗に整理して仕上げた石刻りの文字です。

本格的に文字が紙に書かれるのは王羲之の時代からです。手紙は紙ですから。もちろん、紙はその以前から存在していましたが、それまではまだ石の時代であり、木簡・竹簡の時代です。実際に紙という意味合いが、石や木簡をしのいで登場してくるのは王羲之の時代からです。唐の時代になって紙と石が合体するのです。その段階の文字が楷書です。紙に書くことのよさを、石に刻ったのと同じレベルにまで高めた書体が楷書です。これが「トン・スー・トン」の三折法です。

習字が大変な理由は、石に刻った姿を筆で再現しなくてはならないからです。起筆や終筆、転折、撥ね、あるいは払いは石に刻ったその「三角」の姿の、筆による再現です。筆で書くだけならこんな表現に拘泥し、腐心する必要はありません。石に刻った姿を一生懸命再現しようと思うから大変なことになるのです。しかし、この大変なことが、大変なことだからこそ〈典型〉になるのです。唐以降は完全に紙の時代です。唐以降で石に刻った書で目ぼしいものはほとんどありません。

ところが清の後期になって本来石刻りであった篆書・隷書が復活したのはなぜかとい

うと、篆書・隷書が筆で書けるようになったからです。無限微動――、震えていればどんな字でも書けます。「トン・スー・トン」式では円は書けませんが、無限微動法なら筆で円も書けます。微動しつつ書くということは、動きながら止まっているということでもあります。動きながら止まっていれば、どのようにでも書けるのです。

　要するに、植民地主義的な西欧に対して、中国は歴史の古さで闘うのです。そのときに、無限微動という武器ができているから、無限微動で、古代文字の篆書・隷書を書くのです。とくに篆書です。先ほどの金農と同じような書きぶりで篆書を書いているわけです。レベルとしては同じです。無限微動レベルで古い篆書のようなふりをする。これは〈擬態〉です。清の時代の後半になると、歴史の古さに〈擬態〉するようになるのです。

　その姿を象徴しているのが、**図30**の鄧石如《とうせきじょ》の「白氏《はくし》草堂記《そうどうき》」です。こんな字は、元来筆で書くものではない。筆で書くものではない字を筆で書く、その背景に迫り来る帝国主義的、植民地主義的な西欧の姿と、それに対する中国の闘い方が見えてきます。

　清朝では考証学が盛んになります。考証学というのは実証的な古典の解釈学のことで、同時に書においては碑学が興ってきます。

　ちなみに、王羲之以降の紙に書かれた文字を木版や石版に刻って拓本を採り、それを帖《じょう》に仕立てたものを法帖《ほうじょう》といいます。版に起こして伝わってきた法帖を手本にしたので、手本という意味で法帖という言葉が日本の書道界では、今でも残っています。翻刻《ほんこく》したその版がなんらかの理由で失われると、以前に刷られた法帖から、主に石ですが再び版を起こすことが繰り返されます。なぜなら、唐の時代あるいは宋の時代から法帖の制作がはじまったとしても、それから数百年が経っていますから、その間には王朝の交代による戦乱などもあり、同じ版がいつまでも残っているわけではないからです。版が失われると、すでに刷られたものを手本として、またあらたに石を刻ることになります。

ところが清朝の考証学の影響下で、翻刻に翻刻を繰り返したものを勉強するよりも、

図30　鄧石如「篆書白氏草堂記六屏」

南抵石澗。夾澗有古
松老杉。大僅十人圍。
高不知幾百尺。脩柯
戞雲。低枝拂潭。如幢
樹。如蓋張。如龍蛇走。
松下多灌叢蘿蔦。葉

よく考えてみれば石碑が現存しているのだから、石碑から拓本をとって正確なテクストをつくることに改めて気づくのです。「王羲之が書いたとされる法帖では本当の姿はわからないけれど、中国には、秦・漢の時代から六朝期・唐に至るまでに刻られた石、つまり石碑がいっぱい残っている。王羲之と同じ時代の碑も残っているのだから、法帖よりも、石碑のほうが往時の書の姿を正しく伝えているのではないか」という主張で興ったのが碑学です。帖学派に対する碑学派、両者間で論争にもなります。

碑学の基本にある考え方は何かというと、繰り返し述べたとおり、西欧に対していかに中国の歴史が古いかを誇示することだと思います。「われわれ中国人はかつてローマからも使者が訪れるほどの権勢をふるったのだ」と。こういう力が働いて、碑学が清朝に興りました。

ところが、帝国主義的西欧は歴史の古さなどとはかかわりなく、どんどん攻めてきます。このときに、中国はどうしたかというと、穴に逃げ込んだのです。穴に逃げ込みながら将棋でいう穴熊戦法を採るのです。穴熊に入る。これが印《いん》、つまり篆刻《てんこく》です（図31）。しかも方寸、一寸四方の世界、こんな小さな世界のなかにもぐり込んで、西欧のお手並みを拝見しようとやり過ごすのです。表現としての篆刻は明からはじまり、清朝でいちばんの表現の高みを見せることになりますが、その理由はこういうことなのです。要するに、篆刻というのは穴熊に入ることです。

篆書であろうとどんな字体であろうと紙に「山」と書けば、これは書です。ところが、草書であろうと、文字を枠で囲めば印、篆刻になります。穴の中に入った文字の姿、それが篆刻です。

枠を輪郭あるいは輪辺といいます。文字が赤い朱文印の場合には、輪郭といってまわりに赤い囲みができます。一方、文字が白い白文印の場合には、輪辺といって地の赤が境界線となって枠の役割を果たします。したがって、囲みのないものは基本的には印の範疇には入りません。輪郭・輪辺をもった文字が篆刻であり判なのです。

穴の中に籠って西欧の力を測量するのです。したがってこの頃非常に篆刻が盛んになります。これは止むを得ないのかなとも思いますが、近年日本で、とくに定年後に篆刻をはじめようとするのはよくない傾向です。これは一種の引きこもりですから。

事実として、戦前戦後のなかで、よほどのプロフェッショナルか判子屋さん以外の人は、篆刻はやらなかった。篆刻が非常に盛んになってきたのは近年のことです。篆刻がやりたくなったら心理的に引きこもりかな、危ないと思ってください。やはり墨を磨《す》って字を書く方が健全だと思います。

ところが時代が移り、西欧の力量測定に目安

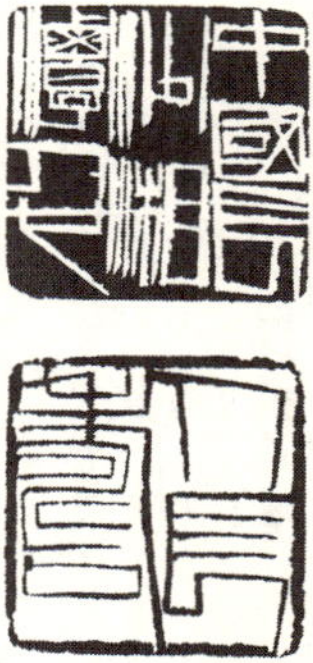
中國長沙湘潭人也

人長壽

図31　篆刻

図32　毛沢東の書

風雲　突《とつ》として変《へん》
軍閥　重ねて戦いを開く
人間《じんかん》に向かって灑《そそ》ぐは　都《すべ》て是《こ》れ怨《えん》なり
一枕《いっちん》の黄粱《こうりょう》　再び現る
紅旗《こうき》　汀江《ていこう》を躍《おど》りて過ぎ……

がつくとどうなったかというと、それが図32の毛沢東の書です。印の輪郭・輪辺を切断し、解放して、そこからあらわれてきた毛沢東の字の姿はどういうものかというと、これは盛唐代の狂草の姿に似ています。自らの姿を解放した姿でパッとこの書が出てきたときに、ほかならぬ毛沢東によって中国は解放されたのです。

　このときの解放は今の日本のような解放ではありません。今の日本はアメリカに気をつかって外交をやっています。米軍に守られている、実は占領状態が継続しているからです。ところが、解放された中国は、ソ連（ロシア）がバックアップしているわけではありません。まさに、もういちど中国が世界にその姿をあらわしたのです。それがこの毛沢東の書の姿のなかに窺《うかが》えます。

　こう言うと、話がちょっと出来すぎと思われるかもしれませんが、少なくともこの姿は、中国の盛唐期、要するに中国がいろんな意味で最もバランスのよかった時代の狂草体をなぞりながら、そういうものに根拠を置きながら書かれています。まさに、もういちど世界の重要な位置に躍《おど》り出るべく自らを解放した姿として、ここに人民中国の成立が見て取れます。この位置から見ると、以前の鄧石如の書などには古い時代の文字に擬態した時代の息苦しさが感じられます。

ただ問題は、毛沢東以降に書の教養が失われたということです。林彪《りんぴょう》、江青《こうせい》、あるいは鄧小平《とうしょうへい》もそうですが、ひどかったのは華国鋒《かこくほう》です。とんでもないひどい字で、ほとんど子供が書くような字でした。毛沢東時代から横書きになっていますから、書の歴史と少し切れていったなかで、これから彼らの意識がどういうかたちで表現されるようになるのかは興味深い点です。しかしながら、毛沢東の書のなかに、新しい中国の登場の姿が明瞭に見て取れるのもまた事実です。

本章では、非常に駆け足ではありましたが、書自体のなかからどのような中国史が見えるかということをお話ししてきました。書だけからでも、時代の精神のあり方ははっきりと覗けるということをお話しして、本章の結びとしたいと思います。

第4章　立ち上がる朝鮮半島――朝鮮史Ⅰ

本章と次章では朝鮮の歴史を見ていきますが、本論に入る前に、まず「朝鮮史を考えるための三つの前提」について述べます。それは、①「朝鮮と中国の国境は定かではない」、②「朝鮮が一つであるかは自明ではない」、③「朝鮮史も日本史とほぼ同様の時代区分で考察できる」ということです。この三つが本章でお話しすることのアウトラインであると同時に、結論にもなります。

まず一番目は、「朝鮮と中国の国境は定かではない」ということです。中国、朝鮮、日本というような枠組みは、近代のとりあえずの枠組みにすぎないことをよく認識しておく必要があります。ところが、とりあえずの枠組みであるにもかかわらず、歴史のはじまりからその枠組みが存在したような錯覚に捉われがちです。

具体的にお話ししましょう。現在、朝鮮民主主義人民共和国（北朝鮮）と中華人民共和国（中国）との国境線は、鴨緑江《おうりょくこう》と豆《と》満江《まんこう》にあります。川の向こう側とこちら側とで国が違ってくるのですが、日本と朝鮮とのあいだで内容が議論になる高句麗《こうくり》の「広開土《こうかいど》王碑《おうひ》」（高句麗〔前三七－六六八〕の第一九代の王である広開土王〔好太王、在位三九一－四一二〕の業績を称えて、その没後の四一四年に建てられた碑）は、鴨緑江中流の北岸、つまり中国側に残されています。ある意味で北朝鮮が民族のシンボルにすべき遺跡が、朝鮮の領土ではなく中国の領土内にあるのです。

あるいは、白頭山（中国では満洲族の聖地、朝鮮半島では朝鮮民族の聖地とされる。韓国、北朝鮮双方の国歌にも歌われている。渤海国でも信仰の対象としていた）についても同じことがいえます。白頭山も現在の中国と北朝鮮の国境線上にあり、中国からは長白山と呼ばれ、朝鮮からは白頭山と呼ばれ、双方で呼び名が異なっています。

ここで強調しておきたいことは、北朝鮮と中国のあいだのような陸つづきの国境線は、絶えず動いていて、永劫不変ではないということです。現在の北朝鮮と中国との国境線を不変であるとイメージしているとすれば、それは日本のような島国に住む人間の考えの限界です。

この問題に関連して、もうひとつ言っておかなければならないことがあります。それは、もともとから朝鮮というものがあったのではなく、あくまで中国から分かれて生まれたということです。それは日本も同じです。朝鮮も日本もかつて中国だったのです。ここを現実感をもって理解できれば、東アジアの歴史というのは非常にわかりやすくなります。要するに、半島も弧島も中国の文明のなかにいちど組み込まれ、やがて少しずつ大陸とのあいだに違いが生じ、分離独立していくのです。

図33の地図を見てください。この地図を見れば、近代的な国家の枠組みがとりあえずのものにすぎないことがよくわかります。私たちが普段見慣れている地図とは違って、この地図を見て驚くのは、樺太が大陸から非常に近く、ロシアと繋がるような位置にあり、その延長線上に北海道と本州があり、まるで日本海が朝鮮半島から沿海州《えんかいしゅう》にかけての大陸側と日本列島とに囲まれた内海《うちうみ》であるかのように見えることです。

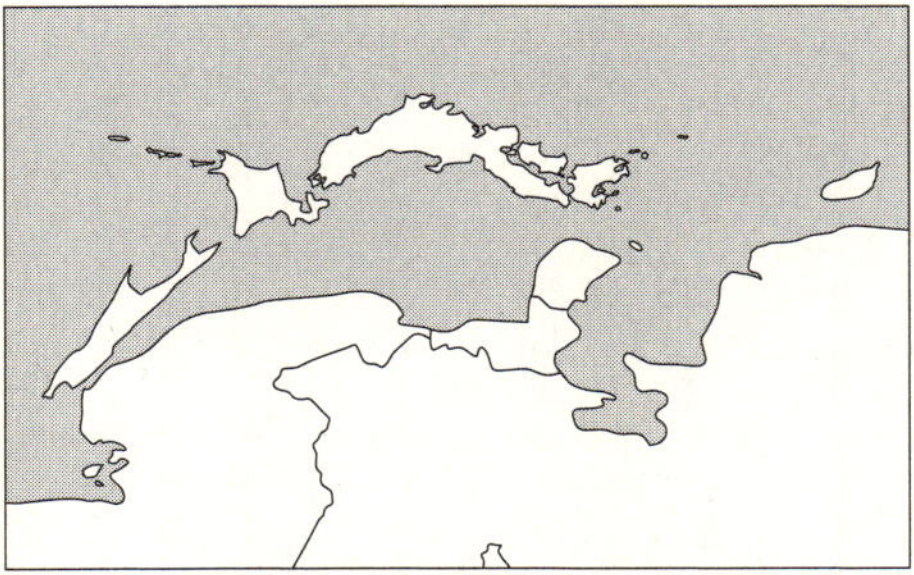

図33　東アジア地図

この地図を見ていると、北朝鮮による拉致事件も非常によくわかります。拉致に使われた船の航路は、じつは昔からの海の交通路だったのです。北陸の小浜、能登半島、佐渡島、あるいは新潟といった土地に船が入っていたのです。この航路は、第6章で扱う渤海国と日本との基本的な交通路でした。同じ航路を通って、スパイ工作船といわれる北朝鮮の船がやってきたのです。だから、歴史的にみれば何も驚くことはなく、昔からの交通路を利用して日本に来ていたことになるのです。

また、九州から奄美・沖縄、そして台湾に至る弓なりの群島があり、ここにもうひとつ大陸との交流路があることも、この地図から如実にわかります。大陸の方が先進国ですから、この地図を見れば、日本海側がかつては表日本であったことも歴然としてきます。大陸からもっとも遠い房総半島から東京あたりが最も文化果つる地であったことになります。

ところが普段われわれが見慣れている地図だと、これほどリアルには見えてこない。それはなぜかというと、人間の知覚が天の力学のもとにあるからです。

紙に文字が書いてあれば、自動的に上が天で下が地になります。天に向かう方向が上昇で、地に向かう方向が下降あるいは落下になります。われわれが見慣れている北を天とした地図の場合でも、むろん大陸側と日本は同じだけ落下感を感じるのですが、大陸よりも日本の方が小さいですから、大きな大陸には不動感がともない、小さい弧島の方は軽く動きやすく感じられます。このため、日本は実際よりも少し太平洋寄り、つまり大陸から離れているように感じられるのです。

ところが、**図33**の地図のように、九〇度回転して東を上にすると、上に位置する日本が軽くて動きやすく、下の大陸のほうが重くて動きにくいですから、上の日本の方が先ほどと同じ原理で落下感が大きく、下の大陸に押しつけられているように見えるのです。そういう図像学的な錯覚が働いて、後者の地図では日本海を内海のように見せてしまうのです。

朝鮮は中国大陸および中国政治と階調《グラデーション》で繋がっています。大陸中央から離れているとはいえ、中国圏内にある中国周縁の国、中国圏内と捉えたほうが像を結びやすい。この場合の「国」というのは、「中国の皇帝に冊封《さくほう》されている国（地方）」という意味です。

繰り返しますが、東アジアにおいて国というのは、皇帝によって冊封された国王のいるところを指します。大陸にも多くの国王がいました。東アジアの国というのは、いってみれば中華体制のなかのひとつの県のようなものだったのです。

国王は皇帝によって任命されます。国王は独立したものではなく、あくまで皇帝の臣下という関係にあります。したがって、朝鮮を「島国・日本と同様な国家とは考えないほうがいい」のです。高麗《こうらい》のときも李氏《りし》朝鮮のときもそうですが、建国すると任命状をもらいに中国の皇帝のもとに使者を派遣し、そして冊封されるというのが朝鮮のやり方だったのです。李氏朝鮮以前の半島では、北の渤海（六九八－九二六）と南の新羅（三五六－九三五）の二つに分かれていたのが、高麗の時代（九一八－一三九二）になって南北が統一されます。

高麗の時代になると中国風の科挙制度が創設されます（九五八）。この制度は一八九四年まで存続します。このことを考えるだけでも、いかに朝鮮という国が中国風であるかがわかります。高麗時代から一八九四年まで、日本でいえば平安時代から明治二十年代まで、一貫して科挙制度がつづいていました。次第に形骸化されていくとはいえ、朝鮮では科挙試験によって選ばれた人が官僚になる制度を一〇〇〇年近くつづけてきたのです。

そこに形成されたのが「両班《ヤンバン》」という朝鮮の支配層です。両班とは、もとは国家行事の際、南面した皇帝に対して東側に文官が並び（文班）、西側に武官が並んだ（武班）ことに由来して、この二列並びの文班と武班の役人を意味したのです。両班という呼称は、科挙のはじまった高麗当初からありましたが、李朝時代になると科挙合格者・官僚就任者が固定し、社会的身分となり世襲化されるようになります。そして、両班は中央にあっては高級官職の地位を独占し、地方にあっては農村に土着してその地域を実質的に支配していきます。

日本にはついに宦官《かんがん》（去勢された男子で後宮に仕える者）の制は入ってこなかったのですが、朝鮮には宦官もいました。また、大陸に仕官することも、大陸との政略婚もありました。たとえば、元の時代には、一二七四年以降に高麗の王族は元の皇女を妃としてもらいました。これによって元の皇室の一員になるのです。また、王族の子弟は成人し、独立して朝鮮の王様になるまでのあいだ、みんな北京の元の皇室で育ったのです。そして王になると朝鮮に帰ってくる。なかには忠宣王《ちゆうせん》（一二七五－一三二五）のように即位後も帰らず、北京で政治を執った王様もいるくらいです。この時代には辮髪《べんぱつ》やモンゴル風の衣裳が朝鮮で採用されていました。

年号は、古くから中国の年号をそのまま採用し、独自の年号は、十九世紀末の大韓帝国時代になって使いはじめます。朝鮮は、こういうかたちで中国史とかなり密接に同伴していています。この事実はまず知っておいたほうがいいと思います。

古代世界をどう考えるべきか

少し補足しておきます。大陸の中国があって、半島の朝鮮があって、弧島の日本があって、それぞれが自らの歴史をどのように捉えているかというと、たとえば日本では、「まず麗しい倭《わ》があった」と考えられています。それが天皇制と結びつき、現在までつづいていると考えるのです。他方、朝鮮では、「まず古朝鮮があった」と考えられています。檀君《タングン》神話（古朝鮮の建国神話。天孫の檀君が古朝鮮を開き、その始祖になったというもの）のように、「神話と結びついた古朝鮮がまずあって、それがいったんは漢によって滅ぼされた」けれども、「古朝鮮がもういちど復活する」という考え方が、北と南を問わず朝鮮の人たちの抱く歴史観です。檀君神話と白頭山が重なります。それゆえ金正日《キムジョンイル》は白頭山に生まれたと知らしめることになるのです。

日本の場合も同じように、戦前は古代神話が史実でもあるかのように教えこまれていました。しかし、いつまでも神話を根拠にしているわけにもいかないので、神話に代わるものとして縄文が持ち出されるようになった。麗しい、素晴らしい縄文があった、と。青森県の三内丸山《さんないまるやま》遺跡（小高い台地上の縄文時代集落遺跡）を見て、作家・司馬遼太郎《しばりょうたろう》さんは「世界に冠たる文明があった」と書いています。哲学者・梅原猛《うめはらたけし》さんも三内丸山遺跡を激賞するわけです。縄文こそが日本のふるさとであり、古朝鮮にならっていえば「古日本があった」ということになります。

ところが、その縄文時代が直接《ストレート》に現代に繋がっているわけではないところでは、口を濁すのです。どう考えても、弥生時代に大陸や半島から日本列島に多数の人々がやって来た、否、正確には人々がやってくることによって弥生化したことは間違いなさそうです。大陸や半島からの人々が多数やって来たことが何を意味しているのか、そのことを歴史家ははっきりと言わない。

要するに、古朝鮮も古日本も誤りなのです。その考え方さえ改められれば、東アジアの問題はすべて見事に解けます。では、どう改めるのか。「弧島に、大陸からも半島からも、南からも北からも、いろいろな人（汎東北アジア人）が集まってきて、その人たちとともに日本をつくった」と考えるのです。それがだいたい六五〇年頃から七〇〇年頃にかけての出来事です。朝鮮も同様で、その頃に統一新羅が半島に成立します。

いずれにしても、かつての東アジア圏はすべて中国の影響下にあった。やがて少しずつ違いを形成し、まず日本が中国から切れたのです。ところが朝鮮の場合は異なります。国として立ったものの、中国との関係はずっとつづいていきます。最終的に中国と切れたのは近代になってからで、一八九七年のことです。それまでは中国の皇帝が半島の国王を任ずるという冊封体制のなかにありつづけたのです。冊封体制とは、中国の皇帝にお土産を持って挨拶にいくと、中国がその二倍にも相当するものを返すという関係です。この関係を完全に断ち切ったのが国号を大韓帝国と改め、王・高宗が皇帝に即位した一八九七年のことです。

「古朝鮮」の存在を考えることは美しいロマンです。そう考えたい気持ちはわかります。けれども、それが事態をわかりにくくしています。日本の縄文、古代幻想も同様です。そうではなく、いずれも、いちど中国の文明に入ったものが、その影響から脱し独立していったと考えるのです。大陸から日本が独立し、朝鮮が独立するというかたちで国と文化をつくったと考えれば、東アジアの問題はきれいに解けます。

近代からスタートするから間違うのです。そうではなく、もともと東アジアは境界線のないままひと繋がりに入り混じっていたのであり、少しずつ地域ごとに違いが生じ、やがてその違いが鮮明になったと捉えればいいのです。その違いを明示するに至った原動力は何か。朝鮮の場合は一四五〇年頃にできたハングルです。日本の場合は九〇〇年頃に生まれた女手（＝平仮名）と片仮名です。これらの文字の使用が、それぞれ独自の文化を明示し、生み出すことになったのです。

「一つの朝鮮」は自明ではない

「朝鮮史を考えるための三つの前提」の二つ目、「朝鮮が一つであるかどうかは自明ではない」ということについてお話しします。

いま、北朝鮮と韓国に分かれていますが、いわゆる北と南の違いは、必ずしも歴史的にまったく根拠のないことではありません。

大まかにいえば、北部の北朝鮮はもともと高句麗といわれた部分であり、南部の韓国は韓といわれた地方に属しますが、両者間にはそうとうの違いがあります。また、現在の北朝鮮と中国との国境線は鴨緑江と豆満江にありますが、この境界線は歴史的にいうと、おおよそ李氏《りし》朝鮮（一三九二－一九一〇）の初期、十四世紀の終わりから十五世紀初頭にできたものです。先述したとおり、高句麗の「広開土王碑」が鴨緑江の北岸、中国側に残されているのですが、この境界線よりも北方、いわゆる満洲地方を含めた地方がかつての高句麗の地だったのです。

李氏朝鮮以前、高麗《こうらい》（九一八－一三九二）の頃から北と南の地が一つの塊《かたまり》になるのですが、それ以前は北と南は別々だった。したがって、朝鮮半島が南北に二つに分かれている現在の状況は、歴史的に考えればそれほど異様な出来事でもないともいえるのです。

朝鮮史も日本史と同様の時代区分で考察可能

最後に、前提の三つ目、「朝鮮史も日本史とほぼ同様の時代区分で考察できる」ということについてお話しします。

これはとても興味深い点だと思います。日本史と同じような時代区分で考えれば、朝鮮史は非常にわかりやすくなります。むろん、日本と朝鮮では人名も、行われていることも違いますが、アウトラインだけを捉えれば、日本と同じような歴史を辿ったと考えることが可能です。

では、日本の歴史をどのように捉えればいいのでしょうか。これは、書の歴史を辿ればすぐにわかります。大まかに書の歴史を整理すると、つぎのように九つのポイントが挙げられます。

① 紀元前二〇〇〇年頃。中国で脱神話文字・篆書《てんしょ》が生まれ漢語文明に照らし出された。

② 紀元前後。日本史でいえば「漢委奴国王印《かんのわのなのこくおういん》」の頃で、日本がまだ大陸の漢に属した時代。

③ 三五〇年前後のいわゆる六朝、王羲之の時代。草書が完成した時代で漢語文明

圏内の各地方が違いを造形しつつ分裂する時代。

④六五〇年の楷書の完璧な成立。初唐代。分裂の立体的統一による、政治的独立の時代。

⑤九〇〇年頃。日本でいえば女手が生まれ、文化的にも完全独立をはたす時代。中国でいえば、九〇七年の唐滅亡と重なる。

⑥一二〇〇年代。大陸にモンゴルによる元朝が成立する時代。元から禅僧が日本に亡命し、日本に禅院ができ宋をモデルとする中国的空間が生まれる。

⑦一四〇〇年代の後半。日本でいえば応仁の乱の時代。

⑧一六〇〇年前後。

⑨一八〇〇年代半ばから一九〇〇年あたりまでの明治維新期。

ポイント①紀元前二〇〇年ごろは、中国で篆書が誕生した時代です。篆書は甲骨・金文から脱宗教化、脱神話化した政治の文字です。秦の始皇帝によって統一された政治の文字である篆書が、実際の政治の場では隷書に姿を変え、東アジアに文明の光を照射していく。その光が半島にも弧島にも届くのです。この、文字によって文明化されていく時代がまずあります。

これによって、弧島では縄文から弥生への転化が起こります。またこの頃の話に「徐《じょ》福《ふく》伝説」があります。この伝説は、秦の始皇帝の命を受けた徐福という人が、三〇〇〇人の男女を船に乗せ不老長寿の仙薬を求めて出帆したのですが、たどり着いた土地が快適だったのでそこに住み着いて王になり、二度と帰ってこなかったというものです。この伝説が日本では熊野をはじめ各地に残っています。鎌倉時代以降、元に追われるようなかたちで日本に入ってきた宋の文化の影響で増幅された伝説だと思われますが、弥生時代になって大量の渡来人が弧島にやって来たという事実のいくばくかを伝えています。

一例をお話しします。縄文時代を研究されてきた小山修三《こやましゅうぞう》さん（国立民族学博物館名誉教授）の説によると、縄文末期の弧島の人口は七万五〇〇〇人だったということです。この数字にどれほどの根拠があるかはわかりませんが、計算してみるとそうなるらしいのです。ところが、古墳時代の末期になると弧島の人口は五四〇万人に激増するというのです。七万五〇〇〇人の縄文人だけで掛け合わせても、五四〇万人という数には到底達しない。そうだとするなら、他所から弧島に人々が流入したことになります。これを人類学者の埴原和郎《はにわらかずろう》さん（東京大学・国際日本文化研究センター名誉教授）が逆算して計算したところ、なんとこの間に一五〇万人もの人々が、半島や大陸から渡来しているという結果が出たというのです。

七万五〇〇〇人の縄文人に対して、断続的とはいえ一五〇万人が渡来してきたという。一五〇万人は大袈裟だと思われるのなら、その三分の一の五〇万人でもいい。それでも多いと思われるのなら十分の一の一五万人でもいいです。七万五〇〇〇人の縄文人が暮らしていた弧島に一五万人が渡来したと考えても、結局は、現在の日本は渡来人たちの末裔ということになります。

美しい縄文を賛美するのも結構です。縄文は日本のふるさとだと考えるのもいい。「三内丸山はあの時代においては世界最高の文明だ」と言ってもいい。けれども、三内丸山遺跡はたまたま本州の北端、青森県にあったということであって、われわれとは直接関係はないのです。われわれの大半は渡来の方で、弧島へやって来た一五〇万人の渡来人に薄められています。われわれは一五〇万人の渡来人の子孫であるとすれば、どのように考えればいいのかおのずから明らかだと思います。

他方、朝鮮はどうなるのでしょう。一言でいうならば、「朝鮮文化は中国文化と深い繋がりをもつ、あるいは中国文化の一亜種と言ってもいい」ということになります。朝鮮文化は中国のなかの一地方文化と考えるのが正しいのです。要するに、中国から発した辺縁の地方、文化です。

先ほど少し触れましたが、朝鮮には檀君《タングン》神話があります。朝鮮の歴史は古朝鮮からはじまるといわれていますが、その古朝鮮は伝説的な三つの王朝からなっており、その始祖が檀君神話として語られる「檀君朝鮮」です。日本人の書いた文献を参照すると偏向があるといわれることもあるので、金両基監修、姜徳相・鄭早苗・中山清隆編『図説・

韓国の歴史』や李玉著『朝鮮史』を参考にしていいますと、その檀君が降臨した地が「阿斯達《アサダル》」であり、ここを平壌《へいじょう》に比定する説が朝鮮内部でもかつては唱えられていたようですが、今はもうちょっと中国側に寄って、遼東《りょうとう》半島あるいは対岸の山東半島に比定する説が朝鮮の学会でも有力になっているようです。檀君はまさに古朝鮮のシンボルなのですが、このように少し相対化されるようにもなっています。

伝説的な王朝の二つ目が、「箕子朝鮮《キジャ》」です。箕子公子という言い方もあるのですが、この伝説は朝鮮に宋の学問が入ってきてから、もういちど箕子公子を聖者としてつくり直されたのです。春秋戦国時代の哲学者のひとりとして箕子を捉え、その聖者が朝鮮をつくったと考えるのです。箕子はどういう人かというと、これについては『史記』に触れられています。箕子は、殷《いん》の王族のひとりで、殷の滅亡にあたって、周の武王によって朝鮮の地に封ぜられたというのです。中国から遣わされて王になったのです。『漢書』（地理志）には、箕子が稲のつくり方と養蚕《ようさん》と機織《はたお》りの技術と祭祀《さいし》の法を朝鮮にもたらしたと書かれています。こういう記述があると、さすがに日本のような独自のロマンチシズムに浸ってはいられないようで、中国から来ていることは認めているのです。

伝説的な王朝の三つ目が、「衛氏朝鮮《ウィマン》」です。中国の燕の武将だった衛満という人が、思わぬことから箕子朝鮮に仕えることになり、これを乗っ取るかたちではじまったのが衛氏朝鮮です。紀元前一九五年のことです。燕《えん》は朝鮮半島のごく近くにあった国です。

これも『史記』に載っています。

要するに、この伝説の時代は篆書・隷書ができた時期で、大陸の中央から漢字・漢語が周辺に流れはじめた頃です。そのことを象徴する出来事が、日本でいえば徐福伝説であり、朝鮮でいえば、いちおう史実ということになっている、衛氏朝鮮の成立になります。

その衛氏朝鮮が、紀元前一〇八年に漢の武帝によって滅ぼされる。これが朝鮮の人たちが考える古朝鮮の歴史です。このあと武帝によって楽浪郡《らくろうぐん》をはじめとする四郡が置かれ、楽浪郡だけが残りつづけるのですが、この時点で朝鮮は中国になるのです。

朝鮮は一八九七年に大韓帝国、つまり帝国になりました。はじめて皇帝のいる国になったのです。それまでは国王しかいませんでした。東アジアにおいては、皇帝の下に冊封された長が王です。つまり、地元の有力者をそのまま王と認める地方分権が封建制です。戦前の日本のように、中央で任命された県知事がそれぞれの地方を治める中央集権が郡県制です。郡県制と封建制の二種類とその混合が東アジアの基本的な政治支配の体制です。

さきほど一八九七年ではじめて大韓帝国になったと言いました。この大韓帝国は一九一〇年まで存続します。たった一三年間のみです。一九一〇年に何が起こったかというと、日本の植民地になったのです。このとき日本になったのです。

古代朝鮮がかたちづくられる

さて、次はポイント②紀元前後について説明しましょう。

朝鮮は紀元前一〇〇年頃以降、漢の支配下に入りましたが、その影響がおそらく倭のほうにも及び、「漢委奴国王印」をもらうことになったのだと思います。北九州の小国の豪族が漢に使者を送り、上表書を提出して、倭の奴国の王様として認定されたのです。漢に支配されたこの時代を、朝鮮の歴史では「朝鮮風暗黒時代」といいます。日本でも平安初期の漢文・漢詩が盛んな時代をかつて「国風暗黒時代」とおかしな形容をしましたが、同じような意味です。

その後、紀元前三七年頃、半島の北部に楽浪郡を残すかたちで高句麗が興り、紀元頃から南部は三韓の時代になります。こうして紀元頃以後に、本当の意味での朝鮮史が形成されていきます。

状況は日本も同じで、卑弥呼の問題を経て、やがて天皇制の原型も見られるようになります。その時期は中国史でいえば六朝時代に当たり、書の歴史でいえば、王羲之の時代、つまり草書の時代に対応します。この頃に、半島的なるもの、あるいは弧島的なるものが少しずつ芽生えてくるわけです。

大陸中国では、漢が滅んで六朝時代になると、漢字・漢語に対する戦略の違いからそれぞれの地域が分節され、違いを造形します。最終的には北と南に分かれて、やがて隋唐で統一します。このことは前章までにお話をしたとおりです。

中国と同じように半島も三つに分節されます。北の高句麗と、三四六年に馬韓《ばかん》から興った百済《くだら》、三五六年に辰韓《しんかん》から興った新羅《しらぎ》です。三〇〇年代半ば、見事に王羲之の時代と重なります。王羲之が活躍した四世紀半ば、半島の南部に百済、新羅が興って、北部の高句麗と併せて三国時代を形成する。これがポイント③の三五〇年前後の時代です。

立ち上がる統一新羅と日本

次にポイント④六五〇年頃の楷書が完璧に完成した時代についてですが、新羅が少しずつ力を蓄え領土を広げていき、最終的に唐との同盟に成功して以後の六六〇年には百済を、六六八年には高句麗を滅ぼし、さらに六七六年にはその唐軍を排除し朝鮮半島の統一的支配に成功する。これが統一新羅です。初唐代における楷書の完璧な成立時に、半島が統一されます。日本も、唐・新羅の連合軍と戦った六六三年の白村江での敗戦以後、七〇〇年代の初頭にかけての時期に、律令国家として独立するわけです。

先述したとおり、比喩的にいえば漢は点と線の帝国でした。六朝時代にまさに四分五裂し、四分五裂したものが北と南の二つの面に整理され、やがて北と南が統一され立体化したのが隋唐の帝国だったのです。ここに生まれたのが楷書で、それゆえ、楷書は立体の構造をもっています。つまり、一つの筆画を書くときに、別段必要もないのに「いち・に・さん」という三拍のリズムで書くという、三のリズムを内包しています。唐が聳《そび》え立つと、取り残された地方もそれを真似て、まず最も影響の少ない地方が小さく聳え立ちます。これが日本、律令日本です。すると、中国と日本のあいだに挟まれた地方も立ち現れる。これが統一新羅にほかなりません。

六六三年に日本が白村江で敗れたと言いましたが、これが日本が独立する契機になりました。なぜか。それまで弧島は大陸あるいは半島と海つづきであったものが、この敗戦によって遮断されてしまったからです。

五六ページで述べたとおり、海の道と砂漠の道は、古代においては最良の道でした。この二つの道が頻繁に利用され、ひとつらなりに存在していたのです。

ところで、なぜ対馬《つしま》は朝鮮半島に近接しているのに日本の領土なのか、疑問に思った方はおられないでしょうか。もっとも、歴史的には対馬は日本と朝鮮の両方に仕えるかたちを取っていたのですが、要するに、海つづきだったのです。ところが、六六三年の白村江での敗戦により拒絶されてしまいます。それでどうなったか。半島と対馬のあいだに線ができたのです。ここに文化的な意味での海峡ができたのです。白村江の敗戦で半島から排除されたから、それまでは通路だったところが、ある種の区切り線が意識され、海峡になったのです。

つまり、いったん海の道が遮断されると、そこは海を隔てる海峡になります。自由に行き来ができなくなったときに、そこが文化的な意味での海峡になるのです。頻繁に年中行き来しているようなところは、どんなに遠くとも海峡にならず、ある区切り線が意識されたときに海峡になり、遥《はる》かに見やるものになるのです。それまでは海つづきの隣りです。

福井県の敦賀《つるが》の松原や能登半島の福浦《ふくら》には渤海使のための客館が設けられていました。敦賀や福浦と渤海は遠いけれども隣りなのです。潮にさえ乗れば、日数はかかっても行き来できるからです。

さて、六六三年に海峡ができ、それでやむなく日本は独立することになります。岩橋《いわはし》小弥太《こやた》さんの『日本の国号』によれば、日本という国号もこの後にはじめて使用されたようです。

その後どうなったか。六六〇年に百済が滅ぼされたので、百済を追われた人たちが日本に亡命する。これは当然ですね。この人たちは中国を中央とする東アジアの政治にも精通しているから、弧島にいる政治的な勢力と結合しながら新しい政治的な国家と体制をつくっていく。そこに生まれたのが律令国家日本。そして天武《てんむ》・持統《じとう》・文武《もんむ》期を経て、奈良時代がここに誕生してくるのです。

時を同じくして半島を新羅が統一します。それだけではなく、渤海国が現在の北朝鮮から満洲・沿海州にかけて建国します。渤海国というのは、滅亡した高句麗の末裔が建てた北朝鮮政権だと考えていいと思います。

北部には渤海国、南部には統一新羅が並び立ちます。朝鮮の南北時代というのは、半島が新羅で統一された後に到来します。渤海国の建国は六九八年で、滅亡は九二六年です。統一新羅の成立は六七六年で、滅亡は九三五年です。また唐の滅亡は九〇七年です。六九八年から唐の滅亡を挟んで九三五年までが、統一新羅と、満洲も含んだ渤海国との南北朝鮮時代になります。

現在もなお、北朝鮮の北方、中国の吉林《きつりん》省や黒龍江《こくりゅうこう》省に朝鮮族がいるそうですが、その理由はこのような歴史的な古い経緯にもとづいています。このように朝鮮の北の国境線というのは、明確には存在しないに等しいと考えるほうが自然だと思います。

この南北朝鮮時代というのは、日本でいえば文武期から奈良を経て、平安時代の中期までに相当します。日本で女手（＝平仮名）が登場するのは平安時代中期ですが、女手が日本の文化に与えた影響はきわめて大きく、女手の誕生の前後では文化的な状況がまったく異なります。その境界となるのが九〇〇年頃です。日本史の時代区分で、明らかに区別しなければならないのに区別されていないのは、女手が登場する九〇〇年頃です。それまでの日本の文化は中国を真似しているにすぎず、擬似中国文化の時代でしたが、九〇〇年以降、日本は文化的にも完全に中国から独立しました。

書でいえば、女手成立以前には空海をはじめとする三筆や最澄《さいちょう》がいて、女手以後には小野道風・藤原佐理・藤原行成の三蹟がいます。要するに、後者は女手文化の時代です。女手（和）文の『土左日記』『枕草子』『源氏物語』『和泉式部日記』があり、何よりも女手（和）歌の『古今和歌集』があるという時代です。

女手の成立したこの時代は、世界の他の地方と比較しても日本が文化的に最も輝いていた時代です。たまたま都が平安にありつづけ、都が遷都されなかったから、日本史上の時代区分は変わっていませんが、女手の誕生を境に、明らかに平安時代は変わってしまっています。

朝鮮の場合には、九三六年に高麗が全国を統一するというかたちで別の国に変わったのですから、時代が変わったことが明確にわかります。それと同じことが日本でも起こっているのです。女手ができることによって、文化のステージがまったく別のものに変わってしまった。これがポイント⑤九〇〇年頃の話になります。

元に屈した朝鮮、征服を免れた日本

次に、ポイント⑥一二〇〇年代の「モンゴル帝国に屈伏した朝鮮」についてお話しします。

モンゴルは、一二三一年に高麗を攻めて、一二五八年には高麗を完全に支配下に置きます。高麗は、官僚統治体制その他を含め唐・宋のコピーですから、中国の延長線上で簡単にモンゴルに屈伏させられてしまう。モンゴルは高麗を基地にして、次は日本に攻め込みます。いわゆる元寇《げんこう》です。それが一二七四年の文永《ぶんえい》の役と一二八一年の弘安《こうあん》の役です。

モンゴルは馬に乗るのはうまい。しかし、モンゴルの大草原のまわりに海はありませんから、船を操る技術はもっていない。したがって、実際に日本に攻めてきたのは傭われた高麗の人たちです。

これは岡田《おかだ》英弘《ひでひろ》というモンゴル専門家が『世界史の誕生』（筑摩書房、一九九九年）のなかで書いたことですが、このモンゴルが世界史をつくったのです。どういうことかというと、モンゴルはユーラシア大陸を東西にまたぐ大帝国をつくったわけですが、十三世紀のこの大帝国の誕生により、それまでは点と点の交流でしかなかった東と西の交流が結びつくことになった。ここにはじめて、東と西の歴史を同時に語りうる世界史というものが誕生したというのです。これは事実だと思いますし、モンゴルの影響は絶大なものがあります。歴史的な「もしも」の話として、「もしも元が成立しなかったら、日本はどうなったか?」というのは非常に興味深いテーマとして残っています。

モンゴルは中国に攻め入り元を建国し、朝鮮も支配下に置きました。元に支配されることを拒んだ中国の知識人は日本に亡命してくるのです。これが日本の禅のもとになっています。

京都の禅院と御所が京都の文化の二つの力です。近代に入ってもうひとつ大学が加わります。この三つが京都を支えていたのです。したがって、京都の文化的な力が弱くなっているとすれば、これらのいずれかの力がなくなっているということを意味します。

禅というのは臨済です。臨済禅が亡命してきて、当時の政治の中枢部である京都と鎌倉に活動の拠点である禅院をつくっていったのです。

その禅はいろいろなかたちで変質していくのですが、その分水嶺となる時期が、ポイント⑦として指摘した一四〇〇年代後半の応仁の乱（一四六七－七七）以降です。禅が変質するメルクマールを、日本の書の歴史に見ることができます。中国式の墨蹟がどの時点から変質していくかを押さえればいいのです。ちょうど応仁の乱の頃、一休（一三九四－一四八一）の墨蹟（図34）の頃に重なるのです。

中国の書の歴史から見れば、一休の書はとんでもない無頼の表現です。とんでもない表現が応仁の乱の頃に生まれるのです。それはつまり、中国発の禅が日本化したことを証しています。その象徴が一休の書に明らかに見られます。

禅というかたちで中国の宋の学問と生活スタイル・言葉が、相当量この時代に日本に入ってきます。「現在のわれわれの生活は、この時代まで辿れる」というのが歴史学者・網野《あみの》善彦《よしひこ》さんの説で、それ以前はわからないということになります。網野さんの民衆史の立場からは平安時代までは見えにくいのです。それは当然で、要するに平安までは、識字層為政者の歴史であり文化だからです。鎌倉以降は民衆史の立場からも辿れるのです。

なぜか。建物、生活の仕方、一日三食という習慣、そういった日本の民衆の生活スタイルが鎌倉時代に生まれるわけですが、それらのかなりの部分が禅院に取り込まれた中国の宋の時代の文化から生まれてきているからです。

泉涌寺《せんにゅうじ》の開山の俊芿《しゅんじょう》は、宋の黄庭堅《こうていけん》とそっくりのレベルの高い字を書いています。そ

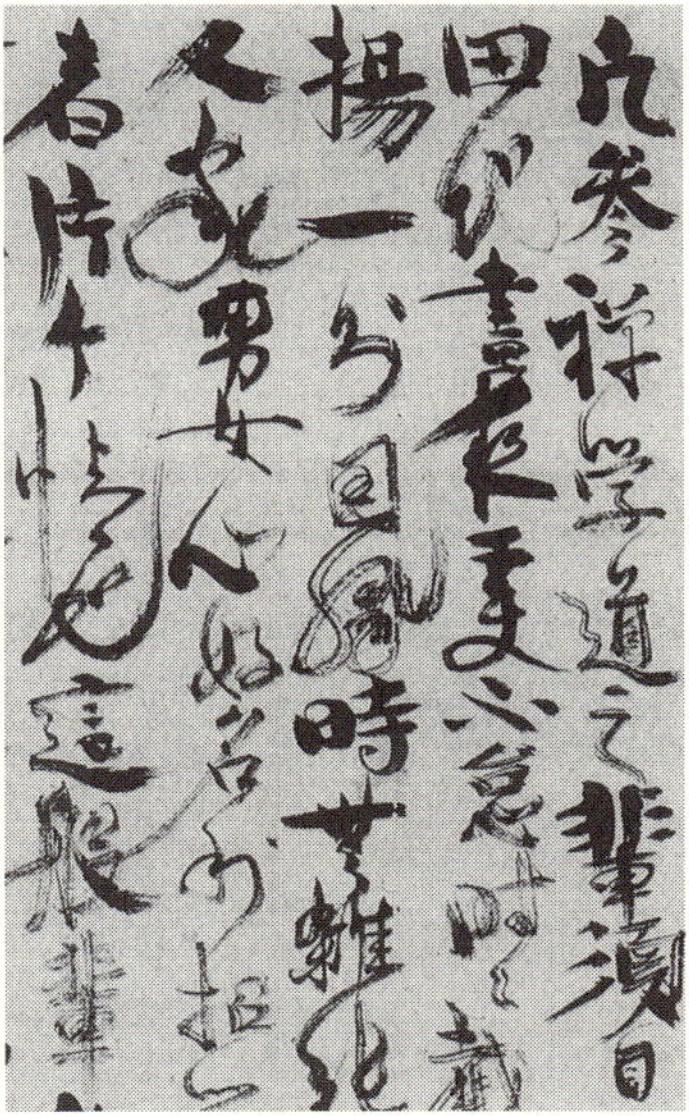

図34　一休「霊山徹翁和尚示栄衒徒法語」

の中国式の書きぶりが徐々に変質してきます。そして明らかに中国の墨蹟とは違う姿を表現したのが一休です。一休といえば、浄土真宗中興の祖・蓮如《れんによ》（一四一五－九九）と時代が重なります。

ハングル誕生

日本で応仁の乱が起こった頃、朝鮮半島ではハングルがつくられました。元の支配が弱まっていくなかで、それまでとは違った朝鮮的なるものが少しずつ生まれてくる。一三九二年には高麗が滅亡し、李成桂《りせいけい》（一三三五－一四〇八）が朝鮮王朝を建国します。いわゆる李氏朝鮮（一三九二－一八九七・一九一〇）はここからはじまります。そして、一四四三年にハングルが生まれます。

李氏朝鮮に誕生したハングルこそが、じつは朝鮮を決定づけます。もしもハングルが生まれていなければ、どこかの歴史的時点で半島も中国に呑みこまれたかもしれません。中国はいろいろな民族から成り立っている国ですから、朝鮮もそこに結集したかもしれないのです。ところが、朝鮮はハングルをもつことによって、日本とも違うし、中国とも違う言葉と文化を、現実にあからさまに見せることが可能になったのです。

ただ、音素文字（一字が一音素・一単音を表す文字。アルファベットなど）を、基本的には漢字と同様に表語的に一単位で記し、また補助的にも母音と子音を一音節の単位で表記するハングルは漢字から一足とびに直接生まれてきた文字ではありません。それ以前に日本に音節文字・女手（＝平仮名）が存在したから、それをふまえてつくられたという構造をもつ文字です。

女手は漢字をくずしてつくられました。その後にハングルができます。おそらく、この過程しか辿れなかったと思います。なぜなら、漢字というのは一字が一語で、しかも一音節でできています。それを真似て女手も母音と子音が区別されることなく一体化した音節文字として生まれます。一文字に母音と子音が一体化した段階の文字です。漢字との間にこの音節文字・女手がいちど挟み込まれることによって、音素文字でありながら漢字のように音節単位に構成するハングルが次の段階としてできたのです。表語文字・漢字から音節文字・平仮名を経て、音素文字・ハングルは生まれたのです。ハングルの特徴については次章で詳述します。

ただし、今でこそハングルと呼ばれていますが、つくられた当初から永く「諺文《オンモン》」といわれつづけてきました。「諺」は「俚諺《りげん》」の「諺」で、さとことば、諺文とは「下々の文字」という意味で、これは朝鮮のインテリが自らそう呼んでいたのです。ちなみに、ハングルというのは朝鮮国語で「大いなる文字」という意味です。当時においては、「諺文」は下々の使うもので、インテリは使わなかったのです。インテリは漢詩・漢文で支配します。それが先ほど触れた一八九七年の独立までつづきます。それまでは、中国に冊封された国王が治める儒教の国でありつづけたのです。

ハングルはまた別名「訓民正音」、つまり「民に訓《おし》える正しい音」として、読むための文字としてつくられました。そのハングルを生んだ同じ土壌のなかから、文化的な自覚が醸成されてきます。その現れが、『高麗史』『高麗史節要』『東国通鑑』といった歴史書、あるいは『新撰八道地理志』『東国輿地勝覧』といった地理誌、あるいは『東文選』というような詩書、あるいは『農事直説』『郷薬集成方』といった技術書で、これらはすべて漢文で書かれてはいますが、ハングルがつくられたのと同じ十五世紀に生まれています。

それ以後も比較的平穏に推移してきた朝鮮王朝ですが、十六世紀の終わりになり、大きな危機に見舞われることになります。それが一五九二年の壬辰倭乱《じんしんわらん》（文禄《ぶんろく》の役）と一五九七年の丁酉倭乱《ていゆう》（慶長《けいちょう》の役）です。

豊臣秀吉はこの二回の出兵で朝鮮半島を攻めました。秀吉の構想としては、最終的には明国を倒して天皇を北京に置き、自身は寧波《ニンポー》に陣取って、インド（天竺《てんじく》）さらには南蛮まで支配下に収めるというものだったといわれています。秀吉がこの構想を抱くにあたっては、おそらく禅僧の入れ知恵があったと思われます。東アジア的国際的視野をもつ大陸の知識人の視点がなければ、尾張《おわり》の中村の日吉丸《ひよしまる》が具体的に構想できるようなことではありません。おそらくは実際に実現可能という保証を与えた者がいたはずです。

相国寺《しょうこく》の西笑承兌《せいしょうじょうたい》、南禅寺の玄圃霊三《げんぽれいぞう》、東福寺の惟杏永哲《いきょうえいてつ》等は外交文書の作成に関わり、妙心寺の天荊《てんけい》、博多聖福《しょうふく》寺の景轍玄蘇《けいてつげんそ》、佐賀泰長院の是琢《ていたく》、安芸安国寺の恵瓊《えけい》、宿蘆俊岳《しゅくろしゅんがく》らは、小西行長《こにしゆきなが》など諸大名とともに従軍しています。また、朝鮮出兵のもうひとつのきっかけは、南蛮です。オランダやポルトガルなどのキリスト教とともに世界を駆けめぐってきた視野が、出兵に影響していると考えられます。

　禅の空間というのは政治空間でした。政治的でなくなるのは江戸期の徳川家康・家光の時代に入って、寺院法度で政教分離されてからです。それ以後、禅の空間は現在のわれわれが考えるような宗教空間になったのであって、それまでは生臭いのが当たり前の政治空間だったのです。

　日本の政治を決定づけていたのは、武官・武士と文官・禅僧と神官・天皇・公家の三つの勢力です。たんなる宗教機関ならば、京都や鎌倉にあれほど大きな寺がたくさんできるはずはなかったのです。その伝統で、今でも京都の禅院の僧には学者がいっぱいいます。

朝鮮と日本の近世

　ところで、朝鮮王朝、いわゆる李朝というのは、日本でいうとどういう時代になるのでしょうか。室町と桃山と江戸を合わせたような時代だといえます。ここでまたひとつ時代が区切れます。これがポイント⑧一六〇〇年前後の話になります。

李朝と同じように、日本の室町・桃山・江戸をひとつの繋がりのものと考えることも可能です。書でいえば、漢字仮名交じり文の安定した書法が確立し、各流派が伝承段階に入った流儀書道です。流儀書道は室町時代に生まれ、それが江戸時代の終わりまでつづきます。その流儀書道の範疇に収まる表現でありながら、それとは少し違う姿が見られるのが、寛永の三筆のうちの二人である、本阿弥《ほんあみ》光悦《こうえつ》と近衛《このえ》信尹《のぶただ》です。ちなみに、寛永の三筆のもう一人は松花堂昭乗《しょうかどうしょうじょう》です。一五〇〇年代の終わりから一六〇〇年代のはじめにかけて、流儀書道の範疇でありながら、少しそこからはずれたような表現のこの二人の書が出てくるのです。

それは文禄・慶長の役にも関連しています。近衛信尹は、公家である近衛家に生まれました。天皇の護衛職です。にもかかわらず、天皇の命に逆らって、文禄の役のときに自分も朝鮮出兵に同行しようと九州まで行き、天皇に咎められて薩摩に流されています。西欧は二度アジアを襲います。一度目は十六世紀で、ポルトガルあるいはスペインなどが南蛮としてアジアを襲います。二度目は十八世紀以降で、帝国主義的な西欧として再び日本などを襲います。南蛮はいわゆるキリスト教をもち込みますが、その影響が寛永の三筆とその周辺の人々の芸術表現に絡んでいます。俵屋宗達《たわらやそうたつ》（江戸初期の絵師）や尾形光琳《おがたこうりん》（江戸中期の絵師）などの芸術には、明らかに南蛮の影響が認められます。

文禄・慶長の役後、日本と朝鮮のあいだに、仲尾宏《なかおひろし》さんによれば、一六〇七年から一八一一年までの約二〇〇年間で一二回の朝鮮通信使が日本に来ています。江戸時代には日本は鎖国していたという通念からいえば、驚くべきことです。とはいっても二〇〇年間に一二回のことですから、緊密な関係があったと考えるのは無理があります。

そのうち、一六〇七、一六一七、一六二四年の三回は、刷還使《さつかんし》といって、文禄・慶長の役で連行・拉致した、二〜三万人とも言われる朝鮮人を連れ戻すための使節でした。刷還使他で朝鮮に戻った人は三六〇〇余人ともいわれています。

一八〇〇年代になると、西欧から近代化の波が押し寄せ、日本も近代に入ります。日本に対してと同様に、英・米・独・仏・露は朝鮮半島に対しても帝国主義的な姿を現してきます。それに呼応するかたちで、新たな展開が半島に起こってくるのですが、近代以降の問題であるポイント⑨一八〇〇年代以降については次章でお話しします。

第５章　ハングルと朝鮮文化――朝鮮史Ⅱ

本章では、朝鮮半島と中国との関係に眼を配りながら、「朝鮮史」について、主に近代以降の話をします。

じつは、本章の内容を語るのはいささか気が重いのです。前章の内容は朝鮮史の概観であり、また朝鮮史の前期についての話でしたので、わりあい軽い気分で話をすることが可能でした。しかし、本章では近代以降の非常に重たい問題に触れざるを得ません。それに、近年の北朝鮮をめぐる無神経な報道を見ていますと、一段と気が重くなります。とはいえ、気を取り直してお話をしてみたいと思います。

ハングルの特殊性

本論に入る前に、まず「ハングルの特殊性」について説明しておきます。

朝鮮は、中国の辺縁の地方のひとつであったにもかかわらず、なぜひとつの国家として立ち上がることができたかというと、それはハングルをもったからです。十五世紀の半ばにハングルという独自の文字をもつことによって、朝鮮は中国とも日本とも違う文化的色彩を放つことになります。

ただ、そのハングルは非常に特殊な文字です。ハングルとはどういう文字かをみておきます。

まず基本的には、ハングルはアルファベットと同じような「音素文字」です。つくられた当時は子音字一七、母音字一一の計二八字、現在では複合子音母音字も含め子音字一九、母音字二一の計四〇字で、これらの音素文字を二～四個組み合わせることによってひとつの音節文字をつくり、その音節文字をひとつあるいはいくつか並べることによって単語をつくっていきます。これは朝鮮地方の言葉である国語を表記するときも東アジアの共通語漢語を表記するときも基本は同じです。

図35を見てください。これは「国際文化」という漢語＝漢字をハングルでどう表記するかを示したものです。日本語の平仮名では「こくさいぶんか」と七文字になります。それに対して、ハングルでは漢字と同じく「국제문화」と四文字になります。

まず「国」に対応する「국」は、「ㄱ」が子音字（記号）でアルファベットでは「k」にあたります。「ㅜ」は母音字で同じく「u」に、「ㄱ」は子音字で同じく「k」にあたります。正確に発音はできませんが、これで「クッㇰ」という発音になります。アルファベットで表示すれば「kuk」となります。

「際」に対応する「제」では、「ㅈ」は子音字で「ch」、「ㅔ」は複合母音字で「e」にそれぞれあたります。これで「チェ」という発音になります。アルファベットで表示すれば「che」です。

「文」に対応する「문」では、それぞれ「ㅁ」が「m」、「ㅜ」が「u」、「ㄴ」が「n」にあたります。「ムン」というような発音になります。アルファベットで表示すれば「mun」。

最後の「化」に対応する「화」は、「ㅎ」が「h」で、「ㅗ」が「o」、「ㅏ」が「a」で、「ホア」というような発音になります。アルファベットで表示すると「hoa」。通して発音してみると「クッㇰチェムンホア」となります。

これは要するに、朝鮮式に訛《なま》った漢字音にしたがって、その発音をハングルで表記したものです。つまり、ハングルはこの場合漢字の朝鮮式発音記号にすぎません。アルフ

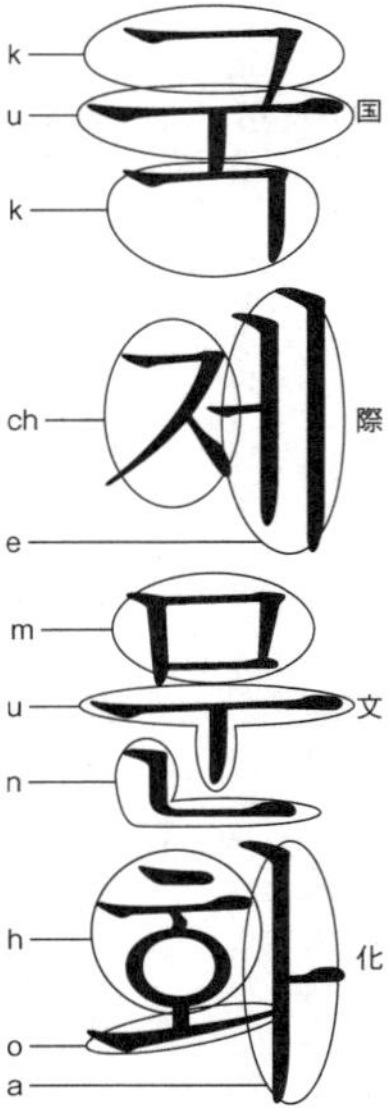

図35　ハングルの「国際文化」

アベットのように子音字と母音字を横に連ねていくのではなく、漢字の偏《へん》や旁《つくり》、冠《かんむり》や脚《あし》のように子音字と母音字を上下左右に組み合わせて、漢字一字に対応するように書いているのです。

朝鮮語は日本語と同様に、語彙のなかで漢語の占める割合が五〇～六〇パーセントあるといわれています。半分以上は漢語からなる言葉で、漢字を撤廃してハングル表記に変えたところで、日本語を片仮名表記するようなものです。あくまでもハングルの裏には漢字が貼りついています。漢語については、その漢字一字一字が本来もっている意味を捨象して、ただ音だけを写しているにすぎないのです。

ハングルの三つの特徴

ハングルは上述したような特徴をもっています。そのハングルの特殊性を整理すると、次の三点が指摘できます。

まず「中国音の朝鮮訛り化」ということです。ここで間違ってはならないのは、朝鮮は日本と異なり、基本的に政治の上層部は漢語・漢文の世界に生きつづけていたという事実です。上層部の指導者は、公用としてはずっと中国音でしゃべっていた。その音をハングルで書き、それが朝鮮式にいわば訛って定着されたのです。あるいは社会の下層部までいって訛った中国音が、そこに定着されたのです。それが朝鮮語の漢字音になっています。

二つ目は「漢字単位表記」です。ハングルの子音記号・母音記号を漢字の単位に従って表記します。母音記号や子音記号を縦や横に綴るのではなく、漢字に従って一桝にまとめますから、線状に綴ることができません。これはハングルに「筆記体がない」ということでもあります。日本には平仮名と片仮名がありますが、平仮名には筆記体のみがあり、片仮名には筆記体がありません。筆記体というのは、語を単位に続字・分書《わかちがき》しようとする指向性をもった文字です。言葉は単語単位でまとまろうとするものです。

たとえば、続字・分書の方向に沿って生まれた平仮名では、「あめ　が　ふる」というように、文章がつくれます。ところが、続字・分書の方向ではなく、漢詩・漢文の間に分け入って翻訳するために開発された片仮名では「ア・メ・ガ・フ・ル」と「アメ」や「フル」も連合するようには書かれず、「アメ　ガ　フル」というかたちの綴字にはぎこちなさがつきまといます。平仮名の場合であれば「あめ」の二字や「ふる」の二字が連続することに何の不都合もありません。「雨」と思って「あめ」とすんなり書けずに「ア・メ」と書かなければならないとすると、なめらかな思考が断たれてしまいます。片仮名では独立した文章や歌が成り立ちにくいのです。

続字できないという点において、ハングルは片仮名に近い。先に見たようにハングルの場合は、朝鮮地方特有の言葉（国語）も漢字語も一字一字を楷書の漢字のような単位で表記するため、続字ができないのです。

ハングルは非常に難しい位置にある文字です。片仮名と似た性格をもちますが、いわば漢語を前提にそれを普及させるためにできたハングルにおいて、その専用によって漢語との繋がりをわからなくすることは、文化的にも非常に損失だと思います。ましてや朝鮮式に訛って表記されているのですから、ますます漢語との繋がりがわからなくなり、造語力も落ちます。そういう意味で、ハングルというのは非常に難しい位置にある文字だと思います。漢字ハングル交じり表記に戻るほうが、文化的には得策だと思われます。

そしてもうひとつ、第三に、本章の結論としてハングルが狭い国家的統合の象徴として使われるという問題があります。

前近代においては(つまり黒船が来るまでは)、東アジアはさまざまな問題を孕《はら》みつつも、基本的に国境がはっきりしないままで安定していました。そこに西欧近代で生まれた国民国家的な概念が入ってきて、東アジアの状況が変化しました。国民国家の概念を東アジアで最初に採り入れたのは日本でした。無理矢理に近代的な国境線をつくろうとしたため、複雑な問題が生じてきたのです。

現在の朝鮮半島の北と南の問題もそうですが、今後の東アジアの問題としては、国民国家を所与とする近代的な枠組みをいかに超えて、その地域で生活する人間がどのように自分の地域を共同でつくっていくべきかという問題があります。それが本章でお話しする最終的な結論になります。

韓国と北朝鮮

現在の北朝鮮の問題は大変な難問です。これは、後述する問題とも関わりますが、北は正式には朝鮮民主主義人民共和国、南は大韓民国といいます。韓国は南を指しますから、北を指すときは北朝鮮ではなく共和国といった方が本当はいいのです。新聞などでは北朝鮮と書いて、括弧でくくって朝鮮民主主義人民共和国と添え書きをしてきたのですが、朝日新聞もこの括弧書きを止めて「北朝鮮」と表記を一本にしています。しかし、南を韓国というのであれば、北はやはり共和国と表記しなければおかしいのです。なぜなら、両方がともに国連に加盟しているからです。

両国に対する日本の立場はどうなっているかというと、じつは日韓条約（日韓基本条約）でややこしい問題をつくっています。日韓条約において、日本は大韓民国を「朝鮮半島にある唯一の合法的な政府である」としたからです。これが一九六五年のことです。したがって、右翼的な人は「日本は北朝鮮を国家として承認していない。北朝鮮は非合法だ」という見方に立ちます。ところが、国連には北も南も両方とも入っているから国連的な見方をすれば、両国は対等になります。

なぜこんな話をもち出したかというと、簡単にいえば、大陸の色彩の強い、ただし大陸とも違う半島の北部——、これは次章で詳述しますが、高句麗《こうくり》から、満洲にかけて興った渤海《ぼっかい》国の問題が、現在の北朝鮮と密接な関係をもっているからです。一方の南はどうかといえば、日本との関わりの深い新羅・百済の故地が韓半島で、これが南をつくっています。朝鮮半島の北と南の問題は、やはり日本と大陸との関係で非常に複雑な問題を抱えています。

ハングル文化の展開

朝鮮は、李氏朝鮮が成立した頃までは大陸内の国と同じような歴史を辿ってきました。ところが、ハングルが成立したことによって、決定的な違いが出てきます。ハングルが朝鮮史にどのような意義をもっているのか、それを具体的にみていきます。

一四四六年に、長い年月をかけてつくられた朝鮮文字の解説書『訓民正音』が民間に頒布《はんぷ》されます。これがハングルの成立です。もっとも「ハングル」というのは韓国での朝鮮文字の呼称で、「大いなる（ハン）文字（グル）」という意味です。北朝鮮では「チョソングル」、つまり「朝鮮の文字」と呼んでいます。

ただし、前章でも述べたとおり、ハングルはつくられた当初から、両班など朝鮮の支配層からは諺文《オンモン》、つまり下層社会用の文字と蔑まれてきたのです。朝鮮の支配層は基本的に漢語・漢文ですから、ハングルは使わなかったのです。

このハングルが公布された頃から、朝鮮で本格的なナショナリズムが成立してきます。それ以前にも、十二世紀には『三国史記』（新羅、百済、高句麗に関する現存最古の体系的歴史書。一一四五年完成）、十三世紀末には『三国遺事』（新羅、百済、高句麗の三国の遺文逸事を記した書。高麗の高僧である一然《いちねん》（一二〇六－八九）晩年の著）というような、日本でいえば『古事記』や『日本書紀』にあたる書も生まれていましたが、一四五一年に『高麗史』（高麗王朝に関する官選史書）、一四五二年に『高麗史節要』（高麗一代に関する編年体史書）、一四八四年に『東国通鑑』（朝鮮の三国、高麗時代の編年体史書）、『李朝実録』（李朝社会について各王代の史実をまとめた基本史料）などの歴史書が書かれています。ただし、これらの史料はハングルではなく、漢文で書かれています。

それから地誌書もできます。一四三二年に『新撰八道地理志』、一四八一年に『東国輿地勝覧』（李氏朝鮮時代の官撰地理書）。これら地誌書は日本でいえば『風土記』のようなものです。

それから一四七八年には『東文選』という朝鮮漢詩集も編まれています。

また、その少し前の一四〇三年には、金属活字の鋳字所《ちゅうじ》もつくられています。

さらにもう少し時代が下り十七世紀になると、ハングルで書かれた大衆小説が出てきます。許筠《きょいん》（一五六九－一六一八。李朝の小説家。ハングル小説の嚆矢。代表作に『洪吉童伝』『識小録』『惺叟詩話』などがある）や金万重《きんまんじゅう》（一六三七－九二。朝鮮、李朝の政治家、小説家。朝鮮国文学発展の先駆者。代表作に『九雲夢』がある）などがその作者です。先ほどの漢文の歴史書あるいは地誌書は両班など上層階級の人が書いたものであり、許筠や金万重も両班層でしたが、ハングル小説家は民衆、といってもハングルを使いこなせるのですからそうとう上層の人ではあったと思いますが、両班層とはまた違う下級身分出身者の文学もこの時期以降しだいに生まれてくるのです。

そういうなかで、文禄の役（一五九二）と慶長の役（一五九七）が起こります。朝鮮では、前者を「壬辰倭乱」、後者を「丁酉倭乱」と、十干十二支で呼んでいます。日本と朝鮮の歴史問題について論じるとき、朝鮮の人たちは秀吉が半島に攻め入ったことを批判することがあります。これについて考えなければならないのは、日本人の側からいえば「そんな昔の話をいまさら持ち出されても困る」ということになりますが、朝鮮の人はどう思っているかが問題です。

そのことを考える手がかりとして、たとえば、このように考えてみてはどうでしょうか。元寇のとき、モンゴルが日本に上陸したものの、実際には大きな被害を受けなかったわけですが、もしもモンゴルが日本に入り込んで残虐行為を行っていたとすれば――対馬や壱岐は実際に被害を受けているのですが――そのモンゴルをわれわれは今どう思うでしょうか。きっと複雑な思いが去来するはずです。そう考えれば、われわれの感覚からは異和感をおぼえる秀吉の問題を、朝鮮の人たちが歴史認識の議論の俎上にもち出してくることも、容易に理解できるのではないでしょうか。

しかも、もうひとつ近代以降、日本は朝鮮を植民地化した事実があります。そういうことを兼ね合わせれば、朝鮮の人から「秀吉以来」という言い方をされても、向こう側の言い分はよくわかるのではないかと思います。

転機をもたらした文禄・慶長の役

さて、文禄・慶長の役について説明します。秀吉が一五九〇年におおよそ日本の東西を統一し、一五九二年に一五万人の兵を半島に送り、わずか二カ月ほどで釜山《ふざん》から漢城(ソウル)・平壌《へいじょう》さらには咸鏡道《かんきょうどう》まで一気に攻め上っていきます。ただし翌九三年には明軍が応援に来て、膠着状態に陥ります。そこで和議交渉に入るのですが、そのときに明国がもってきた皇帝の勅書が「爾を封じて日本国王と為す（秀吉を日本国の国王に冊封する）」というものだったのです。つまり、「あなたを日本国の王として認めてあげよう」ということです。それで秀吉がカンカンに怒って、もういちど、一五九七年に一四万の兵を送ることになります。これに対しては明も即座に対応し応援に駆けつけるのですが、結局、翌年に秀吉が亡くなることで、文禄・慶長の役は尻切れトンボで終わります。

秀吉が病死したことによって徳川政権に移行したことを考えれば、秀吉が文禄・慶長の役にエネルギーを使い果たしたがゆえに、日本では政権交代が起きたという考え方も可能です。

また文禄・慶長の役のとき、日本側は朝鮮から陶工を連れて帰り、活版印刷ももちかえってきました。このようなかたちで文化的にいろいろなものを収奪、移入したのです。二度にわたる朝鮮侵略は明自体をも衰弱させる結果にもなり、その同時期に北方の女真《じょしん》人が勃興して後金《こうきん》をつくり、その後金がやがて清になっていきます。一六三六年にはその清の太宗が朝鮮に侵攻し、ここで朝鮮は清に臣属、朝貢する国になります。

朝鮮の近代と「洋擾」

次に、朝鮮の近代史と「西欧の接近」について説明しましょう。

日本では西欧の脅威を黒船で象徴させていますが、朝鮮では「洋擾《ようじょう》」といいます。要するに、西欧が来て騒がしくなったということです。ここで注目すべきは、朝鮮は諸外国に対して開国して通商することを頑《かたく》なに拒んだことです。その理由として朝鮮が主張したのが、「朝鮮は中国の冊封を受けた「藩国」であり、勝手に他国と外交・通商を行うことはできない」という論理です。つまり、中国に冊封されているから勝手に開国することはできないという論理です。これが朝鮮の開国を拒む一貫した理由です。日本は中国ぬきでフリーハンドで考えますから、これが日本とは異なる点です。

明治維新後、日本の新政府は朝鮮に国書を送るのですが、「徳川時代とは違う」という理由で、朝鮮は国書（書契）の受け取りを拒否します。そこで、明治政府は、「維新が起こって天皇が親政するようになった」という旨の外交文書を、対馬藩を通して朝鮮に送るのですが、そこに「皇」と「勅」という字があるという理由でまたしても朝鮮側は受け取りを拒絶します。なぜかというと、「皇」は中国皇帝、「勅」は皇帝の勅書のこと。これらの文字を含んだ文書は、朝鮮が冊封している中国皇帝からしか来ないものだからです。「こんな国書を受け取ったら、中国皇帝から何を言われるかわからない」のです。朝鮮にしてみれば、日本は友邦ではあっても、日本に冊封されているわけではないから、「皇」「勅」という字が記された文書を受け取るいわれはないのです。

それで、副島種臣《そえじまたねおみ》（一八二八－一九〇五。幕末・明治時代の外交家）がまず清国へ行って、「朝鮮は貴国の属国であるか」と問い質すのです。すると清国は、「そういう関係ではない」と回答する。それを受けて、朝鮮へ出向いてその矛盾を質さねばならないという議論が生じます。それがいわゆる征韓論《せいかんろん》です。西郷隆盛は、「自分は副島君ほどの外交能力はないかもしれないし、副島君ほどの成果を上げられないかもしれないけれども、向こうへ行って腹を切って死ぬことぐらいはできる」というような言い方をしたようです。それで、「西郷は戦争する気だ」ということになる。もちろん西郷にまったく下心がなかったわけではないことは、その後の歩みを見れば明らかではありますが。

征韓論争のポイントになるのは、「清が朝鮮は属国ではないといっているのが本当かどうかを朝鮮にじかに確かめにいく」というところにあったのです。

その後、結局朝鮮は、日本を皮切りに、アメリカ、イギリス、イタリア、ロシア、オーストリアとそれぞれ通商条約を結んでいきます。ところがその条約を調印した後に朝鮮は、「朝鮮は中国の属邦」という声明書を相手国に送るのです。これは一種の中国を後ろ楯にした安全保障です。つまり、朝鮮は小国だと見なされるとあぶないので、中国が後ろ楯にあることを誇示しているのです。

大韓帝国の成立

前述したとおり、李朝の終わりの頃には、「朝鮮は中国の藩国である」という宣言をすることによって、植民地化を逃れようとしました。その朝鮮が冊封体制から離れ、近代において独立したのは、一八九七年から一九一〇年までのわずか一三年間にすぎません。

一八九七年に国号を朝鮮から大韓帝国に改めます。日本が大日本帝国と名乗っていたので、それにあわせるように、朝鮮も大韓帝国としたのです。ここではじめて国王が皇帝になります。一八九九年には国家基本法である「大韓国国制」を公布しています。

これはわずか一〇〇年ほど前の話で、そんなに古い話ではありません。それから一三年間、中国（清）との宗属関係下の王制を廃し、皇帝を名のる大韓帝国として皇帝専制による国家を始動させたのですが、すでに日本の日韓併合の方向は決定していて、一九一〇年に、「韓国併合ニ関スル条約」が調印され、日韓が併合（日本の植民地化）して国号を朝鮮と改め、朝鮮総督府が設置されます。

日韓併合

一九〇九年、併合の前の年に伊藤博文《いとうひろぶみ》がハルビン駅頭で安重根《あんじゅうこん》に射殺されます。安重根は日本ではテロリストですが、韓国・北朝鮮では国民的英雄です。

一九〇五年当時、統計上は在日朝鮮人の数は三〇三人とされています。しかし、そんなはずはありません。第4章で述べたとおり、もともと日本人には中国・朝鮮人の血が入っているわけですし、それは置いておいても、江戸時代にも朝鮮から多くの学者などが来ていますから、一九〇五年の段階で在日朝鮮人の数が三〇三人であるはずがないと思います。とはいえ、統計上挙がってくる数字は三〇三人です。それが現在は八〇万といわれるような数になっています。そのなかに一九一〇年以降の日朝間の歴史があります。

一九一一年の「朝鮮教育令」の第二条には「教育ハ教育ニ関スル勅語ノ旨趣ニ基キ忠

良ナル国民ヲ育成スルコトヲ本義トス」、第五条には「普通教育ハ普通ノ知識技能ヲ授ケ特ニ国民タルノ性格ヲ涵養シ国語ヲ普及スルコトヲ目的トス」とあり、その狙いは、寺内正毅《てらうちまさたけ》（一八五二－一九一九。初代朝鮮総督）の「教育ハ特ニ力ヲ徳性ノ涵養ト国語（日本語　引用者註）ノ普及トニ致シ以テ帝国臣民タルノ資格ト品性ヲ具ヘシムルコトヲ要ス」に言い尽くされています。

これを読めばわかるとおり、第一には「帝国臣民」「天皇の臣民」教育、第二には「日本語の普及」という、まったく無謀な教育が強制されていきました。

こうした植民地政策下で、当然、民族独立運動が起こります。それが一九一九年の三・一運動です。これは大きな運動で、中国の五・四運動（一九一九）にも影響を与えています。同年、李承晩《りしょうばん》（一八七五－一九六五）が大韓民国臨時政府を中国の上海でつくります。日本はこれを武力で弾圧したことは言うまでもありません。

一九二三年には関東大震災が起き、このときも悲惨な事件が起きています。「朝鮮人が放火した」あるいは「井戸に毒を投入した」とのデマが警察により流布され、朝鮮人が六六〇〇人虐殺されています。

このようななかで、遊撃戦を主体にした抗日パルチザンによって、日本軍政からの独立闘争が次々と起こります。

一九三六年には金日成《キムイルソン》などにより、抗日パルチザン組織である「在満韓人祖国光復会」がつくられています。ご存じのように、金日成は金正日《キムジョンイル》の父、金正恩《キムジョンウン》の祖父です。一九三六年はベルリン五輪が行われた年で、マラソンで朝鮮人の孫基禎《ソンキジョン》が胸に日の丸をつけて優勝します。植民地ですから日本代表として出場しているのです。このとき『東亜日報』は日の丸のところだけを黒く塗り潰した写真を掲載したために、反日的であるという理由で発刊停止処分を受けています。

一九三七年には、金日成などにより朝鮮民族解放同盟がつくられます。この三七年から日中戦争がはじまり、三九年には日本は、抗日パルチザンを一掃する冬期大討伐作戦をやっています。これにより抗日運動もやや下火になります。

戦時の朝鮮人民に対する日本の政策として、「内鮮一体」が提唱されます。「朝鮮人ヲシテ忠良ナル皇国臣民タラシムル」（第八代朝鮮総督・南次郎）というふうに。

また児童用の「皇国臣民ノ誓詞」（一九三七）には、「私共ハ大日本帝国ノ臣民デアリマス」「私共ハ心ヲ合セテ、天皇陛下ニ忠義ヲ尽シマス」「私共ハ忍苦鍛錬シテ、立派ナ強イ国民トナリマス」などの誓詞が載っていますが、この誓詞を朝鮮の子供たちに朝礼で言わせていたのです。

一九三八年になると戦局も大変な状況になりますから、「陸軍特別志願兵令」が施行されて志願兵制度を開始し、朝鮮の人に対して徴兵制を行う地ならしをします。それから、同年「第三次朝鮮教育令」を公布し、内鮮教学の一元化をはかります。これにより、日本と同じ校名を使い、同じ教科書、教育方法で教えるようになったのです。

こうした植民地教育に反発する動きもあり、一九三三年には朝鮮語学会がハングル綴字法の統一案を作成しています。これがなかったら、今、北と南でハングルの綴字が違っていたかもしれません。

解放後から現在に至るまで朝鮮が漢字を捨てて、ハングル表記に突き進んできたのは、このような日本による植民地支配の歴史のなかで、ハングルがいわば民族統一の証しとして、反植民地あるいは独立運動のシンボルになっていたことが大いに関係しています。

一九三九年には、「内鮮一体の完成」として「創氏改名」が強行されます。創氏改名とはどういうことかというと、朝鮮の姓は男系の血統を表す呼称であり、日本の「氏」にはあたらないとして、朝鮮人に日本式の「氏」の使用を強制したのです。朝鮮では姓は不変で、女性は結婚しても姓を変えません。むろん夫婦は別姓で、子は父の姓に従うので、一家数姓が普通です。それを日本式の家の称号である「氏」を創ることを強要し、一家を同じ氏にさせたのです。これが「創氏」であり、これは全員に強制されました。これに加えて、名前の日本式改称制度もつくりました。この「創氏」「改名」は法律上は任意の届け出制でしたが、事実上は強制に近く、総人口の七割以上が日本式に氏名を改めました。

強制連行は一九三九年ぐらいからはじまります。

一九三九年から四五年のあいだの六年間で、七二万四〇〇〇人が内地に移住させられ、勤労動員されたのが数十万人で、いわゆる従軍慰安婦が数万人という数字が数えられています。

言葉を奪われ、名前まで変えさせられ、そして強制連行されるという時代が、長くはないけれど朝鮮にはあり、その一〇年にも満たないあいだに、一〇〇万人近くの人たちが強制的に動かされました。韓国・朝鮮人問題を語るときには、このような歴史的な過程を思い浮かべて発言しなければ、この悲惨な歴史の経験はいったい何であったかということになってしまいます。

大国の介入が悲劇をもたらす

悲劇はつづいています。戦争はまだ朝鮮半島では終わっておらず、じつは、いまは休戦中なのです。その休戦の当事者国はどこかというと、アメリカと北朝鮮（共和国）と中国です。この三者間で朝鮮戦争休戦協定を調印しています。休戦協定は一九五三年の七月二十七日、アメリカと北朝鮮と中国のあいだで調印され、韓国の李承晩は協定自体には反対しなかったが調印は拒否したという説もありますが、いずれにせよ南の政府はこの協定には入っていません。

したがって、休戦ではなく、早く終戦というかたちにもっていかなければいけないのです。法的には、休戦協定以降は朝鮮半島の問題はまったく進展がない状態です。日本と韓国とのあいだには日韓条約が結ばれ、日本は韓国を半島における唯一合法的な政権であると認めました。また、アメリカと韓国とのあいだには軍事協定が結ばれています。少し改善の気配があるとはいうものの、半島は今そういう状態にあります。

何が朝鮮の不幸なのか？　これははっきりしています。どこの国の歴史でもそうだと思いますが、基本的には民族自決が原則です。大国が介入してはいけないのです。その国や地方を生きる民衆がやることを見守っていなくてはいけないということです。

最もいい例が中国だと思います。中国は日本の敗戦以後、共産党と国民軍とのあいだで内戦状態となりました。最終的に国民党政権は敗北して台湾に逃げ、共産党政権が大陸を掌握し、現在に至っています。

ソ連（ロシア）やアメリカが介入した国や地域は、いずれもぐちゃぐちゃになっています。ベトナムを考えてみればわかる。ベトナム戦争もアメリカが勝利しなかったからよかったのです。要するに、放っておけばよい、やりたいならベトナム人同士で戦争を徹底的にやらせればよかったのです。そうすれば、どこかの段階で、知恵を集めて解決した方がいいという方向がかならず出てきます。なぜなら民衆は戦争を必要としないからです。長い目で見れば確実にその方が幸せだと思います。

私は北朝鮮の問題についても、中東の問題についても、基本的にはこのように考えています。内戦に大国は介入せずに、新しい政権ができるまで見守っていればいいと思います。

現在も朝鮮戦争は休戦している状態なので、三十八度線で両軍が向き合っているわけです。今われわれは三十八度線をあたかも観光地のように捉えていて、現地を訪れてミーハー的に喜んでいるのです。

そもそも朝鮮分断の原因をつくったのは何か？　国連です。国連というのは、要するに連合国です。連合国というのは、第二次大戦で日本・ドイツ・イタリアと戦ったアメリカ・フランス・イギリスなどの国々です。日独伊三国同盟を排除した側の国々が組織を変えたのが国連で、英語で表記すればともに「United Nations」、中国語ではそのものずばり「聯（連）合国」と呼びます。その国連が内戦に介入することで、問題をややこしくしているのです。

終わらぬ戦争

一九四五年の八月十五日に日本がポツダム宣言を受諾します。九月六日には朝鮮人民共和国樹立の宣言がなされていますが、翌七日には米軍が朝鮮に進駐して軍政を布告します。

こうした事態に至るまでの、歴史的な経緯について補足説明しておきましょう。一九四五年八月九日、ソ連が日本との中立条約を破って連合国側に参加し、満洲に攻め入ります。ソ連の参戦により、満洲の関東軍は一気に朝鮮半島に敗走します。さらに追われて、あっという間にソ連軍が京城（ソウル）まで占拠し、混乱のなかで半島は八月十五日を迎えます。そのままソ連が朝鮮半島全域を占領することが前提となっていたのですが、ここに米ソの利害葛藤が生じます。アメリカが半島に軍事的な足場がなくなることを危惧したのです。そこで、三十八度線を境に南北を分割するという案が持ち出され、南をアメリカが、北をソ連がという線引きをするのです。

一九四五年の十二月には米英ソ三国外相会議で朝鮮を信託統治することが決まります。信託統治というのは、完全に自立できない国家を、指定された国が国連の監督を受けて統治することです（たとえば、かつてパラオやマーシャル諸島などの西太平洋の島はアメリカにより信託統治されていました）。アメリカの提案により、英ソの賛同を得て、朝鮮を五カ年間信託統治することがこのとき決まりました。

一九四六年二月八日、北朝鮮臨時人民委員会が設立され、これが北部の政府に準ずるかたちになります。二月十四日には、アメリカの軍政の諮問機関とし、南朝鮮民主議院が設置されます。そして一九四七年十一月に、国連総会が、アメリカ提案による国連監視下での（南北）朝鮮総選挙案を採択します。アメリカは一貫して同じようなことをやっているのですね。

四八年一月、国連朝鮮委員団がソウルに着き、五月には南部だけで単独選挙をします。そして八月十五日、大韓民国が樹立されます。ここに南の民国が誕生します。

この間、一貫して南ではアカ刈りが行われます。徹底的に左派を弾圧した上で選挙をやったのです。したがって、北の方はそれに参加しないで、同年八月二十五日に、北朝鮮人民会議決定で、南北選挙を今度は北だけで行うのです。そして九月九日に、朝鮮民主主義人民共和国が樹立されます。ここに南の大韓民国と北の朝鮮民主主義人民共和国という二つの国が誕生します。

四八年十二月、ソ連軍は共和国からの撤退を完了します。翌四九年四月には、米軍も五〇〇人の軍事顧問団を残して韓国から撤退します。そしていよいよ朝鮮戦争がはじまります。

一九五〇年六月二十五日、共和国人民軍が大挙南下し、三日後にはソウルを制圧します。それに対して、トルーマン大統領がアメリカ軍の出動を指令します。同年九月十五日、実体はアメリカ軍の国連軍が仁川に上陸し、十月一日には三十八度線を突破して一気に北へ侵攻していきます。そして間もなく朝鮮半島全域が国連軍という名の軍下に落ちようとした十月二十五日、一〇〇万人とも言われる中国人民志願軍が参戦しこれを押し返すのです。

同年十二月五日、朝中連合軍が、平壌を奪還します。翌五一年一月四日には、人民軍が今度は再度ソウルを制圧する。ところが三月十四日には、国連軍がもういちどソウルを奪回します。

そして五一年の七月十日、開城で休戦会談が行われいったん中止後、十月二十五日に今度は板門店で休戦会談が再開されるのです。先に触れたように、朝鮮休戦協定が調印されるのはその一年半後の五三年七月二十七日のことです。

朝鮮戦争の犠牲者は、各国の統計によりかなり幅がありますが、共和国人民軍が死者五〇万八〇〇〇人、中国軍が死傷者合わせて五〇万人、韓国軍が死傷者合わせて九九万人、米軍が死傷者合わせて三九万七〇〇〇人、国連軍が死傷者合わせて二万九〇〇〇人という数字が出ています。朝鮮戦争ひとつで二五〇万人近くの死傷者を出しています。死者韓国一五〇万人、北朝鮮二五〇万人というデータもあります。

そして日本は、日韓の学生などの反対を押し切って、一九六五年に日韓条約に調印し、韓国を半島における唯一の合法政府として認めるのです。

一九九一年、大韓民国と朝鮮民主主義人民共和国が国連に同時加入し、二〇〇〇年には南北首脳会談が行われ、オリンピックで統一旗が掲げられました。

実態としてはともかく、形式の上では北朝鮮と国連軍とは休戦状態にあるのが現状です。したがって、この休戦状態を早く変えることが最も大切であって、一刻も早く朝鮮半島の戦争状態を終わらせ、三十八度線に兵隊が立たないですむようにしなければならないでしょう。

グラデーションで繋がる東アジア

北朝鮮には中国という後ろ楯がいちおうあります。けれど、その中国は、北朝鮮に何か問題が起きても知らないふりをするのです。先ほど触れた朝鮮の属国問題のときも、「朝鮮は貴国の属国か」と問われたときに「知らない」と答えました。中国にしてみれば、「朋あり遠方より来る、また楽しからずや」なのでしょう（この言葉は政治用語と考えてください）。この言葉の意味は、「朝鮮の国が友としてやって来た。友邦として来た。これはいいことではないか」というものです。友邦がやって来れば、朝鮮が持参したお土産の二倍にも相当するお土産をもたせて返すのがそのやり方なのです。

近代以前の東アジアには、このようなゆるやかな繋がりとゆるやかな独立が存在しました。日本の例でイメージしやすいのは藩ですね。江戸期の幕藩体制では、それぞれの藩が独立性をもちながらも、全体としてはゆるやかに繋がっていました。

東アジアはグラデーションで繋がっています。大陸があって、半島があって、そして弧島があった。何が違うかといえば、文字が違う。そのことだけが文化的違いを造形してきたのです。

弧島は漢字と片仮名と女手（＝平仮名）の言語の地方です。半島は漢字とハングルの言葉の地方です。大陸は漢字だけを使う言葉の地方です。この違いが文化的な違いの基本を決定しているのです。

以上のように朝鮮の歴史を総括できると思います。いずれにしても、朝鮮の問題は非常に重い問題で、軽々しく扱える問題ではないことを、やはり日本の学者あるいは知識人といわれる人たちは考える必要があると思います。そして何よりも、われわれ民衆の側が、朝鮮に対する理解を深めていくべきだと思うのです。何しろ日本の文化の過半は彼らと関係をもって生まれているのですから。

第6章　漢字文明圏の北限——渤海・大陸東北史

渤海国の存在領域

　拉致問題以降、北朝鮮に対する意識的な煽り方が不自然でしかたありません。地図を見ても、日本があって、韓国があって、中国があって、ロシアがあって、そのあいだにある国ですから、これは日米韓で解決できる問題ではなくて、中国とロシアを入れなければ解決しない問題です。とりわけ中国がうしろにいる。だから中国との関係をきっちり築いて中国と話をつけないかぎり、北朝鮮との問題は解決しない。そこのところが渤海史を見ていくとよくわかります。

　黄海のさらに大陸寄りに名をとどめる渤海国というのは、朝鮮の歴史でもあり、中国の歴史でもあり、それからロシアの沿海州、したがってロシアの歴史でもあるという、そういう地域が東アジアの歴史の一時期にはあった。それが現在の北朝鮮と深い関わり合いをもっています。

これは私の個人的な体験、わずか四日ぐらいの体験ですからそれほど信頼するには足りませんけれども、それでも韓国に行って向こうの書芸家とか美術家、あるいは学者たちと話した感想では、南北朝鮮は必ずしも一気に統一するような機運でもなく、むしろ別々に分かれながらやっていてもいいのではないかというようなニュアンスのあることを私は少し肌で感じてきました。そういうものの根本のところに渤海国という歴史上かつて登場した国との深い繋がりがあるのではないかと思います。

図5(六三ページ)を見てください。これは八・九世紀の東アジアの地図ですが、日本の能登半島と福井県の敦賀の辺りから二本の線が出ています。渤海国というのは、その行き着く先に位置する国です。北の方に松花江《しょうかこう》があります。その少し北に黒水靺鞨《こくすいまつかつ》という地方がありますが松花江が北限で、南限はおおよそ現在の休戦ラインの近くまでで、このあいだの領域が渤海という国だったようです。現在でいうと、北朝鮮と中国の東北部、遼寧省《りようねい》の一部、吉林省《きつりん》、黒龍江省《こくりゆうこう》の一部を含んで、これにさらにロシアの沿海州のウラジオストックやナホトカをも含むところの地域です。これがひとつの国として立った時代があったのです。

現在の新聞・テレビなどの報道を見ていても、北朝鮮からいわゆる脱北する人たちは、遼寧省であるとか、あるいは吉林省の方向に出ていくわけです。近代国家ですからいちおう線は引かれていますが、もう少し意識的なレベルでいえば、これはもともと国境線があってなきがごとしで、向こう側、つまり中国東北部にも朝鮮族がいるというようなかたちでグラデーションで繋がっています。

　その渤海国がどのように登場してくるかというと、これが日本の歴史なども含めて非常に興味深い問題を提示しています。

立ち上がる渤海

　六四九年に唐の太宗皇帝が没する。ここが東アジア史上の大転換期です。それを私は大まかに六五〇年といいますが、ここで明らかに東アジアの歴史の転換がありました。この六五〇年前後を分岐点として東アジア史は前史と後史に分かれます。その分岐のシンボルが楷書体の成立です。楷書の成立――もちろんそれを準備する段階の楷書的表現はその前の段階からいくつもありますが、本格的な楷書が完璧に成立するのが六五〇年頃です。
　その姿を**図36**で見ていただきます。「孔子廟堂碑」、これが六二九年です。それから、次の「九成宮醴泉銘」、これが六三二年です。この「九成宮醴泉銘」が「楷法の極則」、つまり楷書の中の楷書といわれているものです。それから太宗皇帝の「晋祠銘」六四六年と「温泉銘」六四九年。六四九年に太宗皇帝が亡くなり、六五三年に褚遂良の「雁塔聖教序」ができます。これは楷書でありながらもはや行書のようなしなやかな姿をして

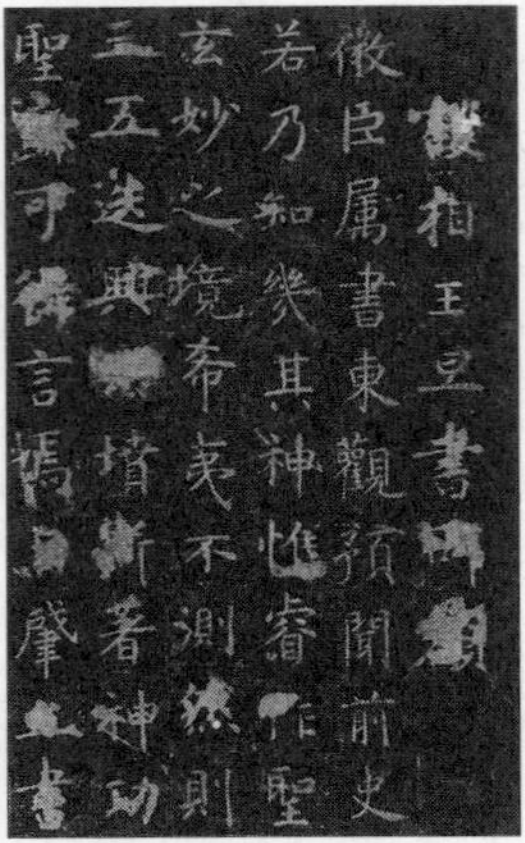

◀孔子廟堂碑　六二九年

◀晋祠銘（題額）　六四六年

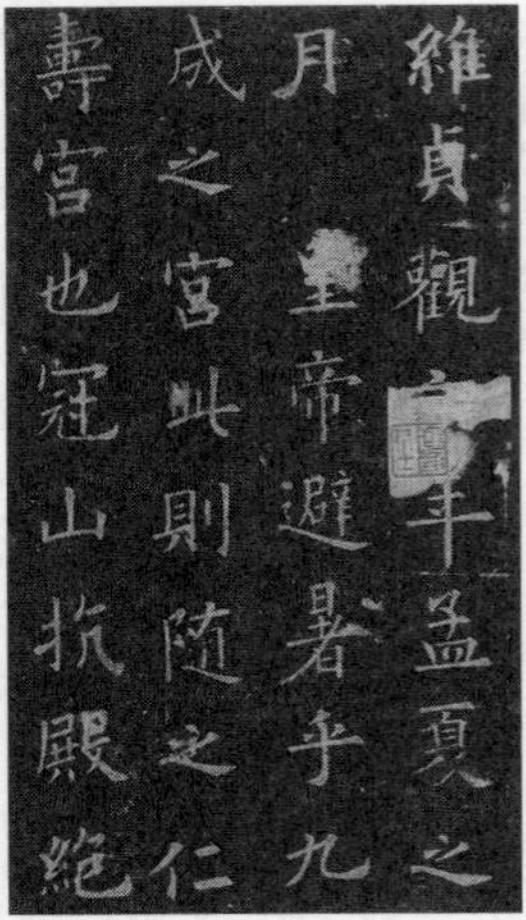

維貞觀六年孟夏之
月皇帝避暑乎九
成之宮此則隨之仁
壽宮也冠山抗殿絕

◀九成宮醴泉銘　六三二年

◀晋祠銘　六四六年

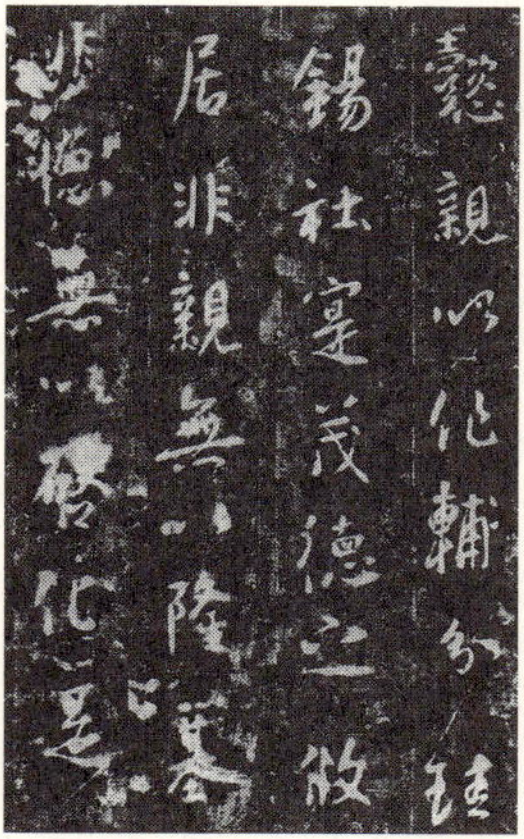

◀雁塔聖教序　六五三年

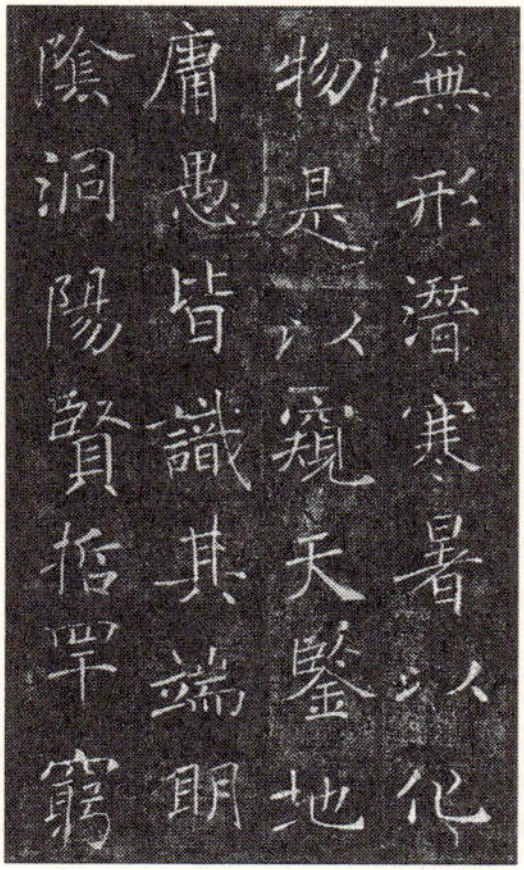

◀温泉銘　六四九年

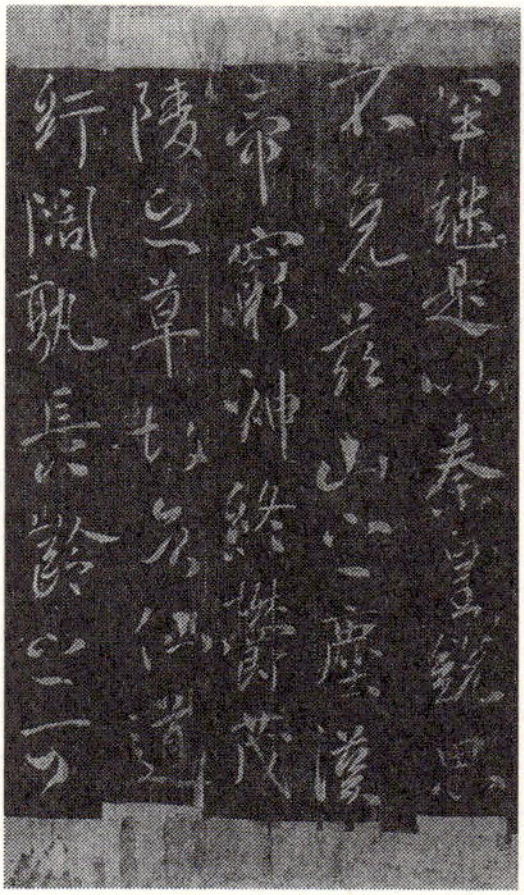

図36　初唐代楷書の成立

います。その前の六三〇年ぐらいのところに「九成宮醴泉銘」があり、六五〇年を過ぎたところにこの「雁塔聖教序」が生まれています。

本当の楷書の完璧な姿は「九成宮醴泉銘」と「雁塔聖教序」のあいだにあります。「九成宮醴泉銘」と「雁塔聖教序」を足して二で割るというわけにはゆきませんが、「九成宮醴泉銘」と「雁塔聖教序」の二つのあいだに楷書の完璧な完成というものがあったと想像できます。

それはどういうことかというと、これも何度かお話ししましたけれども、要するに「トン・スー」や「スー・グー」の二折法から「トン・スー・トン」の三折法への移行、つまり平面から立体への移行です。東アジアにおける意識の三次元化の成立です。人間の意識が三次元化することによって、あるいは社会が三次元化することによって楷書が成立したのです。

楷書を生んだその意識が、じつは東アジアに新しい歴史をもたらします。六六三年に唐・新羅の連合軍が百済救援の弧島軍を白村江で撃破します。弧島はこの六六三年の白村江の戦いに敗れたことで大陸や半島とのゆるやかな繋がりからいったん離れざるをえなくなり、その結果として日本が建国されます。その象徴になった年が六六三年です。また半島では六七六年には新羅、高句麗、百済という三つの国が新羅によって統一されます。

ユーラシア大陸には東アジア・中央アジア・西アジアからヨーロッパまであります。大陸東方には半島があり、東海には弧島がある。基本的にその時代までは弧島には国はないのです。ある種の政治権力はあるけれども、大陸の漢字文明を中心にしたゆるやかな繋がりをもつ地方で、独立した国家ではない。そういうなかで三次元的立体的に唐が立つ。唐が立つのに合わせて、白村江の戦いに敗戦して半島から拒絶されたので、百済から逃げてきた人や、あるいは大陸の政争に嫌気がさして逃げてきた人たちが集まって唐を真似て弧島に国を建てた。これが律令日本です。それが徐々に飛鳥・奈良・平安という時代を形成していく。日本が立ったから、そうすると今度は、分かれていた朝鮮半島も統一新羅として国を建てることになるのです。

唐が立ち、日本が立ち、そして朝鮮半島に新羅が立つ。そうすると、おっとどっこい忘れてはいませんかということで東北アジアにもうひとつ国が立つ。これが渤海国です。

高句麗が六六八年に敗れます。高句麗というのはおおよそ今の北朝鮮と考えてかまいません。その高句麗が、唐と新羅の連合軍に敗れる。高句麗が亡びたあとの六七六年に新羅が朝鮮半島を統一しますが、さらにその高句麗の故地から北の方にかけての地で、六九八年に大祚栄《だいそえい》という人が震国王と称して渤海国を建国する。日本は七一〇年に奈良時代に入るわけです。そういう東アジアが各国に分節される時代を想定してください。

建国者は大祚栄。靺鞨《まっかつ》と呼ばれるトゥングース人で、トゥングースとは東部シベリア、中国東北部の北部に居住した人々です。トゥングース系の女真族は、後に金国を建て、南宋と対立し、また満洲族は清朝を建てることになります。トゥングース人というのは中国東北部から、シベリアにかけて居住し、西はモンゴルに接し、遊牧と農耕が混在する文化を生きていたと考えておけばよいでしょう。

日本との結びつき

七六二年には唐が渤海国の文王・大欽茂《だいきんも》を渤海国王に封じています。あなたを渤海国王に任命しますというかたちで、中国皇帝に渤海国が認められることになるのです。渤海国は、日本と関係の深い国です。七八〇年に新羅との公的外交関係が途断え、八九四年に遣唐使が廃止されてからは、東アジアで唯一正式な外交関係をもった国です。石井《いしい》正敏《まさとし》さんの『日本渤海関係史の研究』によれば、七二七年に、最初に出羽国に到着して以来、九一九年まで、三三次の渤海遣日本使が出羽・越前・対馬・能登・三国・隠岐出雲・加賀・但馬・長門・伯耆・若狭・丹後などに到着し、多くの場合入京しています。上田雄《うえだたけし》さんの『渤海国』では、前期の渤海使は東京龍原府（現在の吉林省付近に比定）を基地にポシエト湾から、後期は南京南海府（現在の北朝鮮咸興市付近）を基地に吐号浦（現在の新昌）から出港したと推定されています。七七一年六月には壱万福《いちまんぷく》ら三二五人が一七隻の船でやってきたこともあります。日本からも七二八年、聖武天皇期から八一〇年の弘仁期までの間に都合一三回の遣渤海使が派遣されています。この間、渤海からは、まずはなにより典籍類、さらに虎皮・豹皮・熊皮・蜂蜜などが、日本からは絁《し》・絹・糸・綿、さらには黄金・水銀・金漆・漆・海石榴《つばき》油・水晶念珠・檳榔《びんろう》の扇などが交易されました。中国⿰犭委子（チン）が入ってくることもあったようです。

渤海の辿った道

それでは、独自の年号までもった渤海国とは、どのような歴史を辿ったのか。それは、あまり明らかではありません。なぜなら、渤海国自身によって書かれた歴史書が残っておらず、同時代の日本の『続日本紀』や『日本三代実録』と、中国の『旧唐書《くとうじょ》』『新唐書』『冊府元亀《さつぷげんき》』などから再現するしかないからです。

九二六年、第十五代の大諲譔《だいいせん》という国王が契丹の耶律阿保機《やりつあぼき》に亡ぼされ、渤海国の歴史はここで終わります。したがって六九八年から九二六年までの二三〇年ぐらいが渤海国の歴史ということになります。それは、日本でいえばおおよそ奈良時代から平安前期。政治的に独立した後、中国的文化を意識的に学び、擬似中国的な国家を形成しつつ、平仮名（女手）の誕生によって、文化的独立に至る時代に相当します。

靺鞨人の国家・渤海が、なぜ、日本や朝鮮のように安定した形態をとることがなかったかといえば、王を中心とするごく少数の官僚たちは、漢詩・漢文に通じ、東アジアの政治的関係を理解していたとしても、圧倒的な数の民衆は、これとは無縁の無文字的空間にあったからであると考えられます。西にモンゴル、さらには突厥という遊牧の空間に接する靺鞨人は、東アジア漢字文明に半分だけ足を突っこんだにすぎなかったからです。

統一新羅が立ったのは六七六年で、その約二〇年後には渤海国が立ち、ある意味でここに朝鮮半島での南北時代、北と南という二つの国が立つという構造が生じました。さて、ここで見ていただきたいのは、六九八年から九二六年ということは、律令日本時代と重なるという事実です。日本は七一〇年に奈良朝に入ります。七九四年には奈良から平安に遷都して、八九四年には遣唐使を廃止しています。九〇〇年代初頭から一〇〇〇年ぐらいのところ、これは政治を見ていてもわかりませんが、文化を見ていくと、九〇〇年代のはじめに『古今和歌集』が編まれ、『土左日記』『伊勢物語』とつづき、一〇〇〇年を過ぎたあたりで『源氏物語』が生まれています。書でいえば、小野道風の「屏風土代《びょうぶどだい》」が九二八年で、藤原行成の「白氏詩巻《はくししかん》」が一〇一八年、『源氏物語』の成立時期とほぼ時代が重なるというような姿が見えてきます。

渤海国ができたころに日本は生まれているという言い方も可能です。先ほど見たように日本は六六三年に白村江で敗北し、そして建国する。渤海国の建国は六九八年ですから三〇年ぐらい違いますがほぼ対応しています。また、ちょうど渤海国が亡びたあたりで日本の方も大きく変貌しています。

渤海国は九二六年に滅亡してしまったのだから、この時期依然として平安時代がつづいている日本とはまったく違うのではないかと思われるかもしれません。ところがここで、じつは日本も、新しい日本が立ったのです。日本文化が立った。何によって立ったかというと、このあたりに完璧な女手（＝平仮名）の誕生があります。渤海国がこのころ滅亡したように、じつはそれまでの日本とこれ以降の日本とは別の日本なのです。両国の歴史は見事に呼応しているわけです。

従来の歴史観では、日本はもっと古くからあるということになっています。神武《じんむ》天皇にはじまるとされる天皇の系譜をいい出せばもっと古くからあるわけです。そうでなくても、縄文時代あるいは新石器時代からとかいろいろな言い方があります。しかし、日本がひとつの独立した国家的な形態をとりはじめるのはいつかというと、白村江の敗戦のあった六六三年以降、七世紀の後半ということになります。

今いろいろな歴史学者が解明につとめていますが、結局日本という国号も七世紀の終わりになってはじめて使われるようになったことはもうはっきりしています。それ以前は倭《わ》です。この倭というのは当然、「漢委奴国」があったように点と線で広がる東アジアの倭であり、決して統一した立体的な日本ではありません。その倭を脱して、日本という国が律令国家として立ってくるのです。この時期が渤海が立つ時期ともほぼ重なっています。

渤海滅亡と東アジア

それからもうひとつ、その渤海国が滅亡した時期が、いってみればこの律令日本が終わった時代に相当します。この日本というのは、私の時代区分でいえば「擬似中国時代」ということになります。独立したけれども、かぎりなく中国に学び、中国に似せた時代です。政治的には独立したけれども、文化的には独立しえないで、中国的な文化が席捲《せっけん》した時代です。これがちょうど奈良時代から平安のはじめの頃までつづきます。これが大事なところです。

遷都による時代区分では、奈良時代の次は平安時代で、平安時代は京都の時代でということになりますが、この区分だけでは実態にそぐわない。実態を見ていくと、九〇〇年前後のところに大きな変わり目があります。それを書でいえば、前者は三筆であり、後者の新しい時代をつくり、新しい時代とともに在ったのは三蹟だということになります。空海や最澄《さいちょう》は「擬似中国的な時代」の人であり、それに対して小野道風、藤原佐理、藤原行成は「日本時代」の人である。これは私の時代区分で、この九〇〇年頃以降は文化的にも日本になったという理由で日本時代と呼んでいます。その日本時代に女手が誕生した、否、女手が日本時代をつくったのです。

このように、日本も渤海国と同じように考えることができます。七世紀の後半に白村江に敗戦して、中国的な国ができた。立ててはみたけれど、それはじつは八〇〇年代の終わりから九〇〇年代のはじめのところで亡びたのです。次に新しい何が立ったかというと、要するに三蹟、女手をもつことで漢字と平仮名をもつ、「別の」と言ってもいい新しい国ができた。それが九〇〇年頃です。

非常にうまく照合していると思われるでしょうけれども、種を明かしてしまえば、なんのことはない、非常に簡単なことです。今見てきたところ、六〇〇年代のところをもう少し前にもってくれば唐ができた時期になります。唐の国が立った。それから九〇〇年頃というのは何かといえば、これは非常に簡単で唐が亡んだ時期です。唐が亡ぶのが九〇七年です。『古今和歌集』ができるのが九〇五年頃です。ちょうど唐が亡ぶ頃に『古今和歌集』ができる。したがって、それまでの奈良・平安時代は唐とともにあった時代です。

繰り返すことになりますが、唐という国が立って、唐という国がそのまわりに東アジアの境界線をはっきりさせた。そうすると東の島に日本が立ち、朝鮮半島には新羅が立ち、北の方には渤海国が立つというかたちでここに北東アジアに四つの国が立ち上がるのです。そのなかで唐が亡びると全部潰れて違うかたちに改変されたのです。

ただ日本が渤海や新羅と違ったのは、独自の文字をもったこと、表現力を拡張したことです。漢詩・漢文と異なる和歌と和文という独自の表現力をもつ平仮名という文字をもって、独自の文化をここに形成したことが朝鮮半島あるいは大陸東北地方と決定的に違うところです。

新羅は九三五年に亡び、朝鮮半島は高麗になります。それは、唐の余波です。唐が生まれて唐が亡ぶ。東アジアがそれに合わせた対応のとり方をするのです。日本は唐が亡びたときに、擬似的日本が亡び、遷都はしなかったけれども、じつは文化的な意味合いの、平仮名をつくるというかたちで違う政治的・文化的日本国になりました。

従来の歴史では、前者が弘仁《こうにん》・貞観《じょうがん》期といわれている時代です。そして後者が藤原摂関時代といわれている時代です。弘仁・貞観期あるいは藤原摂関時代というような言い方では見えないまでの大きな落差がこの二つの時代のあいだには横たわっています。

かつてアメリカがくしゃみをすると日本が風邪をひくといわれたことがありましたが、この時代においては、大陸が動けば当然周辺部は全部動いたのです。唐の歴史のなかでのポイントを挙げておくと、七五五年から七六三年に安史の乱（中国、盛唐時代に起こった安禄山・史思明《ししめい》らの反乱。唐代の前期・後期を画する一大転機となった）が起こっています。これは書でいえば顔真卿の出てくる時代。顔真卿が歴史に関与する時代の事件が安史の乱、安禄山・史思明の乱です。

それから、唐の滅亡のきっかけになる黄巣の乱が八七五年から八八四年にかけて起こり、この頃から唐が疲弊していきます。

唐が滅亡する九〇七年から宋が新たに立つ九六〇年までの五十数年のあいだに、いわゆる五代十国といわれる、十の国が立って五つの時代を経るという時代があります。このあいだに東アジアではまた新たな時代がはじまる姿が見えてくるのですが、その東アジアの歴史は渤海国の登場と退場からも見えます。

渤海については日本との交流など非常に大きな問題があります。それは、たとえば安史の乱が起こり、唐が動きはじめると、渤海国と日本とのあいだでいろいろな情報のやり取りをしています。

大まかにいえば、渤海国から日本へのルートは、渤海国から出羽、佐渡、能登半島、敦賀、また出雲、伯耆、壱岐というように日本海側の各地におよんでいます。それは日本でいえば飛鳥時代から平安の中期ぐらいまでのあいだのことです。そういう時代に日本と唯一、公式の外交関係にあった国が朝鮮半島の新羅とは別にあったのです。

第7章　漢字文明圏の南限——越南史

本章では「越南史」についてお話しいたします。

結論をいえば、越南史は「漢字文明圏の南限」ということになります。「漢字・漢語が東アジア一帯に広がっていくが、その南限として越南が生まれた」というのが結論になります。

越南（ベトナム）というのは非常に不思議なかたちをしています。図6（六七ページ）の地図を見てください。東アジアの南側、南シナ海の西側、ユーラシア大陸の東側に、中国（広西《こうせい》壮族自治区および雲南省）から細長く南の方に延びています。インドシナ半島の東岸のこの細長く延びる地方が越南です。

この細長い姿を見ていると、いろいろなことが頭に浮かんできます。図6は現代の地図ですが、これで漢字文明圏を辿ってみると、北の方は沿海州の近くまで広がり、内陸部では北に内《うち》モンゴル自治区、西に新疆《しんきょう》ウイグル自治区まで中国が広がっています。大陸の東には朝鮮半島があり、南の方には越南が延びています。そして、東の海に台湾、琉球、日本列島がある。漢字文明圏はこういう姿になります。

では、なぜ越南が海岸べりに細長く南方へ延びているのでしょう。じつは、漢字文明圏は、南シナ海、東シナ海、黄海、さらに北へ行けば日本海（東海）と、いってみれば極東の海沿いに広がる文明圏であるからです。

ある意味で異様ともいえる、細長いベルトのような越南の国のかたちを見ていると、越南は漢字・漢語・漢詩・漢文によってつくられた地方であり国であることが明確にわかってきます。越南という国が生まれたのは、インドシナ半島の東岸に民族的なまとまりをもつ人々がいて越南というひとつの塊が自然発生的に存在したからではありません。そうではなく、大陸側から漢字・漢語の文化と文明が海沿いに南進することによって生まれた国家です。漢字文明を受容した南限が越南ということになります。

では、そもそもの始まりの時代には越南はどんな姿をしていたのでしょう？　図3（六〇ページ）の地図を見てください。上が紀元前二世紀後半の地図ですが、下のところに交趾、九真《きゅうしん》、日南とあります。このあたりまでがもともとの中華の南限で、これがインドシナ半島東岸の南にずっと延びていったのです。

図37が十世紀の地図で、大越国とあり、その下に「九六八年〜」と書いて境を限る点線が引いてありますが、この時代は日南から少し南へ下がったところが中華の南限になっています。このように少しずつ中華が南下していって、地図に記した占城《せんじょう》の地域まで

広がっていき、それがほぼ現在の越南の姿になっていきます。

したがって、越南というのは、なにも越南族が昔からいたというようなことではなく、漢字文明によって文明・文化的につくられた、ひとつの地方であり国家だといえます。この点が越南の非常に興味深いところであり、民族と国家というものを考える上での示唆に富んでいます。

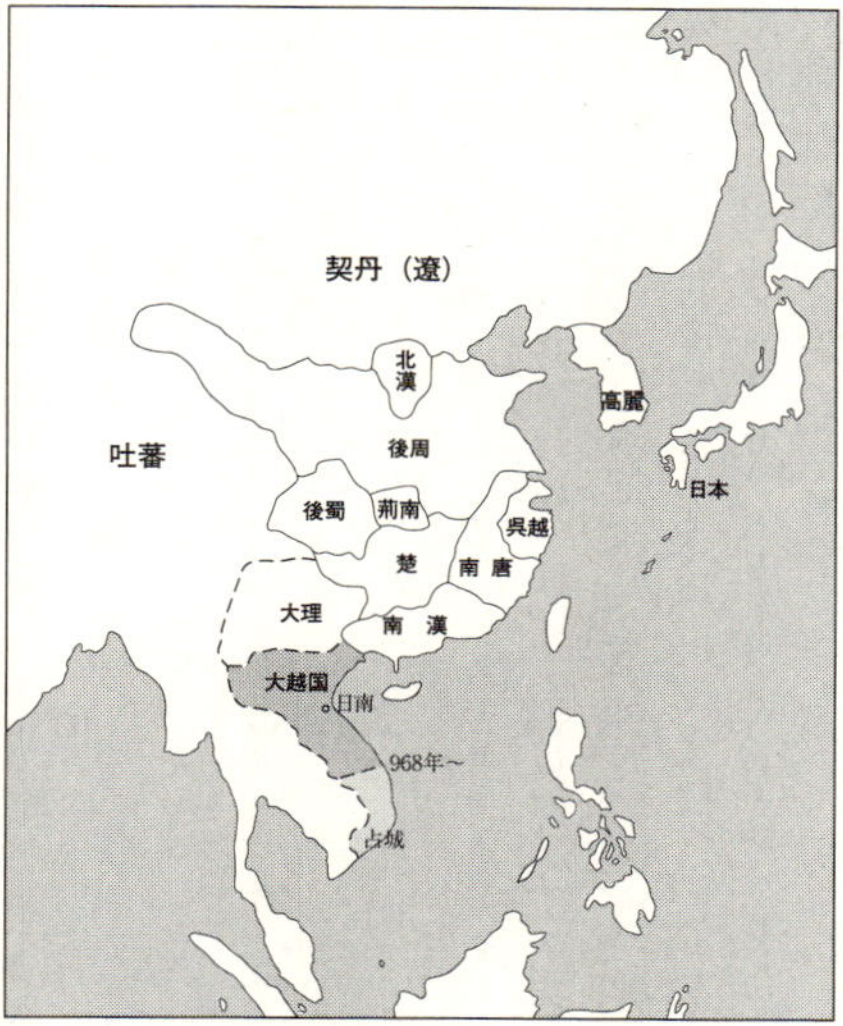

図37　10世紀の東アジア

海が文明を広げる

ここで類推的に考えられる問題は、文明が海の方から広がっていったことです。大きな河川の流域はもとより、山間部に文化がないわけではないのですが、水圧の高い新たな文明が海を経由して広がっていくことがあります。それゆえに、もともとはインドシナ半島の途中までしか広がっていなかった越南が、半島の最南端に向かって海岸沿いにその範囲を広げていきました。

再三繰り返しますが、道としていちばん交通しやすいのは砂漠の道と海の道であり、この二つの道が歴史のなかで果たした役割はじつに絶妙です。越南が南に延びていく姿を見ると、海の道を通って文明が伝わっていったことを示唆していて非常に興味深いのです。

いずれにしても、漢字文明は日本海（東海）、黄海、東シナ海、南シナ海の海岸沿いに広がる文明です。たしかに文字が生まれたのは内陸部で、黄河沿いということが強調されますが、全体的には「漢字文明はアジアの東海岸に広がったひとつの文明・文化である」と考えると、今までと違う視座で漢字文明圏をとらえることが可能になります。漢字文明の姿を考えるときには、「大陸に中心があって、そこから海辺に広がった」と考えるよりも、「海という存在が漢字文明の成立に重要な要素をなしている」ことを前提にして考えることが大切だと思います。

越南の神話世界

さて、ここからは越南史のアウトラインをみていきましょう。越南史も、日本史や朝鮮史と同様に、大陸史の辺縁史として描くことができます。越南史は、朝鮮史や日本史と同じように大陸史の周辺の歴史として、すなわち大陸が動けばその余波をダイレクトに受ける歴史として描くことができます。本章では、越南がどのような歴史を歩んだのかを、中国史との関連から説明します。

最初に、越南の古代史について見ていきましょう。まず指摘したいのは、朝鮮と同じように、越南には中国起源の建国伝説が厳然と存在することです。龍仙神話というのがそれで、これは十五世紀頃に体系化されたといわれています。この龍仙神話によると、中国の神話時代の皇帝である炎帝神農氏の三代目の子孫に二人の兄弟がいて、お兄さんのほうが北方の王になったとされています。北方というのは中国です。このように、越南の場合には、朝鮮あるいは日本とは違う感覚で中国との関係を考えています。北方は中国を指し、そして南方はわれわれだという考え方です。

一方、弟の禄続《ロクトク》は南方の王、すなわち越南の王になったとされています。その南方の王様が、洞庭君の娘神龍《タンロン》と結婚して、二人のあいだに生まれたのが貉龍君《ラクロンクワン》です。この王子が嫗姫《オウコ》というお姫様と結婚して百人の男の子が生まれ、そのうち五〇人が海岸に出て、五〇人は山に入った。海岸に出た五〇人のなかに雄王《フンヴオン》という王子がいて、この王子が文郎《ヴァンラン》国を建国したというのです。もちろん、あくまで神話上の話ですが。

東アジアの建国神話

この神話は、朝鮮と同様に中国起源の神話です。朝鮮の神話については一四六ページでお話ししたとおり、古代には三つの古朝鮮があったと考えられていました。ひとつは檀君神話です。これは、帝釈天の子供の桓雄《かんゆう》が、熊が人間に生まれ変わった熊女《ゆうじょ》と結婚して檀君を生みます。この人は一九〇八歳生きたというのです。これは一〇〇パーセント伝説です。

それから第二に、箕子《キジャ》朝鮮にまつわる伝説があります。紀元前の一二〇〇年頃に周の武王、これは明らかに大陸ですが、大陸の周の武王が殷の遺臣である箕子を朝鮮に遣わし、朝鮮を治めさせたというのです。『漢書』に書かれたこれが朝鮮の起源になっていて、だいたい一世紀頃には話はすでに成立していたといわれています。

三つ目が衛氏《ウィマン》朝鮮です。檀君神話や箕子朝鮮とは異なり、衛氏王朝は史的事実に近いと受け止められています。紀元前の一九五年に、燕《えん》人の衛満が郎党千人余とともに朝鮮に亡命して、衛氏朝鮮が成立したという話です。燕とは春秋戦国時代の一国のことですから、要するに衛氏朝鮮とは、中国の東北地方の人たちが亡命してつくった王朝ということになります。

では日本はどうかというと、日本の『古事記』や『日本書紀』には中国起源説はありません。これは東アジア文明圏では特異な現象です。とはいえ、中国の神話を母体にしていることは明らかで、中国起源とはいわずにそれを日本の神話として用いています。日本と、越南や朝鮮の建国神話はこのような違いを見せています。

むろんこれらの話は神話レベルです。朝鮮や越南をつくり上げた知識人あるいは政治家などの支配層は、もともと神話通りの大陸からの亡命政治家でありましょうし、漢字・漢文や中国の官僚制度を拠り所にして支配していますから、支配の根拠を大陸起源、つまり大陸の神話や大陸の歴史書にもとめることは自然です。むしろ大陸起源説をもたない日本の歴史記述の方が東アジアでは例外的な現象です。

古代越南のかたち

秦の始皇帝の時代に篆書《てんしょ》が誕生したことは第1章で述べました。この頃に、東アジアは新たなまとまりをつくりはじめます。私は、秦の始皇帝の時代に、内実は神話を脱しつつも形象の上では神話文字を引きつぐ、脱宗教文字である篆書が生まれたことが、世界史上の最大の奇跡だと思っています。篆書が東アジアをつくったのです。

では、始皇帝がつくった篆書は東アジアにどのような影響を及ぼしたのでしょうか？越南ではどのように波及したかというと、紀元前二五七年、文郎国《ヴァンラン》が、安陽王の甌貉《オウラック》という国に併合されます。そのあと、広州を首都とする南越国の趙佗《ちょうだ》がこの甌貉国を亡ぼします。

漢の時代に入ると、その南越国が大陸の南側から北方に向かって勢力を伸ばしていきます。その南越国は、紀元前一一一年に今度は前漢によって亡ぼされます。こうして、大陸の南側の東岸べりに、ある種の独立した地方のようなものが少しずつ姿を見せてくるのです。

同じ頃、インドシナ半島以外の東アジア地域はどうなっていたのかといえば、まず朝鮮半島では、紀元前二一四年に、始皇帝が蒙恬《もうてん》を遣わして遼東半島まで長城を増築しています。このとき、朝鮮王の否《プ》は秦に服属します。事実、平壌で「始皇廿五年」の銘文をもつ秦の時代の青銅器が発見されています。

日本はどうかというと、史的事実には乏しいのですが、まず、この時期に縄文時代から弥生時代に移ったことが指摘できます。さらに神話的な話をすれば、『史記』に記されている秦の始皇帝の使者として方士の徐福が、数千人の郎党を引き連れて東海へ船出したという伝説が、それこそ日本の紀州熊野をはじめ各地にもいろいろな形で残っています。

いずれにしても、秦の始皇帝がつくった脱宗教政治文字・篆書によって東アジア漢字文明圏の圏域が確定していくなかで、越南、朝鮮、日本が少しずつその姿を見せてくるのです。

中国に内包される越南

三～六世紀頃、大陸が三国・六朝時代になると、東アジアは新たな段階に入り、インドシナ半島の越南の性格が造形されます。越南は中国の南朝、宋・斉・梁・陳の下に入るのです。それに対して朝鮮半島では、高句麗・新羅・百済という三国が成立していま す。日本は古墳時代で、諸豪族が立って、天皇制の前段階の政治が少しずつ視野に収まってきます。

六五〇年頃になると、大陸では本格的な楷書が成立します。この時期に越南はどうだったかというと、越南は完全に中国のなかに組み込まれています。それに対して朝鮮や日本は、六五〇年頃を境に中国から独立します。

隋唐の時代、越南には中国のもっとも南方の役所、安南都護府《あんなんとごふ》ができます。日本出身の唐の官僚・阿倍仲麻呂《あべのなかまろ》（七〇一?—七七〇）が安南都護として越南に赴任したことは日本ではよく知られており、それ以前に楷書の名手・褚遂良は越南の愛州へ左遷されて客死しています。それに対して朝鮮半島では、六七六年に統一新羅が生まれ、北には六九八年に渤海国が生まれ、いわゆる朝鮮というものの姿が浮かび上がってきます。東海の弧島では、六六三年の白村江の敗戦と、六七二年の壬申の乱、それから七〇一年の大宝律令を経て、いわゆる律令国家・日本が姿を見せはじめます。

越南と日本・朝鮮を比べた場合に、非常に異なるのはこの点です。つまり、日本と朝鮮は中国から独立する方向に動き出したのに対し、越南は中国のなかに組み込まれたままだったということです。このことを考えてみても、越南がいかに中国に近いかがわかります。

越南と中国がいかに近いかを示す証左は、越南語が中国語と同じ構造の単音節の孤立語であるという事実です。一字一語であり、一語が一母音であることです。

単音節孤立語は世界中に中国語しかありません。単音節孤立語は一音が一語である言葉のことですから、この構造が保たれている以上、タイ語を含めてこれは基本的に中国語だと考えていいのです。越南語というのは、中国語が少し変化していってその地域の言葉になったものです。要するに、越南語やタイ語は中国の植民地語、一〇〇パーセント植民地語であると考えていいと思います。それは言葉の構造自体が中国語の構造と同じだからです。

東アジアの歴史を考えるときに、いちばん大きなポイントは紀元前三世紀です。その次にポイントとなるのが六五〇年（楷書の完璧な成立期）です。この六五〇年の時代に越南は中国でありましたが、それに対して朝鮮や日本は独立していったのです。その違いが日・朝と越南のあいだには横たわっています。

唐の滅亡と東アジアの文化的独立

もう少し巨視的な視点から歴史を見ていくと、もうひとつ、東アジアの各国の独立の問題と絡んでくるのが唐の滅亡（九〇七年）です。紀元前二〇〇年頃と六五〇年頃は政治的な独立でしたが、九〇〇年代初頭、この時期に本当の意味での文化的な独立が起こります。唐の大帝国の滅亡と同時に、東アジアでは各国が文化的に独立していく姿が見られるのです。

このことは東アジアの歴史のなかでどういう意味をもつのでしょうか。この問いに答えるために、越南の歴史を具体的に見ながら説明していきましょう。越南は、まず丁部《ディンボ》領《リン》が国土を統一して皇帝を自称した丁《ディン》朝（九六八－九七九）のときにはじめて独立の気運がかたちを見せてきます。もう少しはっきりとしたかたちで現れてくるのが、李公蘊《リィコンウアン》にはじまる李《リィ》朝（一〇〇九－一二二五）の時代です。これが面白いところです。なぜなら、この十世紀半ばから十一世紀初頭の年代は日本でいえば女手（＝平仮名）の完成の時期と重なるからです。

こうしたことを総合的に考えると、九〇〇年から一〇〇〇年代のところで、東アジアの各地方は文化的に独立することがわかります。この九〇〇年から一〇〇〇年代に越南でも独立の気運が起こってきます。

一方、朝鮮半島は、北では九二六年に渤海が亡び、南では九一八年に高麗が立っています。ここでも文化的な独立めいた動きが生じます。

日本は、国が亡ぶような大きな政治的な変革は見られないものの、それに匹敵するような文化的な革命と断絶がこの時期に起きます。それは女手の成立です。再三繰り返すように、女手が誕生したことにより日本は文化的な独立を遂げますが、それがちょうど越南が中国から離れて独立する時期と重なります。

ここで非常に興味深い原理がひとつ抽出できます。それは、「東アジア漢字文明圏における独立は、自主的に中国風の体制を整え、漢字文明・文化を推進する」ということです。

一般的に、独立するという場合には、支配者の束縛から離れて自分たちのものを打ち立てることを意味しますが、東アジアで自分たちのものを打ち立てようとする場合には、かならずいちど政治的にも文化的にも中国化する必要があります。まず中国の政治制度を学び、中国の文化を積極的に取り入れ、あたかも中国と同じような政治的・文化的形態になる。その経緯を経たあとに、はじめて文化的な独立が成立します。これが東アジア漢字文明圏における独立の条件です。

非常に矛盾に満ちていますが、わかりやすくいえば、京都と奈良の違いです。あるいは、京都の町でいえば、御所と禅院の違いです。奈良とはいったい何かというと、あれは中国です。徹底的に中国になろうとしたのです。中国のものをどんどん取り入れて、中国と瓜二つの姿になることを目指したのです。この逆説的な動きが、日本が白村江の戦いで敗れ、中国から独立したあとに起きます。つまり、自主的に中国文化を吸収することによって独立するしかないのです。それほど中華の文明というもの、知識学問というもの、政治制度というものが圧倒的に大きく、水圧が高いのです。それを自分のものとして取り入れなければ中国からの相対的な独立はありえないのです。

たとえば奈良時代の写経。写経によって中国の文字を知る、中国の文を知る、中国の知識を知ることを徹底することによって独立が果たされたのです。したがって、東大寺のような建物と組織がどうしても必要だったのです。そうでなければ独立が果たされないのです。

古田《ふるた》元夫《もとお》さんという越南研究者が、その著書『ベトナムの世界史』のなかで興味深い表現をしています。「ベトナムの「中国化」は、中国からの自立性の強化のため、つまりは「脱中国化のための中国化」である」と。

越南でも、脱中国化を達成して独立しようと思えば中国化しなければならない。つまり中国化することによって脱中国化するのです。日本の場合もそうですし、朝鮮の場合もそうです。これが漢字文明圏における独特な独立の形態だと思います。

チューノムの誕生

拙著『日本書史』で詳しく述べていますが、私は九〇〇年を日本史におけるひとつの分水嶺と考えてもよい大きな区分と考えています。九〇〇年までを、奈良時代あるいは空海などが活躍する平安初期を含めて「擬似中国時代」と考えます。この時代の文化は、中国から独立していちばん最初にやってくる姿をしています。東アジアの国が政治的に独立したあとには、中国のごとき姿をする時代がかならずやってくるのです。それを経た後にやがて「違いのわかる大人」になることがあります。日本でいえば、女手をつくることによって、和歌と和文の表現力を手に入れ、擬似中国段階を脱して日本化することになります。

同様の試みが、東アジアではやはり文字をめぐって起こります。日本では女手でした。朝鮮ではハングルをめぐって起こります。そして越南では、チューノム（字喃）という、いわゆる越南文字をつくることを通じて起こってきます。この「喃」の字がまさにチューノムです。「口」偏が表音のための借用字であることを表し、「越南」の「ノム（南）」という音を合わせてつくられた越南文字です。

ここで、十世紀に越南が中国から独立する頃の姿を少しながめてみたいと思います。

先ほども言ったように、東アジアでは唐が亡ぶ九〇七年という年が非常に大きな意味をもっています。この頃に日本では『古今和歌集』が生まれますが、その前年の九〇六年に越南では、中国の官僚ではない土豪の曲《クック》氏、曲承裕《クックトウアズウ》が自ら節度使を名乗ります。中国の官僚の名前を騙《かた》るのですが、中国はそれを追認する。そういうかたちで越南は中国から独立しようとするのです。

そして、この曲氏が南漢の劉氏と争います。南漢というのは、中国のいわゆる五代十国のなかのひとつの国ですが、この劉氏はアラブ人の末裔だといわれています。南の海を媒介にして、世界的な力が越南にうごめいていたことがわかります。このような国際的なダイナミズムは島国の日本ではなかなかわかりにくいことです。

その後、九二二年には越南は南漢によって再び直轄化されます。ところが九三八年にはまた、南漢軍を呉権《ゴークエン》が破り、自分が王であると名乗っています。

九六八年には、丁部領《ディンボリン》が大瞿越《ダイコベト》国を建国して、丁朝を開きます。そして九七三年に丁部領が宋に朝貢して王の称号をもらうのですが、その丁部領が九七九年に暗殺され、その後宋軍が侵攻してきます。宋との朝貢関係を蔑ろにしたからです。

じつは、中国というのは、朝貢してこなくなった国に対して「朝貢せよ」と命じることはありますが、侵攻することはあまりないようです。

東アジア的な大陸の皇帝を中心とする冊封・朝貢的な関連のなかでの外交の問題は、西欧的な外交のレベルとは少し違います。

宋との朝貢関係が終われば宋が攻めてくる。一〇〇九年に新たな李朝を開き、一〇五四年には国号を大越国としています。この李朝以降、中国から独立した越南がはじまるのです。

ここで、大まかに越南の時代区分を整理しておきます。丁朝（九六八－九七九）、李朝（一〇〇九－一二二五）、陳《チャン》朝（一二二五－一四〇〇）と続き、そのあとに中国の明がまた直接統治（一四〇七－二七）をします。それから、黎《レ》朝（一四二八－一五二七）、阮《グエン》朝（一五三三－一七八九）と展開します。

越南の独立は、日本でいえば『源氏物語』の成立の頃と同時期です。越南では、九〇七年頃に独立運動が始まって、本格的に独立したのがこの李朝の時代からです。日本では、女手が九〇〇年代の初頭に生まれ、そしてそれが完全な姿を整えたのは、この一〇〇〇年過ぎです。文学では紫式部の『源氏物語』、書では藤原行成の「白氏詩巻」などがそのことを象徴しています。要するに、越南と日本の独立時期が符合していることに注目をしておきたいと思います。越南の動向になぞらえて言えば、『古今和歌集』で中国からの文化的独立運動がはじまって、『源氏物語』で本格的に独立したということになります。

さて、話を元に戻します。越南は独立のために中国化します。それは科挙制度まで模倣した徹底的な中国化でした。越南の科挙制度は一〇七五年にはじまり、一九一五年までつづきました。二十世紀初頭までこの制度は残りました。科挙の試験があって、そこをパスした人が官僚になるという制度が、越南では二十世紀初頭まで残っていたということは、注視すべきことです。朝鮮も九五八年から二十世紀近く一八九四年まで科挙制度が残り、事情はまったく同じなのですが、日本には科挙制度がありませんでした。このことにも注目しておきたいと思います。

越南の文化の軸は、朝鮮半島と同様、基本的に漢詩・漢文です。越南では漢文が公式の文です。越南にも詩集が生まれてきますが、その詩集は漢詩集です。要するに、漢詩による文学が越南の文化の中心にあるのです。ベトナム戦争の指導者ホー・チ・ミン（胡志明）はフランス語もできましたが、有数の漢詩人であったことにも触れておいてよいでしょう。

一九四一年に『李朝の文学』という、李朝の文学を選び出した本が生まれ、そのなかの詩人二四人のうち、二一人は僧侶です。この事実にも注目しておきたいと思います。漢語に通じた僧というのは最高の知識人です。これは日本の場合も同じです。残り三人のうち、二人は王、もう一人は高級官僚で、残りの全員は僧侶です。

したがって、先ほどの時代区分でいうと、一二二五年までの李朝時代ぐらいまでは、いわゆる僧侶が知識人でした。やがて一二二五年からの陳朝に入ると、これは元と呼応するような時代ですが、日本でいえば江戸時代に起きることが陳朝で起きています。

どういうことかというと、日本では江戸時代の十七世紀頃になって、従来の禅が換骨奪胎されて、儒教は幕府の学問になります。

　禅というのは本来、仏教だけではなく、儒教も道教もやる三教一致の空間だったのです。ところが徳川幕府の時代に入ってから、その禅から儒教を幕府が取り上げたのです。道教は儒教の裏面、一体のものですから、そうすると、禅院に残されたのは仏教だけになる。これが日本の近世以降の禅の空間です。江戸時代の幕府御用の学問は儒教が中心になります。儒教というのは治世の学、つまり政治学です。

　越南の場合には、十三世紀から政教分離がはじまります。つまり、この陳朝時代に儒教化が起こるのです。一二七二年に『大越史記』三〇巻が書かれているのですが、これは当然漢文で書かれています。

　儒教化がどんどん進行していくのですが、それと同時に、少しずつ越南の領土が南へ延びていきます。最初はインドシナ半島の中国寄りの北方だけでしたが、儒教化を進めれば進めるほど徐々に南へ延びていきます。

　先述したとおり、越南の時代区分は、丁朝、李朝、陳朝とつづいて、その後に明の直轄統治を受けて、次に黎朝（一四二八－一五二七）がつづくのですが、この黎朝時代の十五世紀後半から、越南はインドシナ半島を急速に南進しはじめる。要するに、儒教的なシステムが整備されればされるほど南へ下がっていくという姿を描きます。

　その背景にあるのが、元の成立です。先ほど、東アジア史では唐の滅亡が大きな意味をもっていると言いましたが、その次の東アジア史上の重大事件が元の成立です。元の成立がアジア史に及ぼした影響は大きく、日本が古代を終えて中世に入る大きな要因のひとつとして、この元の成立が絡んでいます。東アジアの周辺国では、一二〇〇年代にも違った独立の姿をつくっていくのです。

東アジアは漢字文明圏ですから、東アジア諸国が中国から独立を果たすとき、その姿は最終的には文字の姿に象徴されます。日本は十世紀初頭に女手をつくる。朝鮮は一四四三年、十五世紀半ばにハングルをつくる。そして越南はチューノム（字喃）をつくる。チューノムの成立の時期については古くからいろいろな説がありますが、おおよそは元との衝突、陳朝以降です。元の侵攻以降で、いちばん古い例としては一三四三年の「護城山石碑《ホータインソンタイビ》」があり、書物は阮廌《グエンチャイ》の『家訓歌』といわれています。いずれにしても陳朝末期一四〇〇年頃あたりからは、確実に越南文字に目覚めます。

じつは、この元をめぐる問題が、日本と朝鮮と越南では三者三様です。朝鮮は元朝に服属します。日本は撃退したわけではないけれども、服属しないで済みます。そして越南は、戦ってこれを撃退しました。日本と朝鮮と越南のあいだでこの三つの違いがあります。

朝鮮は元に属領化されます。それに対して日本の本土は元と戦わずに、たまたま勝ちを拾う。相手のエラーに助けられて勝つ、そういう姿をとります。それに対して越南は実際に元を撃退するのです。

チューノムの構造

越南のチューノムが、またこれが変な字なのです。誤解してほしくないのですが、べつに差別的な意味合いで言っているわけではなく、貶《おとし》めるつもりもありません。要するに、チューノムは変わった字なのです。どういうことかというと、漢字の出来方でいえば多くは形声文字に属し、意味と音とを組み合わせてつくられています。なかには意味を合体とした会意文字、仮借文字もあります。

先ほども少し触れた「喃」の字を参照しながら、もう少し具体的に説明しましょう。このような文字のつくり方は中国の南部の広東等にもありますが、偏の「口」は「口語である」という意味です。つまり、越南口語であるという意味を「口」であらわしているのです。そして「南」は、越南音の「ノム」を表しています。意味と音とを合わせて「喃（ノム）」つまり越南の音写文字ができるというわけです。

たとえば数字。数字は非常に基本的な文字ですが、その数字にもチューノムが生まれます。どういう字かというと、「一」は越南語で発音すると「モット」となるので、同じ「モット」と発音する「没」という字を使って「没（モット）」で「一」を表す。これは音借です。「二」は「𠄩（ハイ）」です。これは「台」と「二」、つまり「ハイ

（台）」という越南音と、「二」という意味を組み合わせたものです。「中国の字とは違う」ということを主張したいのですね。

「五」はチューノムで「䏧（ナム）」です。音は「ナム」ですから「南」を持ってきて、これでは意味が正確にはわかりませんから数字の「五」をくっつけて意味を表すのです。「六」は「𦒹（ラオ）」です。「ラオ（老）」という音に「六」をくっつけるのです。「七」は「罷（バイ）」です。「バイ（罷）」という音の横に「七」をくっつけます。「九」の場合は、「チャン（珍）」という音なので、「珍」の旁と「九」をくっつけてチューノムは「𠃩（チン）」。「十」は「迸（ムオイ）」です。「マイ」という音を表す「邁」という字の省略形と「十」を組み合わせています。

このように音と意味とを組み合わせた文字はどうなるかというと、要するに、複雑になるだけです。むりやり複雑にしているのです。したがってあまり実用的な意味をもちません。しかもこれは、漢字のシステムを知っている人しか使えません。漢字をわかっている人が自前の、要するに越南の音をそこに書き表すためにつくったのがチューノムなのです。

ただし、ここで越南音というものが、すでにかなり意識されていることがわかります。それがいわゆる越南アルファベットの採用へと繋がっていくことになります。

もう少し見ていきます。たとえば「星」は「䃣（サオ）」もしくは「䊢（サオ）」です。

「牢（サオ）」という越南音を表す字と「星」を使って、二通りにつくっています。

チューノムはほとんどが今見てきたような形声文字なのですが、意味を会わせた会意文字もあります。なるほどと思うのは、「天」を「𡗶」と書く例。「𠰘」は言葉、人の上に立つからでしょう「𠆳」は頭目を意味します。また見事だと思うのは「𦀚」です。「糸」があって、糸が串刺ししているもの、これは「数珠」です。

こういう文字が越南のチューノムです。

国境と文化

では、日本の平仮名・片仮名、朝鮮のハングル、それから越南のチューノムを整理すると、どういうことがいえるのでしょうか。

日本の仮名は、母音と子音が一体化した音節単位の表音文字で、かつ一字一音表記です。そのため「雨水」というのは「うすい」と三字で書きます。それに対してハングルは子音と母音が別々になっている音素表音文字です。ただし、基本的に一音節単位で表記します。これはどういうことかというと、漢字の単位で書くということです。要するに音素文字を漢字の扁と旁のように二〜四個組み合わせて一字にします。「雨水」は「우수《ウース》」と二字に書き、現在の日本語（仮名）では「しゅんらん」と五字で書く「春蘭」も朝鮮語では母音字や子音字を漢字の扁や旁、にょうやあしのように組み合わせて、

二字で「춘란《チュンナン》」と書きます。ハングルは独立した母音・子音字ではなく、漢字を文字の基準にいただく、音書きの文字なのです。

それに対して、越南のチューノムは、一語単位で一字。基本的にこれはまるっきり漢字と同じ構造です。要するに、漢字をちょっと変えただけの漢字、いわば亜流漢字です。日本でいえば国字です。たとえば「峠」「辻」、それから「働」もそうですが、こういう文字は日本でつくった国字です。この国字に相当するものが越南のチューノムです。したがって、漢字と異なる文字体系をつくりあげたものではありません。

それに対してハングルは、音素単位の非常に人工的な姿の表音文字になっていますが、あくまで漢字の単位にまとめるという表記法をとっています。

日本の仮名は、漢字からいちばん独立した文字で、漢字の書き方とは基本的に異なります。ハングルもチューノムも中国の文字の書法から離れられないのに対して、日本の場合は漢字から離れた姿をしています。それが仮名の特質です。

そこからいろいろなことがわかります。まず総括すると、先ほどいったように、日本は元との戦いでは、戦わずして相手のエラーで勝ちます。海に隔てられていることが大きな意味をもったわけです。非常に平凡な考え方ではありますけれども、要するに日本は島国であり、海によって隔てられていることによって、中国の細かな干渉からいくぶんかは超絶できたのだろうと思います。

かつ、元朝との絡みでいえば、禅院を見ればわかるように、海によって隔てられているがゆえに、当時のいろいろな知識や学問や文化が大陸から日本へ亡命してくる。かなり良質なものも亡命してくる。

大陸とのあいだに海がある——これがやはり日本の大きな特色であって、それが、漢字と違う次元の表音文字である女手をつくることにも絡んでいます。

それに対して、朝鮮の場合は半島ですから、国境の半分以上は海ですが、根の部分は大陸と境を接しています。日本の場合はどの国とも陸地で接していない。したがって北朝鮮は近くて遠い国だなどといって平気でいられるのです。もしも福岡と陸つづきの向こう側に国境線があって、国境線をちょっと越えると釜山があるとしたら、われわれがこの日本を考える意識は今とは別様になっていたと思います。海があるがゆえに、隔たっていることがもたらしている安心感が、文字においても、漢字を音節単位の表音文字である仮名文字に飛躍させることができたと思われます。

越南は、先ほどもお話ししたように、中国的なるものの南進でした。中国が南へ南へと海岸沿いに文明と文化を築いていった、その軌跡の南限が越南です。したがって、中国と越南のあいだには異質性はあるけれども、真の意味での国境はないといってもいいと思います。

日本には陸の国境はないわけですけれども海がある。このような国境と海との関わりの違いが、越南、朝鮮、日本の三つの国の性格を分けたと思われます。

朝鮮、越南、日本の支配体制

もうひとつ朝鮮半島についていえば、大陸とは異質な日本という弧島の存在が、朝鮮半島の性格を規定したことも指摘できます。江戸時代までは一貫して、朝鮮半島は日本に大陸のいろいろな文化を伝えるというかたちで、ある意味での師匠役をしてきたわけです。けれども、豊臣秀吉の朝鮮侵攻に象徴されるような、とんでもないことをする、わけのわからない要素をもっている島だという認識も半島側にはある。そういうなかで、朝鮮半島の、大陸と弧島のあいだにあるという中間の意識は、単に半島《ペニンシュラ》意識ということだけではなく、弧島との関わりを絶えず意識させられてきたと考えられます。

元の侵攻に対して、越南が選んだ対応は反抗でした。文化的民族主義としてチューノムはつくられました。しかし先ほどいったように、大陸を北といい自分たちを南というように、基本的に自分たちを大陸と同格に見ようという意識が支配層にはあります。

なぜか。それは越南が中国だからです。とはいえ、体制に組み込まれて、生活しているだけの被支配層は別です。支配する層は、要するに中国です。だから大陸の南朝なのです。まさに南朝を建てるというような意識から越南は生まれてきたのです。チューノムが基本的には漢字と同じ構造の亜流漢字であり、また（それゆえ）越南語が中国語と同じ単音節孤立語でありつづけていることにも触れておきましょう。

さらに興味深いのは、朝鮮、日本、越南の三つの国で支配体制が異なることです。朝鮮は基本的に「王」、つまり王制です。この王制というのは、再三述べているとおり、皇帝のもとにある王制です。要するに冊封された王制です。あくまで「自分たちのところには王しかいない」という考え方です。皇帝がいるとは考えないし、また考えられもしないのです。

それに対して、日本の場合は「天皇」です。皇帝とは名乗らないけれども、王とも名乗らずに、その中間的な概念、もしくは模擬皇帝概念として天皇をつくる。天皇制が強化されるのは近代以降です。しかも日本史の過半を実際的に支配したのは、古代には摂政や関白、あるいは上皇の院、そして中世、近世は征夷大将軍、つまり将軍でした。日本の場合、皇帝でも王でもない天皇という制度になります。

ところが越南の場合は異なります。対中国的には王でありながら国内的には皇帝と称するのです。実際問題としては中国の皇帝と冊封関係にあり、したがって王、あるいはもっと貶められて郡王ぐらいのこともあるのですけども、王でありながら国内的には皇帝と称するのです。したがって越南がいちばん中国的なのです。中国でありながら中国とは違うという、むろん朝鮮あるいは日本とはまた違った姿をとるのです。

話は少し脱線しますが、これは絶妙かなと思うのは、越南を含む半島をインドシナ半島と呼ぶことです。すなわちインドの文明と中国の文明とがちょうどそこで交差し、共存している半島です。中国大陸に発する漢字文明は東海岸の方から越南へと南下してきますが、西の方からはインドの文明が押し寄せてくる。それは文字が、越南以外のところでは、アルファベットでもなく漢字でもない、いわゆるサンスクリット系の文字が基本的に使われていることと関連しています。

越南が独立するときに、「漢唐はわが帝国にして、孔孟はわが祖師なり」という考え方が払拭すべき意識として語られました。この考え方を払拭しなければ越南の独立はありえないというのが越南の独立のときの考え方です。それほど越南の知識人のあいだには、中国大陸の文化・文明が自分たちの礎であるという考え方が根強くあったのです。

普通われわれが越南という言葉から思い浮かべるのは、「アオザイを着た女性が暮らす、東南アジアの一国」というイメージです。ところが、越南には東南アジアに含まれない歴史があります。越南の根底には、「漢唐はわれらの帝国であり、孔子と孟子はわれわれの師のはじまりであり、われわれはその下流に位置している」という意識をもっていたのです。越南の自意識がこのように規定されていたことと、越南の姿が文化的にどういう姿であったかというのは、非常に密接な関係にあります。

ちょっと話が脱線しますが、「点心」という文字を中国、越南、日本、朝鮮ではどう読んで、意味がどう違うかを見てみます。この点にも四つの国の違いが反映されていると思います。発音は中国では「ティエンシン」。越南では「ティエンタム」。日本では「テンシン」。朝鮮では「チョムシム」となります。

かつ、意味がちょっとずつそれぞれの国で変わっていきます。中国では「おやつ」というような意味で、越南は「朝食」、朝鮮へ行くと「昼食」になります。日本は点心というのは中華料理屋さんで使うぐらいで、普通はあまり使わない。仮名の時代に入った日本が東アジア共通の点心を忘れるというような、そういう構造がやはりここにもあります。

このような言葉はいっぱいあります。したがって、中国の辞書と、朝鮮の辞書と、それから越南の辞書、越南の漢字付きの辞書を並べて照合していくと、発音の上でも意味でも少しずつ変わっていますから、非常に興味深く、またニヤッと笑える箇所もあります。

越南の近代

次に、越南が近代に入るとどういうことになるのか、日本と朝鮮と比較しながら少し見ていくことにします。

まず日本は、いわゆる近代化を達成して西欧的な帝国の仲間入りをします。朝鮮は、その日本によって植民地化されます。越南はどうかというと、一八五九年、十九世紀の半ばからフランスの植民地にされます。そしてその頃から、越南語のアルファベット化、ローマ字表記化がはじまります。いろいろ数え方がありますが、ローマ字表記化して、母音数一一、子音数一九からなる母音と子音で越南語を表記するようになります。

十九世紀から二十世紀に入り、先述した越南語の音をアルファベットに変えると、アルファベット化が浸透し、だいたい第二次大戦の終了後にはこのローマ字化が行き着く。壮大な実験でしたけれども、大多数の民衆は漢字が書けないことで起こる非識字状態から脱却し、アルファベットで書くことに成功します。これがまさに越南の近代化です。

これには、越南がフランスの植民地になったことが大きな要因としてあります。それからもうひとつは、やはり先ほどいったように、われわれこそが中華だというような意識、その意識がインドシナ半島の他の国々に対して、自分たちがいわば中華思想をもって治めていくという性向をもつわけです。そういうなかで、越南は一貫して中国とは戦っていますから――これは一種の近親憎悪でしょうけれども――、逆にフランスを利用して中国から独立するというような一面もあったと思います。他方、中国は、領土の一部分は西欧の列強や日本に侵されますが、基本的には中国は中国としての道を歩んできます。

このように、日本は西欧的になって帝国化し、朝鮮半島は日本の植民地と化し、越南はフランスの植民地に入ります。近代に入ると東アジア各国はさまざまな形態をとりました。日本の敗戦以降、ベトナム戦争（越米戦争）もありましたが、やがてそれを克服して、再び細長い越南という国がひとつの国として成立しているというのが、非常にラフな越南の歴史ということになります。

以上、本章では越南の歴史を概観してきました。そこから学べることは、越南も含めた東アジアの歴史が、やはり中国のそれぞれの時代のポイント、たとえば秦の始皇帝が篆書体を小篆体としてつくり上げ宗教社会から脱する段階、あるいは楷書が生まれて東アジアの国家が立体的に聳《そび》え立つ段階、あるいはそこにヨーロッパとアジアを繋ぐモンゴルが出現し、中国を支配することでもたらされる東アジアの状況、そういう状況のなかで、東アジアの各国が文化的な独立を果たすまでの姿は非常によく似ているという事実です。

ただし、似てはいるけれども、それぞれの地勢的あるいは歴史的な制約条件によって少しずつ姿が異なり、近代にはとんでもなく大きな違いをもつ姿であらわれます。とはいえ、その違いは近代に現れてきただけであって、もとを糺《ただ》せばそれほど大きく変わるものではありません。最後にこのことをもういちど指摘して、本章を終えたいと思います。

第8章　琉球から沖縄へ——琉球史Ⅰ

前章までは、中国、朝鮮、渤海、それから越南と分節された東アジア漢字文明圏の姿を見てきました。本章と次章では、琉球、沖縄を見ていきます。琉球の文字と言葉の問題について説明する前に、まず本章では、沖縄史のおおよそのアウトラインをお話しします。

沖縄を考えるときのいちばんの問題点として、「沖縄は本当に日本のひとつの県であるのか」ということを考える必要があります。

若い読者はご存じないかもしれませんが、一九七二年に沖縄が本土復帰を果たす以前の復帰運動のなかで、「固き土を破りて民族の怒りに燃ゆる島沖縄よ、我らのものだ沖縄は、沖縄を返せ、沖縄を返せ」という歌が、ひとつのスローガンのように歌われるということがありました。

その歌詞にある「我らのものだ沖縄は」の「我ら」というのはいったい誰のことか。沖縄の人たちが歌うのであればなんら問題はないわけですが、いわゆる内地（本土）の人たちが「我らのものだ沖縄は」と歌う。そのことに私は、学生時代になにがしかの違和感をおぼえました。いったい誰の歌なのかと。そして、沖縄は一九七二年に米国から日本国に返還されるわけです。

以前、私は朝鮮半島との境界を見るために、壱岐・対馬の方に行ったことがあります。観光がてら、ちょっと行っただけで、深く調査研究してきたわけではありませんが、そのときにわかったことがあります。

壱岐島で現地のバスガイドさんの話を聞く機会がありました。「元寇で元が攻めてきたとき、本土の守備兵は逃げて帰ってこの島はほとんどまともに防衛されなかった。捨て島ですね。ハハハ」と笑いながら説明していたのです。要するに、本土の防衛になれば捨ててもいいというような意味だろうと思うのですが、それを若い女性がいわば自嘲的にというか、非常に素直にスッと笑いながら言ったのでびっくりしたわけです。「捨て島」という言い方をしたのです。

日本人の多くは、元寇というのは、「神風が吹いて元軍は撃退された」（神風が吹いたというのは嘘だという説もありますが）という歴史上の出来事で、元による侵攻を日本は免れたと教えられています。ところが、対馬と壱岐はどうであったかといえば、これは占領されてすごい虐殺があったのです。壱岐、対馬もですから、九州に上陸はできなかったけれども、日本の一部は元の手に落ちたのです。

また、一二九一年と一二九六年に元軍は琉球を攻め、島民一三〇人が捕虜として連行された（『中山世鑑』）という記録もあります。

沖縄は「捨て島」なのか?

二〇〇一年の六月、たまたま招かれることがあり、沖縄に行ってきました。そこで見た風景はまさに青い空と青い海で、旅行代理店のパンフレットや旅行雑誌の写真に写っているとおりの姿がありました。ただ写真とは何かが違う。それは空じゅうに響き渡る米軍戦闘機の大爆音です。

爆音がひっきりなしに襲ってくる。しかし音は写真に写らない。旅行代理店のパンフレットは嘘ではないけれども、空じゅうに爆音が響き渡る島であったことに非常な違和感をおぼえたのです。陽光に青く輝く空と海だけで終わってほしい場所で、何事が起こったのかというような爆音が突然に空間を切り裂くことを身をもって実感したのです。

これはよく知られていることですが、沖縄の面積は日本の国土面積の〇・六パーセントにすぎず、その一パーセントにも満たない土地に、全日本が抱えている米軍基地の七五パーセントが集中しています。米軍施設は沖縄の全面積の約一〇パーセントにのぼり、沖縄本島だけでいえば約二割にのぼります。東京二十三区でいえば、二割といえば四〜五区分です。しかも、これは現地に行って実感したことですが、いちばんいい場所が基地になっている。一等地に米軍の基地と米軍の宿舎があって、島の人たちはさほどいいところではないところに住んでいる。そういう実情があります。

そうすると、先ほどの壱岐の人の言葉を借りれば、沖縄はひょっとすると日本の捨て島ではないかと思われてくるのです。ひとつの県が、いわば捨て島のような状態になっていることが、じつは日本の文化的、あるいは政治的、経済的なさまざまな現状を物語っています。しかも、このことに対して、沖縄県以外の人たちはほとんど関心を示さない。

この沖縄の問題が解決されないかぎり、本当の意味での日本の近代化は達成されるわけがありません。

これは近代ということに関わるのでお話しするのですが、いつのまにか「日米同盟」という言葉が使われるようになりました。日米同盟というのは、要するに日米安保条約のことです。旧日米安保条約は一九五二年に締結され、一九六〇年から七〇年までの一〇年間は条約を破棄できなかったけれども、一九七〇年以降は、じつは日本国民が望めば翌年一年で解消できます。

日本は、もちろんわれわれを含めてですけれども、なんらこの問題について深く考えないまま、いつのまにか「日米同盟」をいい、どこにあるのかわからない「外国の脅威」を言あげしています。

これがいずれ徴兵を含めた問題に繋がっていくだろうことは十分考えられると思います。にもかかわらず、私自身を含め、それを語る民衆自身が、おかしいとは思いつつも、なんとなくその流れに身を任すような事態に立ち至っています。それを食い止めることができるかどうかは別として、どういう時代、どういう社会を望むのかということを、やはりわれわれは、少なくとも考える姿勢だけは失ってはいけないと思います。

したがって、沖縄を考えるということは、日本というものを深く考えることにも繋がるのであり、そのような繋がり方を沖縄はしていると思うのです。

方言札

沖縄に足を運び、いちばん異和感を持った言葉は「方言」という言葉の使われ方です。これは、かつて民芸運動家の柳宗悦《やなぎむねよし》（一八八九－一九六一）が方言を直そうとする教育に対して、方言がなぜ悪いのだという問題提起をしたことにも重なるのですが、沖縄を除く地方では、近年では方言という言葉がすでにプラスのイメージとして認識され、その地方固有のいい言葉だというようなニュアンスで使用されているのに対して、沖縄ではいまだに方言が強いということがきわめて悪いこと、方言という言葉がむしろマイナスの意味合いで使われています。

東京学芸大学での私の教え子で、いまは沖縄に戻って高校の書道の先生をしている女性がいます。彼女が、「わたしが子供の頃には、まだ方言札というものがあった」と言っていました。「方言を自分が使ったときに、誰かから方言札を掛けられた。そして、誰かが方言を使うのを見つけて、その相手に方言札を掛けかえるまでは、自分がそれを下げていなくてはいけなかった」というのです。

さすがに今は方言札はないのでしょうけれども、沖縄にはそういう意識がやはり残っています。沖縄方言を撲滅して標準語にしなければならないという運動のなかで、学校教育者が率先してそれを行っていたのです。柳宗悦の時代と同じことが戦後、しかもかなりの年数にわたって行われていたのです。

私には、その方言という言葉がショックでした。それは皇国化というか、要するに本土と一体化させるためのきわめて激烈な教育運動が存在していたことの名残だと思うからです。そのため、沖縄で方言という言葉を非常に悲しい言葉として私は聴いたのです。

ハングルとの連動

一六五〇年にまとめられた向象賢《しょうじょうけん》の『中山世鑑』によれば、保元《ほうげん》の乱（一一五六）に敗れて伊豆に流された源《みなもとの》為朝《ためとも》が一一六五年、大島を脱出して琉球に流れ着き、大里按司《あじ》の妹を娶り、そのあいだに生まれた舜天《しゅんてん》が初代の王であると書き残されている。『中山世鑑』が書かれたのが、一六〇九年の島津の侵略後ですから、事実とは思われませんが、王統の起源を大陸にではなく、日本に求めるところは、後述する漢字仮名交り文の碑の存在とともに興味深いことです。

沖縄・琉球の場合には、本格的な独立への気運があらわれるのはずっと遅いのです。それが、一四二九年、尚巴志《しょうはし》（一三七二－一四三九）の沖縄本島の統一です。ここから本格的な琉球時代が始まります。

東アジアに照応する琉球史

琉球時代の本格的な幕開けが、東アジアの歴史のなかで完全に孤立した動きかといえば、そんなことはありません。十五世紀の半ばというのは、ハングルの成立と呼応しています。六五〇年の段階で生じたものとは異質のナショナリズムです。独立の文化的気運が朝鮮半島におけるハングルの成立を促し、それと呼応するかのように尚巴志が沖縄本島を統一するのです。

ハングルの成立は一四四三年ですから、尚巴志が中山・北山・南山の三つの小国家、部族連合を統一して首里に統一政権をつくる時期とは、一五年ぐらいずれますけれども、朝鮮半島にハングルが生まれてくる時期と連動しています。

一四二九年に統一されて、琉球がきっちりしたかたちを整えるのが、尚真《しょうしん》（一四六五－一五二六）という王の時代です。一四七七年から一五〇〇年代初頭にかけて、尚真が中央集権国家を確立します。統一後、一五〇年ぐらい後のことです。その頃に、現在の奄美大島から宮古・八重山諸島までの範囲が尚王朝の統治下に入ります。現在の奄美は鹿児島県であり、沖縄県とは分かれていますが、その当時は奄美大島を含めて琉球王国でした。この琉球を中国は、大琉球と呼びました。

ふつう、大があれば小があります。では、小琉球とは何かというと、これは台湾を指します。台湾を小琉球と呼び、沖縄の方を大琉球と呼んだのです。記録によると、中国における朝貢国の席次は、朝鮮が一番で、その次が琉球で、その次に越南が来る。そういう記録があるぐらい、琉球国は、中国との冊封朝貢外交のシステムのなかに入り込んで、その関係をきっちりと遵守していく国だったのです。

だいたい明の時代あたりから本格的に朝貢関係ができ、統一以前においても、南山・中山・北山の三つの勢力が生まれ、それぞれの王や使者が明に入貢しています。中山の入貢(一三七二)から北山の滅亡(一四一六)までの三山時代の入貢回数は中山四二回、南山二四回、北山一一回といわれるほど盛んだったようです。朝貢とは外交であり、また一種の貿易でもありました。

一三九二年には中山と南山から、明の国子監(国子監というのは東大のようなものです)へ留学生を派遣しています。統一後も長期にわたり留学生を派遣しつづけます。

琉球の冊封に対し、明清を通じて中国から冊封使が、明の時代に一五回、清の時代に八回、合計二三回琉球にやってきます。中国から中国の皇帝の代理が琉球にやってきて国王のいわば任命式を行うのです。

明は一五七九年に尚永《しょうえい》王（在位一五七三－八九）を冊封し、琉球国王として正式に認めました。そのとき冊封使がもたらした中国皇帝の詔書のなかに、琉球を指して「守礼之邦」とする文言があった。中国に対して礼を怠らない国であるという、いわばお褒《ほ》めの言葉を中国からもらったのです。守礼《しゅれい》門（那覇市、首里城跡の入口にある門）が日本の二千円札に印刷されていますが、この門の建立は尚清《しょうせい》王の時代（在位一五二七－五五）にさかのぼります。けれども、守礼門という名前は、「守礼之邦」という扁額をこの門に掲げたことに由来していることを考えても、琉球は明に対して恭順《きょうじゅん》の姿勢を示した国家です。

繰り返し述べたとおり、東アジアの冊封のシステムのなかでは、中国の皇帝に貢ぎ物を持参すれば、それに対して「倍返し」とは言わずとも多くの文物を返すことになっています。冊封は事実上の貿易としても機能していたのですが、一方で、「決してその国を侵攻しない」という安全保障の意味もあり、貿易と外交の関係なのです。その関係が琉球と明朝のあいだでは完遂されていたということです。

冊封使の派遣が、明の時代に一五回も行われたにもかかわらず、清の時代には八回しかなかったということに驚かれると思うのですが、じつはここに、次の「薩摩島津の沖縄侵入」の問題があります。

東アジアの歴史のなかで、六五〇年と十五世紀半ばにポイントがあることについては先ほど触れましたけれども、もうひとつその中間に、東アジアで非常に重要な問題としてはて、元朝の成立と元寇の問題があります。

江戸時代の琉球

同様に、その次に来る重要な問題は、豊臣秀吉による朝鮮侵略の問題です。これが東アジア史の非常に重要な事件です。これも一契機となって明国は亡び、清に取って代わられたからです。しかも、幸か不幸か知りませんけれども、秀吉が途中で死んだこともあり、この朝鮮侵略の問題が徳川幕府の成立とも深い関わりをもっています。

その時代の余波で、いわゆる島津の沖縄入りを経て、琉球が薩摩藩の影響下に入り込むという事態が生じてきます。

図38を見てください。これは秀吉がもっていた扇面地図を模写したもので、当時の日本地図です。芋虫のように分かれて文字の書かれている箇所が日本です。北は陸奥《むつ》までで、蝦夷《えぞ》は描かれていません。少し上の方を見ると、陸奥の左上に片仮名で「エソ」と書いたところがあります。これが蝦夷で、この図では大陸と繋がっています。朝鮮半島から大陸と繋がったところに「エソ」があるのです。

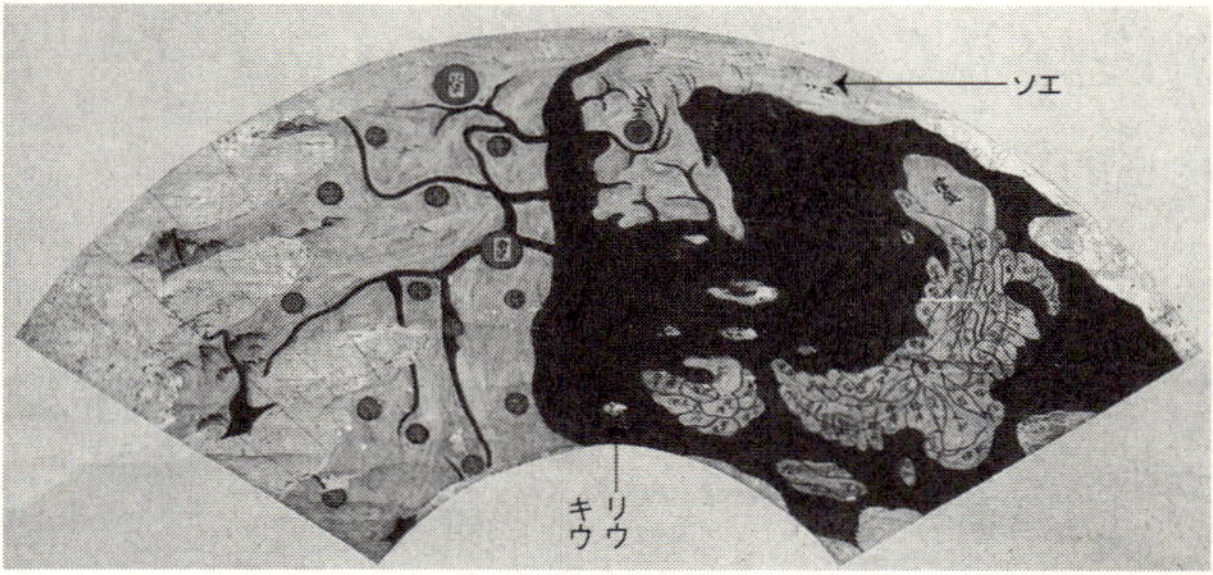

（出所）丸山雍成編『日本の近世6　情報と交通』（中央公論社、1992年）

図38　秀吉の扇面地図

本州があり、四国があります。四国は、讃岐、阿波、伊予、土佐と四つ書かれています。それから、その左側に九州があり、その九州の左側に「リウキウ」と片仮名で書かれたところがあります。これが琉球です。ということは、じつはこの片仮名で書かれている部分は、いわば支配の及ばない別の地方だと考えられていたのです。秀吉は、琉球と蝦夷は直接自分の支配下にはないと意識していたと思います。

ところが、その琉球に対して、どうも島津家が関係をもっているらしいということで、秀吉が島《しま》津《づ》義久《よしひさ》を介して、朝鮮侵略のための兵力を出すように琉球の尚寧《しょうねい》王（在位一五八九－一六三〇）に命じたのです。それに対して琉球の王朝は、「兵を出す代わりにお金を出す。七〇〇〇人の兵が十カ月食べる分のお金を出す」という条件でたぶん了解させられたのでしょうが、実際には琉球はそれにも従わなかった。つまり、お金も出さなかったというのです。

一九九一年の湾岸戦争のとき、日本は、兵を出さない代わりにお金を出しました。これを評論家の吉本隆明《よしもとたかあき》さんは賢明な方法であると評しました。この考えには多少の違和感をもつ人もありましょうが、しかし、兵を出さずにお金で済ますことも、協力の仕方としては現実問題としてありうるわけです。

ところが、そのお金を出さなかったということを口実に、一六〇九年、島津が兵三〇〇〇と舟一〇〇隻で琉球を征服した。鉄砲をもつ薩摩軍に対して、これをもたず、また尚真王時代（在位一四七七－一五二七）に刀狩りの行われた琉球は豪族や民衆の抵抗もなく、ひとたまりもなかったわけです。それで琉球は、島津の「附庸国《ふようこく》」、つまり属領国に位置づけられ、そして一六三四年には、徳川幕府の知行・軍役体系のなかにも組み込まれることになります。

ところが、実際問題としては、その後も琉球は清朝に朝貢します。要するに琉球は両属なのです。薩摩を通じて江戸の幕府のもとにも入るけれども、同時に、清国に対する朝貢もつづけるのです。

それが日中両属の時代で、日本では、徳川幕府の初期から近代のいわゆる「琉球処分」、実際には「琉球解体」によって琉球が沖縄県になるまでのあいだ、幕府と清朝との両方に属する関係がつづきます。

そして、島津藩の「附庸国」という位置づけになった琉球に対して、島津藩は「江戸上り」という大行列を要求します。これは、中国の冊封体制をなぞったような、いわば冊封の日本版であり、朝鮮通信使に倣った言い方をすれば（これは通信使ですから冊封とは違うわけですけれども）、琉球通信使といってもいいようなものです。

「江戸上り」は、幕府の代が替わったときに派遣される慶賀使と、琉球の王様が替わり謝恩使《しやおんし》が礼と挨拶に伺うときに行われます。江戸上りが本格的にはじまったのは一七一〇年で、最後に行われたのが一八五〇年で、この間に計一七回が実施されたという記録があります。一八五〇年以降ももちろん準備はされていたのでしょうけれども、幕末の混乱のなかで悠長な大行列を賄《まかな》うだけの余裕が、経済的にも精神的にもなくなったのだと思います。

江戸上りはどういうかたちで行われたかというと、琉球勢がだいたい一〇〇人から二〇〇人ぐらいで、それに島津藩が同伴したようです。

江戸上りの意味についてはいろいろな学説があります。そのなかのひとつに、島津がいわば異国である琉球を属国として経営していることを、幕府あるいは他国に知らしめるために実施したという説があります。そのために、島津は琉球に対して、日本風の姿ではなく異国風、つまり清国風の姿をさせて行列させたと解説する人もいます。島津側から同伴する人数を加えて、毎回だいたい総勢四〇〇人から一〇〇〇人くらいで、大行列をなして鹿児島から江戸まで上ったということです。

江戸上りの行路を示したものが図39です。この記録によると、九月一日に鹿児島をスタートして、十月十七日に大阪に着き、十月二十五日には伏見に入ります。大阪からは陸路になるのですが、それまでは海路で、瀬戸内海を渡っていきます。

壱岐・対馬を訪れたときに気づいたのですが、この瀬戸内海の海路は非常にいい道です。船の行く手には次々と島影があらわれるため、天候が変わってもすぐに避難できる場所がある。そういう方法で島から島へ渡っていける。大陸や朝鮮半島から対馬・壱岐、それから北九州へ行き、そこから瀬戸内に入って島づたいに島影を見ながら大阪まで進んでいくという海路が、まさに絶好の道であることを非常にリアルに体験できました。

鹿児島を九月一日に出発して一カ月半後の十月十七日に大阪に入り、十月二十五日には伏見に至り、江戸に着くのは十一月の十六日ということですから、休息日などを入れて二カ月半で鹿児島から江戸まで上るのです。帰路も同様に約二カ月半かけて鹿児島へ戻るわけですから、旅程は五カ月間にわたります。この大行列が一四〇年のあいだに一七回も行われたということです。このように琉球は、一方で清国に朝貢しながら、他方で島津藩の附庸国として、江戸幕府に対しても属国のように振る舞わざるをえなかったのです。

こうした状況に一大転機が生じるのは、近代に入ってからです。琉球処分によって、

——は陸路
……は海路または河川路
日付は停・宿泊日
地名の番号は地図上の位置を示す
藩主は九州路・中国路を通行

往　路	
9/1発	鹿児島
9/1	伊集院 1
9/2～5	向田
9/6～15	久見崎
9/16	脇元 2
9/17～18	黒島
9/19	崎之津 3
9/20	深堀 4
9/21～22	三重浦 5
9/23	松島
9/24～26	面高 6
9/27	田助7
9/28～10/4	干鹿(星鹿) 8
10/5	福浦
10/6	田之浦 12
10/7	新泊 13
10/8	深浦
10/9	笠戸浦 15
10/10	阿奈瀬浦 16(推定)
10/11	津和浦
10/12	鞆
10/13	縄島(直島)
10/14	室
10/15	兵庫
10/16	新在家浦 21(推定)
10/17～23	大阪
10/25～27	伏見
10/28	大津 22
10/29	武佐 24
11/1	番場 26
11/2	垂井
11/3	稲葉 28
11/4	鳴海 29
11/5	御油 31
11/6	二川
11/7	舞坂
11/8	袋井 32
11/9	島田 33
11/10	府中
11/11	蒲原 34
11/12	沼津
11/13	小田原
11/14	戸塚 36
11/15	川崎
11/16着	江戸

復　路	
12/13発	江戸
12/13	神奈川 37
12/14	戸塚 36
12/15	小田原
12/16	三島 35
12/17	蒲原 34
12/18	府中
12/19	島田 33
12/20	袋井 32
12/21	舞坂
12/22	吉田(豊橋) 30
12/23	岡崎
12/24	宮(熱田)
12/25	萩原 27
12/26	垂井
12/27	鳥居本 25
12/28	武佐 24
12/29	草津 23
12/30～1/3	伏見
1/4～17	大阪
1/18	兵庫
1/19～27	明石 20
1/28	室
1/29	縄島
2/1	日比 19
2/2	大浜 18
2/3～6	御手洗 17
2/7～8	津和浦
2/9	上之関
2/10	深浦
2/11	四郎谷 14(推定)
2/12	田之浦 12
2/13～14	相之島 11
2/15～22	呼子 10
2/23～25	小川内 9(推定)
2/26～27	田助 7
2/28	面高 6
2/29	松島
2/30	黒島
3/1	久見崎
3/2～3	向田
3/4	伊集院 1
3/5着	鹿児島

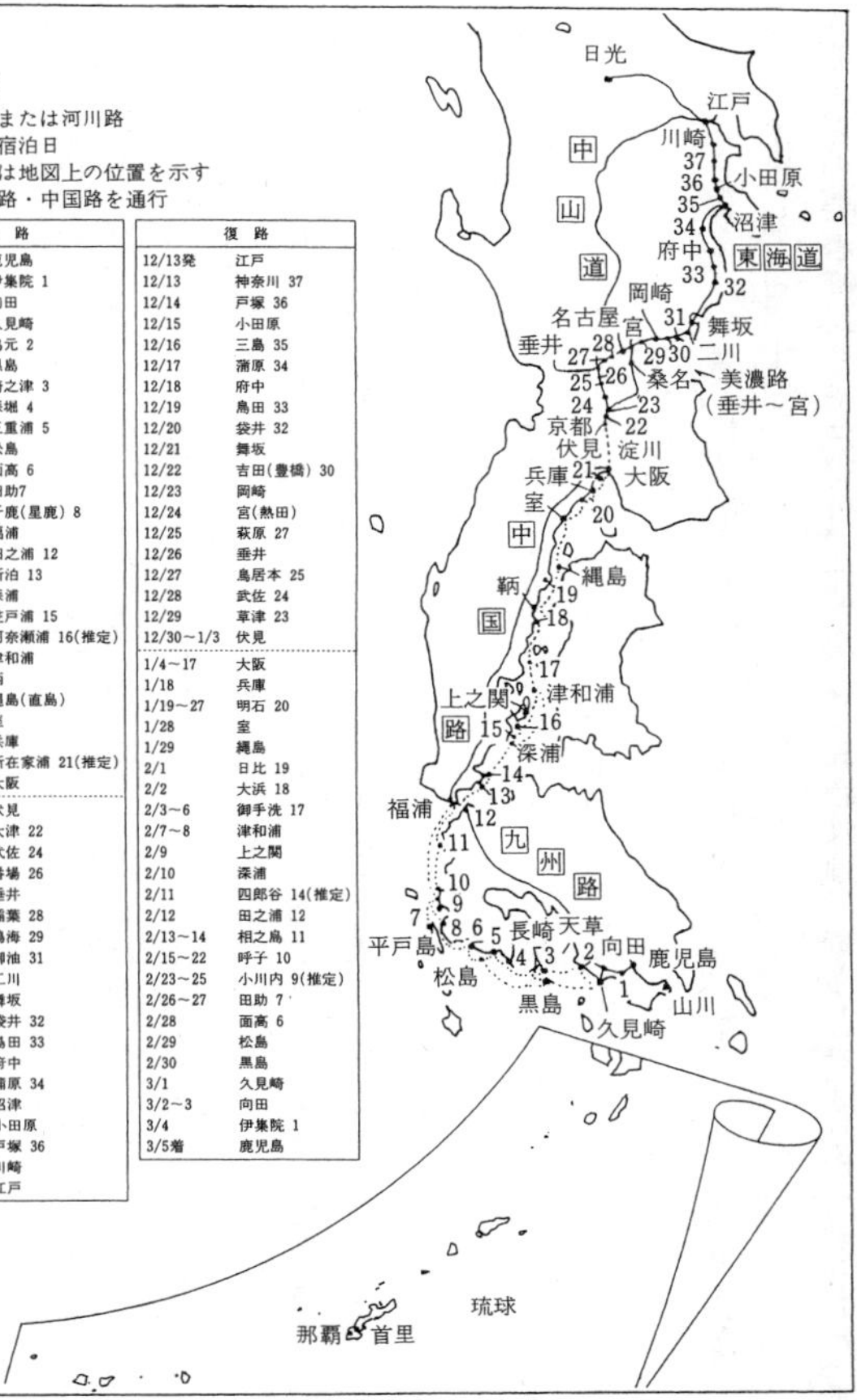

（出所）紙屋敦之『大君外交と東アジア』（吉川弘文館、1997年）

図39　江戸上り航路

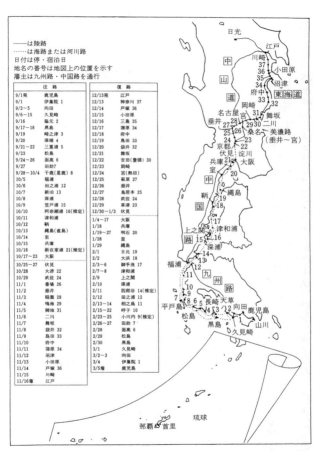

琉球が王様のいる国ではなく、一つの県として日本に組み込まれます。一八七二年に琉球国が琉球藩となり、やがて一八七九年にはそれが沖縄県になります。

琉球の政府はこうした明治政府の改革に対して強い抵抗を示します。「中国は父の国、日本《やまと》は母の国」であり、二つの国に対して礼を尽くしてきたから、今までどおりにさせてほしいと嘆願します。明治政府は琉球の要望は認められないということで、一八七五年にはまず清国への冊封を禁止します。琉球の国王が替わったときに、それを清国に認知してもらう必要はない、そういう礼をとるなということです。

それから一八七九年には、四〇〇年以上の歴史をもつ福州（福建省）にある琉球館が廃止されます。また、それまで琉球では中国の年号と日本の年号の両方を使っていたのですが、明治の年号、つまり日本の年号のみを使用するように強要されます。さらに、琉球の形態を日本の一つの県のようなかたちに改革せよという藩制改革が命じられます。

興味深いことに、明治政府は琉球の若者を東京に留学させよと命じもしました。現代の留学にも通じますが、留学というかたちで優秀な若者を人質にとり、大陸に留学することを阻止しようとしたのです。

それから藩主、つまり国王を上京させよとも命じました。鎮台《ちんだい》、つまり軍隊を置かせろとも要求しています。

これらの要求に対して沖縄は、「昔からわれわれは、軍事力ではなく口舌をもって外交の衝に当たってきた」として明治政府に強く反対します。口による外交、言葉による外交によって、琉球は国を成り立たせてきたというのです。しかし、こうした琉球の反発は功を奏さず、明治政府による琉球処分が進行していったのは周知のとおりです。

琉球処分に対しては、じつは二つの評価があります。ひとつは、「明治政府の侵略的な武力併合」と捉えるもので、これが歴史学者の一般的な考え方のようです。要するに、日本が琉球を無理やりに併合したというわけです。それに対して、沖縄に通じる側の人、たとえば沖縄学の父といわれる伊波普猷《いはふゆう》（一八七六－一九四七）は、「一種の奴隷解放」であったというような言い方をしています。

中国に冊封されている東アジア的な政権では、中国に関係しているのは支配層である政権中枢部だけであって、被支配層である民衆はまったく関係がありません。中国に冊封されようが、あるいは日本の幕府の支配下に入ろうが、民衆は自分たちの生活が安全で安定してなされるのであれば、どちらでもいいのです。

「琉球国が一つの県として日本に組み込まれることが、沖縄の民衆にとっては、一種の奴隷解放であった」というような考え方が成立するということは、逆に考えれば、それまでのアジア的な中央集権政治は民衆にとって苛酷なものであったということです。このように国家つまり政権と民衆の問題は、相対的に独立した非常に難しい問題を含んでいます。

国家の恣意性

一八七九年の琉球処分、じつはここに、国家というもののある種の怖さを感じます。この年、前アメリカ大統領のグラントに、清国が琉球問題について調停を依頼します。琉球の扱いをめぐって清と日本が対立している問題について、その仲介役をアメリカの前大統領に頼むのです。

そうすると、グラント前大統領は、琉球と日本と双方の言い分を聞いて分割案を提起します。これが琉球列島分割案です。この提案に対して日本は、「宮古・八重山諸島は清国に渡し、沖縄諸島以北を日本の領土にする」という線で手を打とうとした局面があります。一方の清国は、「奄美諸島以北は日本にわたし、沖縄諸島は琉球国として独立させ、宮古・八重山諸島は清国の領土とする」という提案をします。このことを考えるだけでも、大国の権力者というのは民衆に関わりなく身勝手なことを考え、机上で簡単に国境線を引いてしまうことがわかります。

ところが、一八九四年に日清戦争が起こり、日本がそれに勝利することによって、清国に割譲されることなく、沖縄というかたちで残ることで問題に決着がつきます。

しかし、もう少しこの交渉が進んでいたなら、宮古・八重山諸島が清国の領土になっていた可能性もあります。もしそうなっていたなら、宮古・八重山諸島では今では台湾と同じように中国語が話されていたことでしょう。これが歴史の怖さであり、国家や国境さらには国家語というものの恣意性を示す一例として挙げられると思います。

こうした経緯を辿りながら、沖縄は日本の一つの県としてその後の歴史を歩むことになるのですが、そこには大きな問題がありました。それは、沖縄が他の府県のようには統治できないことから、本章の冒頭でお話ししたような、植民地国を対象にしたと同様に、方言を絶滅するような皇民化政策が行われたということです。

明治政府と沖縄

明治政府は天皇の名のもとに沖縄を日本化しました。皇民化政策をすすめ、方言追放運動を行うことで沖縄を日本化したのです。これは沖縄の問題であると同時に、日本の植民地であった朝鮮の問題とも絡んできます。

近代以前、琉球には王がいました。ただし、すでに十七世紀以降、琉球は薩摩の属領でしたから、外交的な問題に対してはいちいち薩摩の同意のもとに行っていました。とはいえ、琉球は王国として当時の国際社会に向き合い、アメリカに対してもフランスに対してもオランダに対しても、直接、開国の条約や商業の条約を結んでいます。

このような歴史をもつひとつの国を天皇のもとにひとつの県に仕立てていくことはきわめて難しい。ましてやこの国は、日本だけではなく清国に対しても朝貢し、清国とも深い関係をもっていた。そのような国を、近代に入って唐突に県というかたちで日本に組み込めば、どう考えても無理が生じます。そんなことは琉球の歴史を見れば一目瞭然です。島津の属領であったとはいえ、琉球はひとつの独立した国だったのですから。

しかも日本政府は、琉球をどのようなかたちの県にするかという明確なプランをもたないままに、皇民化という同化政策をすすめていく。それは、ある意味では日本近代の植民地のような形態であり、植民地にならざるをえないような歴史を沖縄に歩ませることになったのです。

冒頭の話に戻れば、十五世紀の半ばに朝鮮半島でハングルが成立し、東アジアで独立の気運が高まっている頃に、琉球は姿を見せます。琉球諸島が統一したのです。小さな島が集まって、ひとつの連合として国家的な形態を整えたのです。

国家的形態を整え、中国に対して朝貢し、明清を通して二三回も冊封使がやってくるという、非常に密接な関係を中国と築きます。皇帝のもとから冊封使が任命状をもってやってくる。このように中国と密接な関係を保っているところに、江戸時代に入ると薩摩が入り込んできて属領化します。そうすると琉球は、中国と日本の両方に帰属するような姿をとらざるをえなくなったのです。

近代日本の難題

琉球は、日中の両国に対して一定の距離を保ちつつ双方に属するという日中両属のかたちをとりながらも、それでも独立国として存在していました。これはほかの日本国内の県の成り立ちとはまったく異なっています。

その琉球を日本の領土として一つの県に位置づければどうなるか。このときはじめて日本は、いってみれば半分以上ほかの国であった地域を一つの県としてどのように経営するかという問題に直面し、それが近代日本の課題として浮かび上がってきたのです。

では、近代日本は琉球を本当に一つの県として位置づけたのでしょうか。ここがいちばんの問題なのですが、本章の最初にお話ししたように、日本にある米軍基地占有面積の七五パーセントまでが沖縄にあるという事実のなかに、その答えはすでに出ています。

このように考えてくると、次のように問うことができます。日本は沖縄を一種の捨て島（棄島）として扱っているのではないか、と。そして、それを許しているのは日本人自身なのです。

考えてもみてください。沖縄本島の一等地はすべて米軍によって占められ、そこから米軍機が離発着しています。これは他国のことではなく、まさに日本の出来事なのです。これが日本外交の実態であり、日本国の政治の実態なのです。

われわれは今後も日米同盟を維持するのでしょうか。日米安保条約の締結から百年過ぎても軍事同盟をつづけ、アメリカの軍隊に駐屯してもらうのでしょうか。白川静《しらかわしずか》先生は、「世界の先進国で自国の首都の入口と背後の両方に外国の軍隊が駐留している独立国は、日本以外にはおそらくない」と言っておられました。日本は、横須賀という東京湾の入口に米軍基地があり、首都背後の横田にも米軍基地があるからです。私自身は詳しく世界の軍事基地の分布について勉強していませんが、首都の背後で制空権、前面で制海権を渡した独立国なんてあるのだろうかと思います。これはいったん事あらば首都を制圧するための仕組以外のなにものでもないからです。

沖縄では戦闘機の騒音をシャットダウンするために家の窓ガラスは二重になったかもしれないけれども、一歩外へ出れば空じゅうに響き渡る爆音にさいなまれる。そんな状態が、沖縄で百年も二百年もつづいていくのでしょうか。米軍が何のために駐留しているのかを考えれば、百年単位の時間で考えれば、簡単とはいわないけれども、戦争の問題はやはり解決できるだろうと私は思います。

沖縄の問題をどう考えるか、これは日本にとって大きな問題です。日本は明らかに沖縄を捨て島として対応しているのですから。その証拠に、沖縄が犠牲になることによって、本土の爆音の少なさが保証されているのであり、あるいは米兵によるレイプ事件(もちろんレイプはどこにでもあるともいえるのですが)から免れているのです。こうした状態が一貫してつづいています。要するに、沖縄だけが泥をかぶっている状態が日本の近代であり、戦後です。

沖縄問題の所在を歴史的に考えるならば、そもそも日本が琉球処分をして一県にしたことに端を発します。その責任をどう果たすのか。それは米軍基地だけの問題ではなくて、先の大戦における沖縄の犠牲の問題ももちろん含まれます。それを踏まえたうえで、沖縄をどうするのかを考えないかぎり、日本に政治というものはないといっても過言ではないと私は思っています。沖縄を捨て島として考える意識がわれわれのなかにあるのではないか、その問題を超えないかぎり日本の本当の意味での近代はないと思います。

いま、沖縄は島唄との関連からその独自性が少しずつ意識されはじめてはいるのですが、それだけでは駄目です。また、青い空と白い珊瑚礁《さんごしよう》というような、いわば旅行社のパンフレットふうのイメージで沖縄を捉えても駄目なのです。

歴史的な琉球王国、近代における琉球処分、大戦後の米軍占領、そして占領期とあまり変わりのない現状という問題を踏まえて沖縄を考えなければならない。そこに沖縄の本当の姿があると思います。それを考えることは、今、あるいは今後われわれが、日本というものをどう考えるのかに繋がってくる。言うまでもなく、歴史は過去のものではなく、現在その渦中にあるのであり、今まさに動いているのです。これから百年、あるいは千年の歴史を、今われわれはつくっているのですから。

第9章　ヤポネシアの空間——琉球史Ⅱ

前章につづいて、本章では琉球の文字と言葉の問題についてお話しします。

いわゆる沖縄の問題が本格的に議論されるのは戦後になってからです。敗戦以降、「日本との関係において沖縄をどのように考えるべきか」が真剣に語られるようになりました。谷川健一《たにがわけんいち》、吉本隆明《よしもとたかあき》、島尾《しまお》敏雄《としお》などが先端の考えを披露したわけですが、本章では彼らがどのような議論を展開したのかを眺め、その後にもう少し先まで行ってみようと思います。

谷川健一さんは熊本県出身の民俗学者で、沖縄を「原日本」というかたちで捉えました。「失われた日本の原型が沖縄にある」というのです。「沖縄が日本文化の根源にかかわる主題を現存させていると同時に、日本民族にたいする最もするどい問いを発している」と、谷川さんは自身の編になる『叢書・わが沖縄』（木耳社、一九七〇～七二年）というシリーズのなかで書いています。その主張が画期的だったのは、海をとおして沖縄と日本が根本的なところでつながっていることを問題提起した点だと思います。

吉本隆明さんは、日本をどう批判的に受け止めていくかという問いを発してこられた思想家です。吉本さんも谷川さんと同様に、一九七〇年に出した『情況』（河出書房新社、一九七〇年）という本のなかで、沖縄は「弥生式文化の成立以前の縄文的、あるいはそれ以前の古層をあらゆる意味で保存している」と述べています。「このことは弥生式文化の成立期から古墳時代にかけて、統一的な部族国家を成立させた大和王権を中心とした本土の歴史を、琉球・沖縄の存在の重みによって相対化することを意味する」とも言っています。

日本を批判していく核として天皇制を批判していく、あるいは天皇制のなかに外来的なものと日本的なものを選り分けていく、そのモチーフから吉本さんは南島に着目しているのです。

同書のなかで吉本さんは、日本および沖縄の古層には、姉妹が宗教を司って、兄弟が政治を司るという二元的な古い政治および宗教的な支配形態がともに存在していたのではないかと述べ、その古い遺制が琉球王朝の時代に実在したという事実から沖縄に着目するようになったと書いています。

また、同じような時期に、小説家の島尾敏雄は、「ヤポネシア」というひとつの概念をもち出しています。それは、ポリネシア、ミクロネシア、あるいはインドネシア、メラネシアの延長線上に、日本列島および琉球弧をひと繋がりの弓なりの列島と捉え、それにヤポネシアという概念をくっつけたものです。そういうかたちで日本を相対化して、日本および沖縄をもう少し広い枠組みのなかに解き放とうとしたのです。

これら三者に共通して窺える思想を、私はさらに相対化できると考えています。結論をいってしまえば、折口信夫《おりくちしのぶ》（一八八七－一九五三）、柳宗悦《やなぎむねよし》、さらに元をたどれば江戸時代の本居宣長《もとおりのりなが》（一七三〇－一八〇一）たちが考えたような、「「うるはしき倭心《やまとごころ》」がかつて存在した」とする主張が、いわばヤポネシアの思想に対応すると思うのです。もともとは「うるはしき倭心」しか存在しなかったところに、「さかしらな漢心《からごころ》」、要するに大陸から小賢しい文明や文化が入り込んできた結果、いわゆる「日本」ができたと捉える歴史観です。三者の考え方は、本居宣長的な「日本思想」の掌のなかに入ってしまいます。

私自身が多くのことを教わった谷川健一、吉本隆明、あるいは島尾敏雄に対してこういう言い方をするのは失礼かもしれませんけれども、ある意味でいえば、相撲でいう恩返しになればいいわけです。彼らの考えも、もちろん折口や柳宗悦の限界を見極め、その否定の上に成り立っているわけですが、どうも本居宣長的な枠組みを超えていない。

こういう言い方をすると怒られるかもしれませんけれども、三者の主張を敷衍《ふえん》すれば、「ヤポネシアというのは「うるはしき古代倭」であり、われわれのふるさとだ」という考えに結びつきます。つまり、ヤポネシアという概念は、「うるはしき倭心《やまとごころ》」幻想に結びつく危険性をもっています。

こうした考え方は、「素朴ではあるけれどみんなが平和に生きていた桃源郷がかつて存在し、そこに文明、つまり文字（文字というのは明らかに文明です）が入り込んだことによって堕落した」という歴史観から生まれてきます。

しかしながら、私が書を通じて、また文字の問題、言葉の問題を通じて導き出した結論をいえば、漢語・漢文が大陸から入ってきたときに、これに対抗する意味で、その裏側に和語（やまとことば）と和文がつくられた。そのときに、和語・和文の元として幻視あるいは創造的につくられたのが、すなわち古代倭であったということです。

「大陸から漢語・漢文が入ってきたときに、こちらの島にそれに対応する言葉がなければ、対抗する和語が出てくるはずはない」と言う人も少なからずいるでしょう。そうした反論に対して、私なりに反駁すると次のようになります。

たとえば「雨《ウ》」という漢語（音語）について考えてみます。日本語では「雨《ウ》」に対して「あめ」が和語（訓語）としてくっついています。それでは「雨《ウ》」という漢語を知る以前に「あめ」という言葉が弧島に存在しなかったのかと詰問されるかもしれませんが、私はそう言っているのではありません。そうではなくて、雨をいうときに「あめ」のほかにもいろいろな言葉があったし、いろいろな表現方法もあっただろうと思うのです。

しかし、漢語の「雨」に対向したとき、「あめ」というひとつの語を裏側に貼り付けて、「雨」＝「あめ」としたわけです。つまり、「おさがり」「おたれ」「しけ」「あぷと」「あみ」などいろいろあったと思われますが、そのなかから「あめ」という言葉を抽出して、漢語「雨」に対応させることによって和語ができ上がったということです。しかも、このようにして生まれた日本語の「あめ」は古代倭語の単なる「アメ」ではありません。あくまでその背後に「雨」という文字と「ウ」という音語を貼りつけた「あめ（アメ＋雨＋ウ）」以外ではなくなったのです。

弧島側に対応する言葉がない漢語に関しては、これは現在でもそうですけれども、それに合わせて新たに言葉をつくっていった。たとえば「皇帝」という漢語があれば、これに対して「おおきみ」であるとか、そういう言葉、和語・訓語をつくるのです。「おおきみ」がこの国にあらかじめ存在したとは考えられません。むしろ「皇帝」という言葉をどう翻訳するかという問題に直面したときに、単なる「きみ」ではなく、偉大なのだから「きみ」に「おお」をくっつけて「おおきみ」だということで、和語をつくっていったのでしょう。

古代倭への幻想

ところで、古代倭は本当に麗しい国だったのでしょうか。必ずしもそうとは考えられず、実態は謎に包まれていると考えるほうがよほど正確だと思います。

音語（漢語）と一体でしかありえない和語ができたのはいつかといえば、これは何度もお話ししていますが、九〇〇年から一〇〇〇年頃です。この頃に和語・和文が生まれます。それと時を同じくして、麗しい古代倭が、漢語・漢文が入ってくる以前には存在したという幻想が生じてきます。

私の仮説はこうです。「ヤポネシア（古代倭）は、「漢《から》」の背面たる「和《やまと》」（平仮名＝女手）の誕生後に、その原風景として後から措定された」というものです。措定というのは、そこに仮につくられたということです。つまり、平仮名が生まれたときにはじめて自分たちの原形を言あげするのです。

そういう意味でヤポネシアは、「漢に対抗して、漢をくずして生まれた和（これは要するに平仮名のことです）が生み出した幻影、虚構《フィクション》ではないか」と疑うのです。つまり、「ヤポネシアは、和のつくり上げたフィクションとしての美《うるわ》しき古層ではないか」「和がヤポネシアを生んだのではないか」ということです。

このように考えてくると、あくまでも「漢」によってつくられた「和」という観念が古代倭をつくったことになります。そのフィクションとしての古代倭と、ヤポネシアや南島への源郷的な思いが結びついたのだと思います。

図40に示した「南島地図」をご覧ください。これは琉球弧といわれる、南九州から台湾にいたる諸島を記したものです。この地図を見ればわかるとおり、沖縄島から群島が

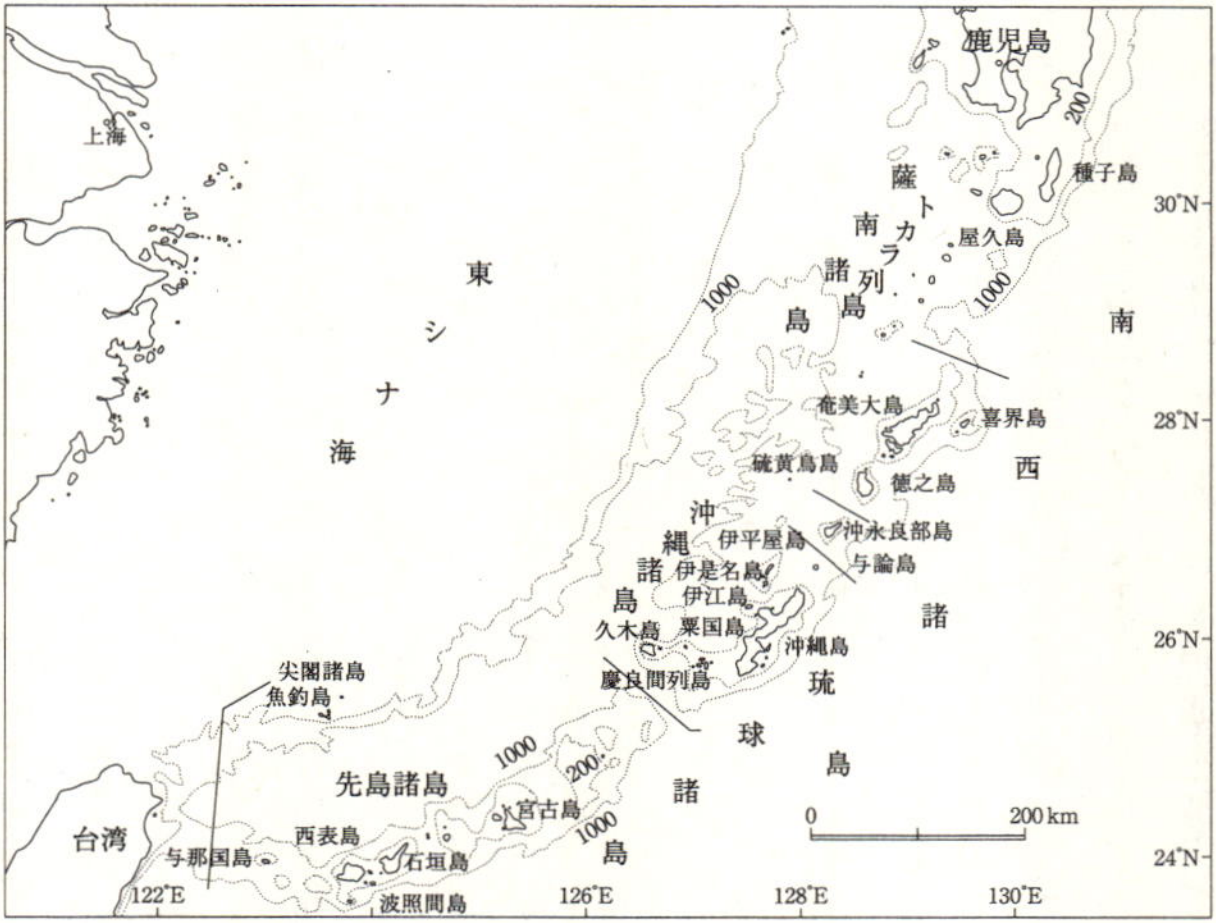

図40　南島地図

南西・北東に延びており、北上すれば奄美、屋久島、種子島を経て、鹿児島へ至ります。一方、南下すれば、宮古島、西表島を経て、与那国島に版図が達します。

ここで疑問が浮かびませんか。なぜ台湾まで版図が延びないのでしょうか？　なぜ台湾がヤポネシアから外されているのでしょうか？　台湾は大陸に近接しているからではありませんか。じつは、ヤポネシアという観念そのものが、政治的な線引き作業のなかで生まれてきた国境線を踏まえてつくられた、近代的な概念にすぎないのです。

台湾と与那国とのあいだで線を引くことに、説得的な根拠があるかどうかは甚だ疑問です。台湾の先住民が使っていた言葉が、与那国で使われていた言葉、いわゆる琉球語と違っていたという証明はおそらくまだなされていないと思います。たとえば、与那国・西表・石垣・宮古という先島諸島が琉球語ではなく、むしろ原台湾語(台湾も多言語ですから、台湾のテレビはいつも漢字を入れて放送しています。文字を入れないとわかりにくいからです)を話す地帯であったとしたら、台湾とともに先島諸島の島々を切り捨てればいいわけですが、これをも含めてヤポネシアというのであれば、逆に台湾を省く理由がどこにあるのか私にはよく理解できないのです。むしろ、日本本土と中国との政治的な関係のなかで濃淡ができたと考えたほうがいいと思います。

ヤポネシアをどう考えるか

要するに、ヤポネシアはあくまで近代的国境線が前提になっているように思われます。これは歴史的な「もしも」の話ですが、明治初期に、宮古・八重山諸島(=先島諸島)を清国に譲り渡すという条件で日本と清国とのあいだで外交交渉がはじまった時期がありましたが、もしもそのとき、宮古・石垣・西表・与那国が清国に割譲されて清国人が入植し、言葉が基本的に中国語風になったとしたら、はたしてヤポネシアが宮古・八重山諸島をも含めたかたちで考えられたかどうか、疑問は大いに残るところです。

図40の地図についてちょっと説明を加えておきます。九州の鹿児島から台湾まで点々

とつながっていく島々があります。いちばん大きな切れ目は、いちばん右上にある線で、この線より北の屋久島、種子島は鹿児島県に入ります。この線は非常に大きな境目で、言語的にいうと、この線より南はいわゆる琉球語、一般の言い方でいえば琉球方言の地帯になります。

これらの島々は、求心力をもつところが二つ、そのままの状態である姿を見せるところが一つと、合計三つに分けられます。それは、沖縄島を中心とする沖縄諸島、奄美大島を中心とする奄美群島、それから、変な呼び方だと思いますが、あくまで日本の側、奄美・沖縄からの言い方として、宮古・八重山諸島を包含するところの先島諸島です。

徳之島は基本的に奄美にくっついているのですが、沖永良部島は一時琉球の沖縄島の支配に入ったりしたように、沖永良部島と与論島は帰属は動きます。奄美群島の喜界島から屋久島までは距離がはなれており、しかもこのあたりから潮の流れが日本列島の東海岸に向けて大きく湾曲する場所で、海上の難所になっているようです。こうした理由から、ここで分断されるわけで、屋久島と種子島が本土の鹿児島にくっつく構造になっています。

私が言いたいのは、仮にヤポネシアを想定するとすれば、ヤポネシアは「あった」のではなく、ヤポネシアはどこかの時点以降に「できた」ということです。では、ヤポネシアはいつできたのか。それは、琉球諸島までが日本の文化的な影響下に入ったとき、あるいはその文化を共有するようになったときにできたのです。時代的には非常に簡単で、これは本章の結論になるのですが、平仮名（＝女手）が伝わってそれが琉球で使われはじめたときです。漢字も当然入っていますから、このときに、漢字と平仮名を含めた日本語の二重言語化という情況が、沖縄・琉球に起こったと考えればいいと思います。すでに十二世紀に平仮名が伝わっているという史料があります。ただ、使いこなしてはいなかったようで、本格的には一四〇〇年代に入ってからということになります。あるいは、平仮名を使いこなすレベルになって、はじめて沖縄は統一されたと考えてもいいと思います。

繰り返しますが、ヤポネシアがあったのではなく、ヤポネシアになったのです。つまり、本土化されたのです。具体的にいえば、漢字化だけではなく、平仮名化もされたということです。

東アジアの国家を相対化する

なぜ私がヤポネシアにこだわるかというと、台湾の問題も琉球の問題と同じように捉えられなければ、日本は本当の意味で相対化されないと思うからで、それが私のモチーフになっているからです。台湾のところで線を引き、その線より北側をヤポネシアと位置づけ、そこが日本にとって麗しい源郷であると考えるだけでは、日本を相対化することはできません。

なぜなら、たとえば天皇制の問題でも、天皇制にはいろいろな前史があったにしても、端的にいえばミニチュア皇帝制です。東アジアの皇帝制を出発点に考えていくことからしか、天皇制の問題を捉えることはできません。日本の天皇制も東アジア的レベルに開いていくのです。朝鮮も開く、越南も開く、台湾も開く、琉球列島も開く、当然日本も開く、そして中国自体も開くのです。

中国自体を開くとはどういうことかというと、「中国は最初からひとつの国であったわけではなく、異なる言語を用いる複数の国が、漢字によって統一されて生まれた国である」と考えることです。このように東アジアの国家を相対化していく必要があると思います。そうしなければ、西表島や宮古島に日本の原型を見ることはできても、台湾に日本の原型を見られないことになります。それでは結局、「うるはしき日本があった」という本居宣長のところにまた戻っていくことになってしまうのです。

そうではなくて、東アジアは漢字・漢語による文明化によってつくられていった地方だと考えるわけです。もちろん他にも要素はありますが、基本的には漢字・漢語によって照らし出され、その漢字・漢語に対してどういう立場をとるかの違いによって国が生まれてきたと考えることで、日本という枠組みを外せると私は考えています。そうすれば、対北朝鮮との問題も含めて、近代の「国民－国家」以降の枠組みをうまく超えられるのではないかと思うのです。

こうした視点から歴史を考えないかぎりは、ヤポネシア論のような素朴な視点になってしまうでしょう。つまり、日本はやはり朝鮮半島とは違うのであって、南のポリネシア、メラネシアから繋がる島々の延長線上だという発想になってしまいます。こうなると、大陸との深い交流は例外的な措置として、宣長的にいえば、賢《さか》しらな出来事として否定されることになるのです。

そうではなく、大陸から来た文字と言葉との衝突によって、じつは和語と和歌と和文が本格的に生まれ、確定し、日本は生まれたのです。そういう漢字仮名交じりの言葉が琉球にも及んでいったと考えることが必要だと思います。

沖縄の結縄、対馬の亀卜

次に、結縄《けつじょう》の問題についてお話ししたいと思います。図41〜43を見てください。これが結縄です。『沖縄結縄考』という、昭和二十年に出された田代安定《たしろやすさだ》という人の著書から転載したものです。沖縄ではこれを藁算《わらさん》と呼んでいます。

結縄は非常に興味深い事象です。じつは、日本の境界線近くに文字にまつわる興味深いものが二つあります。ひとつは、沖縄の結縄です。もうひとつは、対馬に「亀卜《きぼく》」、要するに亀の甲羅を焼いて占うという儀式が残っていることです。ただ、現在行われて

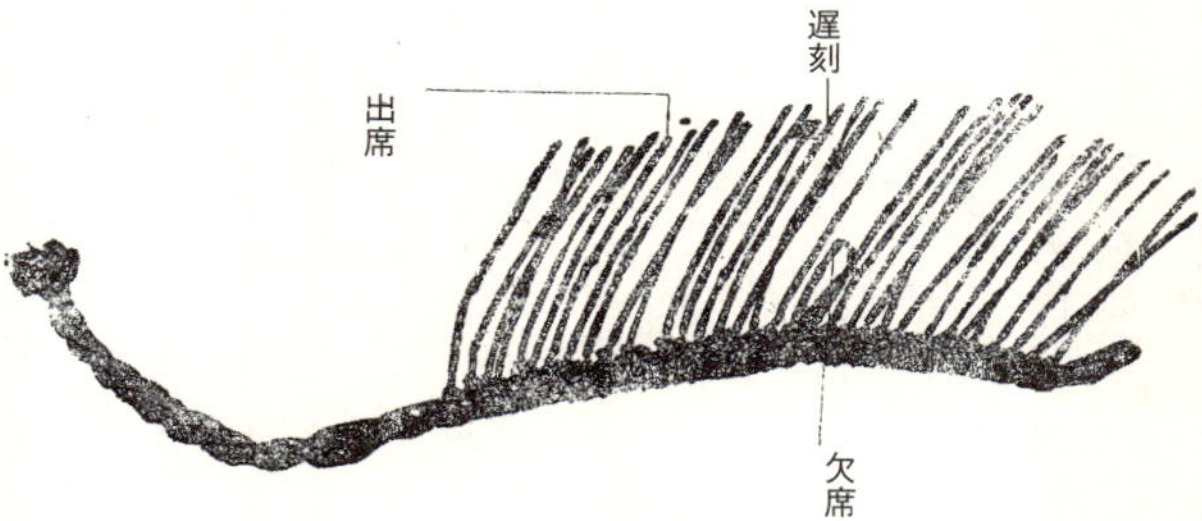

図41　結縄「集会期標」

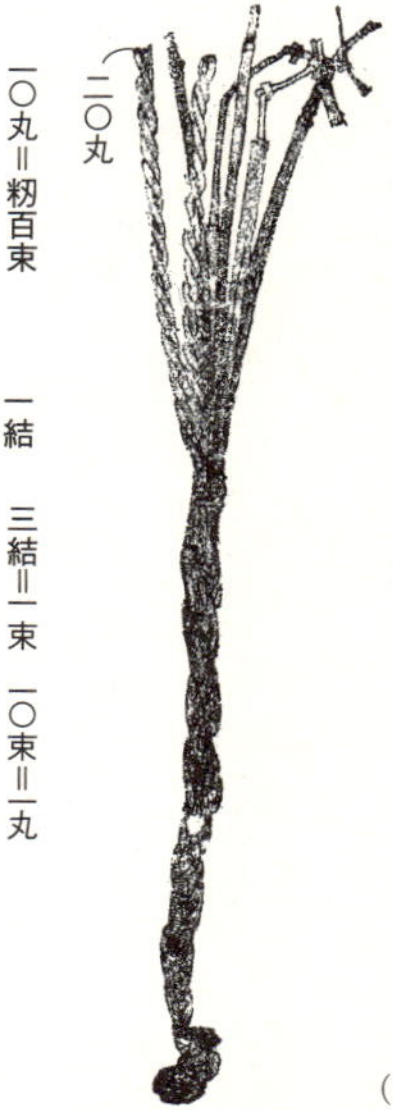

（出所）田代安定『沖縄結縄考』（養徳社、1945年）

図43　結縄「収穫分配期約標」　図42　結縄「表代標」（人員数）

いる亀卜の様式は、甲骨文が生まれた時代のやり方とはそうとう隔たっています。

対馬に亀卜があり、沖縄には結縄があった。これは非常に面白い現象です。沖縄には十九世紀まで結縄が残っていたようです。書道や中国の文字に関する文献にはかならず、文字のはじまる前に結縄があったと書いてあります。

後漢の許慎《きょしん》の『説文解字叙《せつもんかいじじょ》』に「神農氏の時代には文字がないため結縄で世を治めていたけれども、そのあと黄帝のときの史官倉頡《そうけつ》が鳥の足跡を見て文字をつくった」と記されています。文字がない時代に結縄があったというのです。

その結縄が沖縄に残っている。「ということは、沖縄には文字以前の表現が残ったのだろう」とお考えになる人もいるでしょう。でも、そう考えるのはいささか早計です。それは対馬の亀卜についても同じです。中国になくなったものが沖縄に残ったと考えるよりも、実質的には文字ができたあとに、むしろ文字の代替として用いられたと考えたほうがいいように思います。

中央では、漢文あるいは漢字仮名交じりの文章によって支配します。しかし沖縄のような周辺地域では、ごくひとにぎりの支配・知識人を除いては、漢字を読めない。そのため、漢字の代わりに藁算をいわば政治的な道具として用いたのでしょう。このような構造があったために、沖縄に藁算が残ったのだと私は思うのです。

結縄は、中国、エジプト、チベット、ペルー、ハワイ、沖縄などで使われていたと考えられていますが、じつは中国にも文献的には、「神農氏が結縄によって世を治めた」とあります。しかしその実例遺品はまだ見つかっていないようです。そうすると、実際に結縄が残っているのは環太平洋地域が中心となります。

奄美では藁算は十九世紀の時点では消えています。かつて結縄が存在したけれど十九世紀以前の歴史のなかで消えてしまったのか、それともはじめから奄美までは沖縄の結縄が及ばなかったのか、どちらであったかは謎に包まれています。あるいは、倭にもかつては藁算があって、それがどこかの時点で消えた可能性も完全には否定できないといっていいと思います。

たしかに結縄は文字以前の記号表示ではありますが、とはいえ「結縄は古代からのものである」と単純に判定することはできません。なぜなら、文字の代行の可能性、背後に文字がある可能性があるからです。つまり、中央では文字を使い、周辺では結縄を使ったという関係も想定されるからです。『沖縄結縄考』の著者の田代安定さんによれば、いわゆる農村社会に結縄が残っていて、漁業を営んでいた社会に結縄はほとんどないそうです。

結縄は、琉球が沖縄県に変わった明治初期ぐらいまで存続していたそうですが、その後は徐々に消えていったということです。その理由は、近代的な文字教育が沖縄にも浸透していったからだと考えられます。

結縄はどのように使われていたのか

それでは、その藁算、結縄はどのように使われていたのでしょうか。興味深いものを少し紹介します。

図41の「集会期標」を見てください。横に長いものです。この一本一本が村人をあらわしています。集会にはすべての村人が出席するのです。ところが、真ん中ほどにループになった短いものがあります。これは折り曲げて欠席者をあらわしたものです。それから、ちょっと見にくいのですが、先の方を結んだものがあります、これは遅刻者をあらわしています。このように、この結縄は集会の集まり具合を記録したものなのです。

図42は「表代標」というものです。これが意味するのは非常に簡単で、一本一本が人をあらわしています。全部で三〇本あれば三〇人が集まったことをあらわし、人員数をあらわします。

図43「収穫分配期約標」をご覧ください。図のいちばん左に「二〇丸」というのがあります。これは二本のワラを縒《よ》り合わせています。これが二〇丸という単位をあらわしています。ワラ一本が一〇丸で籾百束ですから、二〇丸は二〇〇束ということになります。それからその隣り、一本立っているのと二本がねじ合わされているものがありますが、これは同じ根っこから出ていますから二本のものと一本のものとで足して三〇丸と

なり、この二番目の人は三〇丸の分配を受けるという、そういう地主と小作人の間の分配の約束を記しているのです。

さらに細かくなると、右側の上の方に結んだところがありますが、これは「結《ゆい》」です。日本の本土でも、田植えや稲刈りなどで人手が足りないとき、双務的に力を貸し合う「結」が行われていますが、この場合の「結」はくくり束ねたものを数える最小の単位です。

三結、つまり三つ結わいてあると一束になり、一〇束が一丸という単位で分配するのです。誰にどれだけの収穫物を分配するかを、沖縄の場合は必ずしも藁だけではなく、藺《い》とかガジュマルの根とか、植物繊維様のものを結わいて、あるいはそれを綯《な》って、それが文字の代わりの記録帳になっていたのです。この結縄についてはまだまだいろいろなことが見えてくると思います。

たとえば、先ほどもお話ししたように、大陸の『説文解字叙』によれば、結縄は文字ができる以前、紀元前一三〇〇年よりもっと前ということになりますから、要するに今から四〇〇〇年ほど前ということになってしまうのですけれども、実態はさてどうだったでしょうか。とはいえ、その名残がストレートに残っているとは考えられません。要するに、数字が中心ですけれども文字ができたあとで文字の代わりとして使われていたと思われます。あるいは、環太平洋の地方を中心に残っているということ、日本にはたしてあったのかどうかということ、それらも含めていろいろな謎がまだ隠れています。結縄が沖縄に残ったことは事実です。この事実から、ごく大まかにですが、次のような見当をつけることができます。結縄ということは無文字です。結縄は文字とはいえないからです。当時は、無文字の階層と支配する有文字の階層の二つがあったわけです。結論的にいうと、この支配層が必ずしも漢文だけで組織されていたのではなく、日本と同様に、平仮名交じり文を扱う職務があり、権力の中枢部では平仮名交じり文も重視されていたのです。あるいは平仮名交じり文が沖縄に根づいていたことが見えてくるのです。これが次の課題になります。

平仮名の移入

琉球を日本に近づけた力は、平仮名にあります。平仮名の伝来は舜天時代だという伝説が残っていますが、それは十分にありうることです。十三世紀の後半に日本の僧・禅《ぜん》鑑《かん》が琉球に赴《おもむ》き、漢詩・漢文・和歌・和文と仏教を伝えたということになっています。英祖《えいそ》は仏教を受け入れて極楽寺を創建。以来極楽寺の歴代住職は日本僧で、対日貿易の往復文書を担当していたといわれています。

一三七二年、明の太祖の時、琉球から入貢しましたが、このときの上表文は漢字仮名交じり文であったという説もあるほどです。中国の史書『国史会要』(一三七六)に

「其字体科斗《かと》書なり」とあるのを根拠にしているようですが、漢字文明圏東アジアの政治制度からは少々信じがたい話です。科斗書とはおそらく漢字の不馴れな書きぶりを指したものではないでしょうか。

平仮名（＝女手）が沖縄に移入された例として、一五〇一年の「たまおどんのひのもん」（玉陵の碑文）があります（**図44**）。書を見慣れた方であれば、この「たまおどんのひのもん」を見て気づくことがあると思います。これは御家流というか尊円流というか、要するに日本の和様の流儀書道の書風です。したがって、これは漢字と仮名がよく馴染んだ姿をしている中世以降の書風です。平仮名がくずれ、漢字も中国式からはずいぶん

図44　たまおどんのひのもん（拓本・又吉真三氏所有、タテ186㎝・ヨコ30㎝・1501年）

図45　おろく大やくもい石棺銘（拓本・又吉真三氏所有）

くずれた流儀書道の書きぶりです。

もっとわかりやすい例としては、一四九六年の「おろく大やくもい石棺銘」（図45）があります。「おろく大やくもい」と書いてありますが、これは流儀書道の書き方です。平安中後期のいわゆる仮名の文字の絶頂期のものではなく、もう少し中世的に文字が緩んだ時代の、横画を書くにあたって、S字を横に倒したような動きで流れながらも、肥瘦《ひそう》、つまり太いところと細いところを繰り返している、そういう和様、流儀書道系の書です。

私は沖縄ではじめてこの「たまおどんのひのもん」を見たときにいささか驚きました。上部には鳳凰《ほうおう》と思われる中国式の文様が刻してあり、さらに「穿」という丸い穴まである本格的な中国式の石碑であるにもかかわらず、そこに漢字仮名交じりの和様の文字が刻られているからです。日本では近代以前には漢字仮名交じり文はあまり石には刻らないので、かなり衝撃を覚えたわけです。

たとえば、「おろく大やくもい石棺銘」の左右のところには、和様ではなく、行書っぽい字で「弘治七年　六月吉日」と書いてあります。ここで驚いてほしいのです。あるいはもうひとつ、「たまおどんのひのもん」のいちばん最後のところの落款部分には「大明弘治十四年」と刻ってあります。要するに大明、つまり明国の年号です。明治維新までは中国皇帝から暦をいただいて、冊封使が中国からやってきて、あなたを任命するという儀式をやっていたのですから、当たり前といえば当たり前です。

「たまおどんのひのもん」が書かれたのが「大明弘治十四年」（一四九六）で、**図46**「国王頌徳碑」が「大明嘉靖元年」（一五二二）です。このように、政治的には中国なのです。政治的には中国に冊封されていて、中国から琉球王として任命され、朝貢という名のもとでの貿易を行い、中国と正式の外交関係をもちながら、しかし文化の内実としては、漢文もさることながら、やはり漢字仮名交じりの日本化した文字を書いていた。あるいは日本語にも似て、漢詩・漢文と漢字仮名交じり文とで琉球は独立したといってもいいかもしれません。

すでに述べたように一四二九年に尚巴志《しょうはし》が沖縄全島を統一します。十五世紀のことで

図46　国王頌徳碑

す。十五世紀は東アジアで非常に重要な意味をもちます。朝鮮半島でハングルが生まれるのは一四〇〇年代半ばであることを考えても、このころ東アジアで一種のナショナルな気運が生まれてきたことがわかります。元が亡びて明になると、東アジアの各地方で独立の気運が出てくるのです。明の崩壊と清の建国という変動する時代のなかで、その次に東アジアの歴史的なポイントとなるのは文禄・慶長の役です。これは東アジアでは大事件であり、九州および琉球に深い影を落としています。

結局、一四〇〇年代半ばと、十六世紀終わりから十七世紀はじめにかけての時代、この二つの時代が大きな変革期であることが浮かび上がってきます。

「たまおどんのひのもん」が「大明弘治十四年」と大陸式で書いてありながら、それが日本式の漢字仮名交じり文で書かれているということで思い出していただきたいのが、栃木の「那須国造碑」です。これは七〇〇年に建てられたにもかかわらず「永昌元年」という中国の則天武后時代の年号が刻られています。

どこの国の年号を使うかは、その国の政治的帰属意識と深い関係があります。琉球は、明清の皇帝と冊封関係にあったわけですから、明および清の暦を使い、石碑に明あるいは清の年号を刻むのは当然です。しかし、そこに刻まれる文字が漢文であるならば異和感は全くないのですが、漢字仮名交じりでしかも和様の流儀様の字姿《スタイル》であったわけです。中国式の年号と碑形式、これらが本土とは違った趣を呈しています。

琉球は大陸との冊封関係をもちながらも、その一方で、島津が攻めてきたので島津との関係もあります。琉球には島津に攻められるはるか以前から、海の交易を通じて仮名と仮名文が入り込んでいたのだと考えられます。

最後に「たまおどんのひのもん」（図44）を見ておきましょう。ここに書いてある文字は次の通りです。

「首里おきやかもひかなしまあかとたる　御一人よそひおどんの大あんし（「あんし」というのは「按司」という役職です）おきやか　御一人きこゑ大きみのあんしおとちとのもいかね　御一人さすかさのあんしまなへたる　御一人中ぐすくのあんしまにきよた

る　御一人みやきせんのあんしまもたいかね　御一人こゑくのあんしまさふろかね　御一人きんのあんしまさふろかね　御一人とよみぐすくのあんしおもひふたかね　しよりの御みこと　い上九人　この御すゑは千年万年にいたるまでこのところにおさまるべしもしのちにあらそふ人あらばこのすみみるべし（「このすみ」というのは「この墨」という意味でしょう）このかきつけそむく人あらばてんにあおぎちにふしてたたるべし大明弘治十四年九月大吉日」。

「たまおどん」は「玉緑」と書かれています。では、この時代以前の沖縄の言葉はどういう言葉であったのでしょうか。じつは、それがよくわからないのです。ただ、平仮名が沖縄に入れば、当然それと同時に平仮名文が入り平仮名文と接触することになります。いったん接触すれば、沖縄にどんな言葉があろうと、接触したときにかならずその影響を受けます。

要するに、沖縄で仮名文字が書かれる以前に沖縄の言葉がどのように話されていたのか、話し言葉の文体がどういうものであったのかは本当のところはわからないのです。それは『古事記』や『万葉集』というかたちで文字に記される前に、弧島では、実際にどのような言葉が話されていたのかがよくわからないのと同じことです。文字に出会うと、言葉はその影響を受けてどんどん変わっていくからです。

したがって沖縄の話し言葉の文体が、この「たまおどんのひのもん」のようなものであったかというと、それは必ずしもそうとは言い切れない。日本の仮名文とぶつかって、そこに生まれてきた文体、文章にすぎないからです。

なぜ沖縄は漢文地帯にならなかったのか

それでは、平仮名はいつごろ沖縄に入ってきたのでしょうか。沖縄が日本と接触する機会は古くからあって、遣唐使の中継地点としても使われていたのですから、その頃から当然いろいろな人たちが日本から沖縄に入っていますから、なんらかの形で、平仮名以前の万葉仮名も漢字と同様に入っていたと考えるのが自然です。

平仮名がどのように受け止められたかについて、東恩納千鶴子《ひがしおんなちずこ》さんという人が『琉球における仮名文字の研究』という本を書いています。この本によると、「すでに十二世紀頃には仮名文字が沖縄に移入されたと考えられるが、それを立証する資料がない」とあります。網野善彦《あみのよしひこ》さんなどもおそらくこの東恩納さんあたりの研究をもとに、十二世紀頃には仮名文字、女手が沖縄に入っているといっています。それは十分にありうる話です。

ただ、女手を本格的に使いこなせるようになったことと、一四二九年に尚巴志が沖縄全島を統一したことのあいだに、関連がないわけではないと私は思うのです。つまり、「沖縄は、仮名文字が流入し、音写文字による沖縄語表記が可能になって、ヤポネシアとなった」のであり、このときに沖縄はヤポネシアになったと考えた方がいいと思います。

要するに、私が言いたいのはこういうことです。ヤポネシアをどのように捉えるべきかについてはいろいろな議論がありますが、そのひとつに、「もともと倭があった。北の方にはアイヌがいた。沖縄を含み込むようなかたちでもともとヤポネシアがあった。大陸から文化が移入されて、その中央部が中国化あるいは半島化され、その影響が残された」という考えがあります。ただ、私はそうは考えない。「平仮名が入り込んで、平仮名文を使いこなせるようになったときに、じつは沖縄が日本化され、そのとき初めてヤポネシアに入るようになった」というふうに考えます。このように考えた方が正確だと思うのです。

ここで大きな問題となるのは、「なぜ沖縄は漢語・漢文地帯にならなかったのか」ということです。もしも漢語・漢文地帯になるとすれば、まず台湾からです。台湾が漢語・漢文地帯になって、ここに漢文で治める王が生まれて台湾を統一し、現住民の言葉を圧倒して漢語化が進む。沖縄もそこに組み込まれるか、あるいは沖縄にもまた少し違う王が生まれる、という姿になっただろうと思います。

なぜ沖縄は漢文地帯にならなかったのか。その理由は、ひとつには島が小さかったからだろうと思います。国家というものは、いくつかの地方勢力がぶつかりあい、その後にはじめて形成されるものです。その点では、沖縄はやはり限界があります。琉球弧は端から端までの距離がものすごく長く、日本列島と同じくらいの距離をもっていて、かつ、一つひとつの島が小さく人口も少ない。

そうすると、そこでは中国式の支配の思想、要するに儒教思想であるとか、あるいは政治制度を本格的に学ぶ必要がない。なぜか。その末端には、それこそ平和な稾算のもとに生きている無文字の村落共同体が数多くあり、そういう環境では支配者である王は、中国式の支配の思想を学ぶよりも、平仮名という表音文字をうまく受け入れていった方が簡単に統治できたであろうからです。要するに、自前の言葉を書き表す上で、平仮名は非常に便利なものであったために、沖縄は漢文地帯にならず平仮名－漢字文明圏になったのだと思います。

沖縄は、小さい島がいっぱい繋がっているという地形的な特殊性ゆえに、平仮名を受け入れたわけです。沖縄に平仮名が入り込むことによって、琉球は日本化したのでしょう。

ところが日本というのは、それこそ現在もなおそうですけれども、中国から政治的なものをいっぱい学んできたにもかかわらず、基本的には政治音痴ですから、沖縄との関係の仕方がよくわからない。そうすると、明国あるいは清国と関係を保って朝貢というかたちの貿易をした方が、沖縄にとってははるかに自国を富ませる。そこで中国の冊封を受け、暦も受け取り、朝鮮の次に座を占めるぐらい中国の皇帝に可愛がられたひとつの地方としてその歴史を辿ったと思われます。

日米安保を成立させる意識

前章でも述べたとおり、日本は米軍基地を沖縄に押しつけ、大きな犠牲を強いています。しかも、それは必ずしも合意のうえで行われているわけではありません。この点に、沖縄の側にも同じ日本であるという意識が育ちにくい土壌があるように思います。沖縄が日本である以上は、やはり日本の問題として、沖縄の問題を本気で考えなければならない。にもかかわらず、それがなかなかできない。われわれの日常の意識も沖縄から離れているといわざるをえません。

私は思うのですが、全国の天気予報をするときには、すべて同じ距離で地図を出すべきです。奄美・沖縄地方だけは欄外に四角く囲んで出すけれど、その近辺の島は記されず、ましてや宮古や石垣や西表島は影も形もない。要するに日本として認めていない証拠です。島の人たちは怒りますよ、自分たちの島は日本のなかに入っていないのか、と。

近年は日米同盟と言われるようになった日米安保条約はどこで成り立っているかというと、沖縄を捨て島とすることで成り立っているのです。日本人が沖縄を差別し、「沖縄は日本とはちょっと違う」というように意識のなかで切り捨てている。あるいは、自分たちの意識のなかにないのです。南島をわれわれは遮断することによって、日本を成り立たせているのです。

したがって、もういちど沖縄から日本を見ることは非常に大事なことになります。それは単に沖縄が、かつてのヤポネシア、要するに日本をもっと広げたところのヤポネシアだからという意味ではありません。沖縄は小さな島であるがゆえに、中国と深い政治的な関係をもちながらもあくまで平和に、軍隊を基本的にはもたないで成立させてきた歴史があります。日本の源郷《パトリ》ということではなく、いってみればやがて日本もそういう姿を獲得すべき方向として、われわれの目標として沖縄を見るべきではないでしょうか。

したがって、観光に行って、沖縄の人たちに触れたときに沖縄の人たちは優しかったとか、あるいはなんとなく沖縄に居心地のよさを感じるというようなことは、それはかつてあった日本の故里というよりも、むしろこれから目指すべき方向であると私は考えたいと思っています。

その沖縄は悲惨な戦争体験をもちました。米軍が侵攻してきたときに、天皇の名のもとに、米兵に捕えられてはならないと、みんな自決せよということで、家族同士が殺し合うというような悲劇さえ起こっています。あるいは、本土から来た軍隊が洞窟に隠れるために、そこに隠れていた民間人を殺すこともしました。いろいろな悲劇が沖縄で起きています。

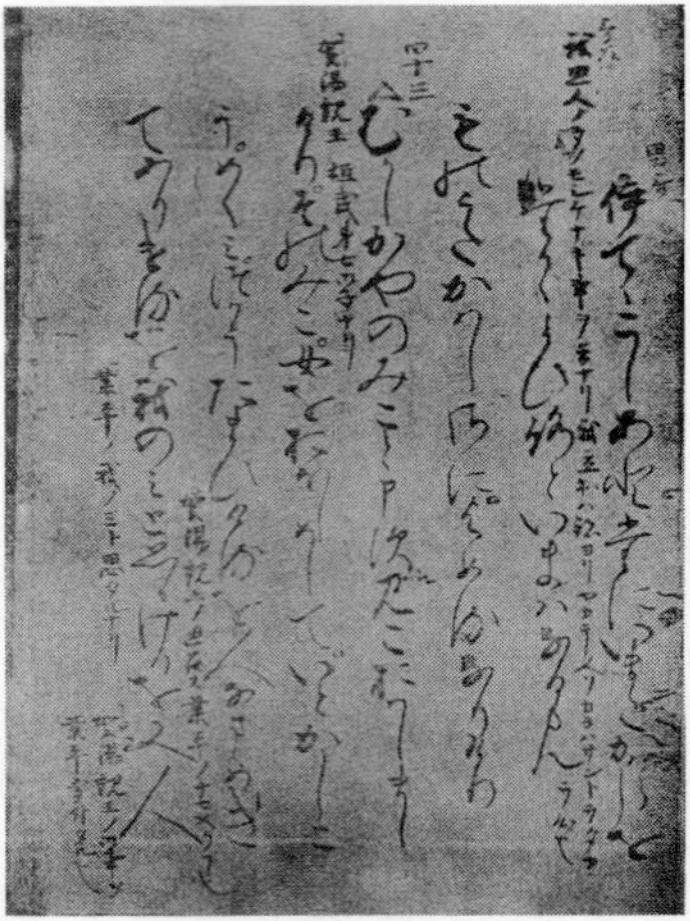
図47　浦添家本『伊勢物語』

沖縄の問題は、返還によってもうすでに終わったかのごとくに考えているけれども、そんなに簡単に終わる問題であるはずがありません。今なお非常に大きな問題であり、そしてそれは、沖縄だけの問題ではなく、日本全体の問題だということをやはり押さえておく必要があると思います。

言葉はあらかじめ「ある」わけではない

このように考えると、沖縄というのは、日本の原型であるというよりも、むしろ仮名文字が入り込む、あるいは仮名の文章が入り込んでいくことによって沖縄になったといえます。沖縄になって、日本文化と密接な繋がりをもつようになったのです。

図47を見てください。『伊勢物語』の写本である浦添家本は一四八〇年に書かれ、また『徒然草』の一節が一五七二年に書き取られています。このことからも窺えるように、沖縄と文化を深く共有していた姿がここに見て取れます。にもかかわらず、日本人の意

識のなかでは、沖縄は一種の異国のような観光地としてしか受け止められていなくて、そこで起こる出来事が対岸の火事のようにしか捉えられていない。この問題を克服しないかぎりは、日本が本当の意味で自立した国家とその国民として世界と手を結ぶことはできず、また国家と国民を超克することもできないと思います。

大陸と結びつくヤポネシア

最後に、対馬の亀卜と沖縄の結縄には、非常に興味深い東アジア的な、大陸文明的な関連があることを指摘しておきます。中国の文献には結縄が文字以前のものと記されていますから、当然、沖縄の結縄は中国と関係があるはずです。結縄自体がすでに大陸と大陸文化に関係があるのです。

甲骨文時代に貝が貨幣として流通していたのは「貨、賃、賓、財、資」等の文字から明らかですが、この貝は子安貝であり、この子安貝は琉球で採れる子安貝であるといわれています。これは白川静さんも書いておられます。そう簡単に言い切っていいのか疑問もないことはないのですが、少なくとも文字が誕生した頃に大陸と琉球とのあいだで子安貝を通じての交易があったようです。

だとすれば、これは仮説にすぎませんが、文字以前の時代から、大陸と沖縄には結縄が、少なくとも沖縄にはあったと考えられます。ただ、その沖縄というのは、日本の源郷として考えられているヤポネシアではなく、大陸と密接に結びついたヤポネシアということになります。

本居宣長の国学的な考え方では、大陸とは違うかたちで倭《やまと》があったとされています。その考え方を沖縄・琉球に敷衍するならば、中国の文献に書かれている結縄を、琉球・沖縄はずっともちつづけていたということになります。なおかつ琉球は中国に冊封されていたわけです。これをヤポネシアというのであれば、ヤポネシアは大陸的なものを当然含んでいることになります。要するに、古代倭というのは本居宣長以降の妖しき幻想なのです。

本居宣長的な考え方は、日本を考えるときにかならず中国を考慮の対象外として排除する考えに行き着きます。言語学者の大野晋《おおのすすむ》さんは日本語の元はインドにあり、その起源はタミール語であると言います。あるいは他の学者はタタールであると考えるのです。あるいは大多数の言語学者はウラル・アルタイの方に行くのです。誰も中国とはいわない。すぐ近くにあるのだから「日本語の元は中国語だろう」と考えてもいいのに、誰もそうは考えない。

ここには、中国を頭の中から抜いて中国の影響以前の倭を考える思考の不毛さがあります。大陸を頭に入れて考えておいた方がいいというのが私の結論です。それは琉球についても同じことがいえます。中国に冊封されながら、もちろん沖縄固有の文化もありますけれども日本的な文化も築いていったのです。

言葉も文化ももともと「ある」わけではありません。歴史のある時点である事情によって「できる」ものです。むろん、東アジアの文化のすべてが中国起源ではありません。東アジアは漢語（漢字）を中心とする文明圏です。繰り返しますが、中国も漢字がつくったものであり、漢字によって統一されているだけです。ヨーロッパと同じように、いくつもの国に分かれていてもおかしくないのであり、文字によって統一されてかたちを保っているのです。

このように考えれば、谷川健一、吉本隆明、島尾敏雄などが考えたことと違うかたちで、さらに日本を相対化できるのではないでしょうか。最後にこの点を強調して、本章を終えます。

第10章　無文字社会から問う――アイヌ史

歴史というものは文字で記述され、それを読み込んでいくことによってわれわれの前に開かれてきます。文書を第一次史料として構成された世界、それが歴史です。ところが、アイヌは文字をもたなかった民族です。したがって、基本的には史料が存在しません。アイヌ史に関する史料は、中国の史料であり、朝鮮の史料であり、あるいは日本語で書かれた史料であり、いずれも断片的なものでしかありません。これがアイヌの歴史を考えるときにまず直面する難題です。

しかし、直接的な史料がないとはいえ、アイヌ史を考えることには重要な意味がありますす。なぜなら、アイヌ史を考えるということは、アイヌと日本の文化史を比較し、二つの文化の違いが何を意味するのかを考えることと同じだからです。

まず復習の意味もかねて、日本の文化について日本語という観点からお話ししておきましょう。

本書で繰り返し強調してきたとおり、日本語は漢語（音語）と和語（訓語）からなる二重複線の言語です。このことがまず前提です。つまり、漢字語の世界と仮名（平仮名・片仮名）語の世界という、二つの世界を併せもった言語が日本語です。そこから文化的に日本が生まれ、育ち、現在に至っています。

日本語は漢字（漢語）を媒介にして二通りの対応をとります。たとえば「風」であれば、音の側には「フウ」の世界が広がり、訓の側には「かぜ」の世界が広がるといった具合です。「冬風」という漢語を例に説明するなら、音語では「トウフウ」、訓語では「ふゆかぜ」となるのでしょうが、冬に吹く風を「ふゆかぜ」とはあまりいわずに、和語では普通「きたかぜ」といっています。そして、それに漢字をあてはめて「北風」と表記されます。

あるいは「春風」という漢語はどうでしょうか。これは音語では「シュンプウ」、訓語では「はるかぜ」となります。ともに春に吹く風には違いはないのですが、「シュンプウ」と音語でいうと、その音のイメージは、「少し遠方にあって、遠方ですから冷たく、遠くから望むような感じ」になるので規模が大きく見えます。それに対して「はるかぜ」と訓語でいうと、「近くにあって、ちょっと温かみがあって具象的」というイメージですから、それ自体の規模は小さいけれどもクローズアップされて大きく見えます。英語では“spring wind”――つまり、同じものを指しているにもかかわらず、日本語では音語と訓語でニュアンスの違う二つの世界を表現することができます。他方、中国語では音語「春風」の世界しかありません。文であれば前後関係、言つまりはなしことばであれば、発声上の強弱、高低等の表現によってニュアンスの違いは出せるにしても、別の語として独立してはいません。

今いった遠・近、大・小の違いを具体的に示している例として「風車」があります。「フウシャ」と音語でいうと、発電用の大きなものを指しますが、「かざぐるま」と訓語でいうと、子供の玩具になります。

中国語では、「かざぐるま」も「フウシャ」も同じ「風車」の中国音で発音されます。日本の場合は「かざぐるま」といえば手にもつ子供の玩具になるし、「フウシャ」といえばオランダにあるような、あるいは発電用の大きなものになります。

美しき二重言語の構造

物事が発達するということは、物事が肌理《きめ》細かく存在し、見えるようになることです。昔のコマーシャルに、「違いがわかる男の、ゴールドブレンド」というのがありましたが（笑）、発達するということは「違いがわかること、細かくなること」です。

美は細部に宿ります。細かい違いがわかること、それが美を解することです。したがって、ほとんどすべての語に対して、音と訓の二通りの言葉をもつ日本語は構造的に美的、繊細な言語だということにもなります。

こうした日本語の特異性は、漢字と仮名の二つの文字を使うことから生まれました。「日本人は繊細な感性の持ち主である」という評価が成立するか否かは定かではありませんが、言えるとすれば、一つの事象に対して音語と訓語に仕分けして表現できることです。

「フウシャ」と「かざぐるま」は違う対象を指すように棲み分けてきたので言葉としても異なりますが、「シュンプウ」と「はるかぜ」はあくまで同じ対象を指します。それゆえに日本語を書くのは大変です。たとえば文章を書くときに、「はるかぜ」から書き始めるべきか、それとも「シュンプウ」から書きはじめた方がいいのか、どちらを選ぶかによってそれ以降の文章のトーンまで変わってしまいます。つまり、日本語を書くときにはニュアンスの違いを使い分けることに絶えず頭を悩ませなければならないのです。なおかつ、この漢字と仮名の二重複線の言語性には、もうひとつ意味があります。言葉は、語彙つまり単語と、文体からできています。文体というのは単語同士を繋ぐその繋ぎ方、つまり接続法、連続法のことで、この文体によって文章全体をかたちづくっていきます。

昨今、「日本語の乱れ」が問題視されていますが、その原因の多くは接続法あるいは連続法に関わる問題といえます。たとえば、コンビニなどで買い物をしたときに、近年、レジの若い店員は「千円からお預かりします」と言いますが、この「から」は明らかに間違いです。接続に関する助詞を間違えているのです。「千円」や「預かる」はそれ自体で意味をもつ自立語、つまり「詞」です。日本語の難しさはその自立語をどのように繋いでいくかという点にあります。「千円からお預かりします」という例でいえば、「から」と「ます」のような詞辞関係における「辞」の部分が問題になってくるのです。

別の観点からいえば、「詞」は主として漢字が担当し、「辞」は漢字で書きあらわせない部分なので仮名が担当します。「千円からお預かりします」といわれれば、預かっているのなら返してくれと言いたくもなるのですが（笑）、間違えるのは、「から」というような助詞であったり、「お」を付けるかどうかという敬語の問題であったり、仮名書きのところで生じています。

しかし、この助詞は意味のアクセントとしては非常に弱い。実際には「から」も「お」も「ます」も、なくても意味は通じます。

極端にいえば、中国語には「辞」がありません。中国語ふうにいえば「千円　預かる」になります。どうしても完了形にしたければ、「千円　預かった」という形にするだけのことです。日本語の場合には詞のあいだに助詞を挟み込む構造になっているのです。

ところが普段われわれは、「あの人、かっこいい」とか「私、大好き」というように、ほとんど単語を並べるだけの日本語を日常的に使っています。これも立派な日本語です。

いってみれば助詞は適当であってもいいとも言えるのです。とくに東アジアの言語は漢語中心の言語ですから、単語を並べればいいのです。

言葉の乱れを問題視する人々は、仮名の部分の乱れを指摘します。世の中の多くの人は、「辞」の部分、繋ぎの部分が間違っていることを指して、「言葉が乱れている」と騒いでいます。これでは、「美しい日本語」というのは、「繋ぎの部分」を正しく使えるかどうかという問題にすぎません。

しかし私にいわせれば、むしろ漢字のほう、つまり使える語彙が減ってきていることのほうが、より重大な問題です。それが日本語の危機の本質だと思います。仮名の部分にばかりこだわると、「繋ぎの部分」にだけ長けた人が出てきて、文法上の間違いもなく見栄えはすこぶるいいけれども、内容の乏しい日本語が生まれてくることにもなりかねません。

日本文化を相対化する視点

以上述べてきたように、日本語というのは、音訓二併性と詞辞の分化という二つの意味において、漢字と仮名の二重性でかたちづくられています。このような特性をもった日本語が私たちの文化の中心にありますが、日本の周辺には、日本文化を相対化できる視点をもった言語、文化的集団が二つあります。そのひとつがアイヌです。言葉はあっても文字をもたない集団、それがアイヌです。

いまの子供たちがどんなに文字を知らない、勉強をしないといっても、基本的にまわりには文字が氾濫しています。テレビからも出てくるし、町にもいっぱい文字がありますから、その影響を子供たちは受けています。ところが、その文字がアイヌには存在しなかったのです。文字のない言葉、それがアイヌ語であり、それをこの弧島で担ってきたのがアイヌです。したがって、本質的な規定をすれば、この列島の言語における無文字のシンボルがアイヌ語だということになります。

無文字のアイヌが一方にあって、そのもう一方には、日本語を受け入れつつも、日本とは少し違う文化的な態度をとった地方があります。それが琉球です。これが日本語を相対化できるもうひとつの言語集団です。

前章でみてきたように、琉球は二重複線言語の日本語を受け入れています。「たまどんのひのもん」のような漢字仮名交じりの碑を建てていることが、そのことを象徴しています。にもかかわらず一方で琉球は、そのもとになった大陸の単音節孤立語の中国語も受け入れています。二重複線言語である日本語と中国語をさらに二重に受け入れているのです。

その関係は朝鮮に似ています。つまり冊封です。大陸の皇帝を中心とした政治制度を受け入れて、いわば周辺国として琉球国も朝鮮国もひとつの国として立つのです。ただ、朝鮮は二重複線言語を受け入れていませんが、琉球は日本の二重複線言語も受け入れたのです。

琉球は、島津藩や徳川幕府とも冊封 - 朝貢に似た関係をとらざるをえなかったように、日本と中国に二重に仕えるかたちをとってきました。完全に二重言語・日本語に同化されずに、日本よりも重要な存在として大陸との冊封関係も保っていたのです。

日本語文化のまわりには、いわば「ねじれた有文字の琉球語文化」と「無文字のアイヌ語文化」が存在し、その二つを二重複線言語の日本文化は包み込んでいます。ねじれた部分は琉球文化が象徴し、無文字の部分はアイヌ文化が象徴しています。いってみれば、琉球とアイヌが日本語の周辺に出てくるのは、ある意味では非常にわかりやすいことではないかと思うのです。

つまり、日本と関係をもちつつも、中国との関係の強い地方に琉球という文化が育ち、日本と関係をもちつつも北方無文字圏を背後にもつ地方にアイヌという文化が生まれ、保存されたということになります。

「文字化」への三つの対応

文字化つまり東アジア政治制度の受容に対しては、三つの立場があります。第一は、「政治的受容から文化的独立へ」です。これは日本語、つまり漢・和の二重性に該当します。

第二は「政治的受容」です。これは琉球に該当します。つまり、漢・和の二重性による文化的独立よりも、親中国的な意識の方が強いわけです。日本の二重言語と、漢文・漢語の中国を同等に取り入れてもっているという言葉のあり方が琉球に象徴させられます。

使節が中国皇帝に謁見するときの序列は、朝鮮がいちばん上で、二番目が琉球だったということです。これは非常によくわかります。中国からいえば、朝鮮を冊封し、琉球を冊封してきているのですから、陸つづきの朝鮮が一番で、海を隔てた琉球が二番となるわけです。日本の側からいえば、朝鮮は二重言語を取り入れていないので琉球とは違う異域になります。琉球は二重言語も吸収しているので、日本のなかにも位置づけられます。このために琉球は、朝貢というかたちではなく、薩摩藩の支配下に置かれ、日本の幕藩体制に組み込まれていったのです。

そして第三が、「文字化＝東アジア政治制度を拒絶」する態度です。東アジアの政治制度というのは基本的に中国（中央）の皇帝を中心とし、これとの冊封関係で地方に国が立ち、王ができる制度なのですが、その東アジア的政治制度を拒絶した文化的なシンボルがアイヌだと考えられるわけです。これがアイヌ史の一応の結論になるかと思います。

北海道アイヌ、千島アイヌ、樺太アイヌ

以上を前置きにして、アイヌ史の本論について説明していきましょう。

まず、アイヌをどのように区分するかについて考えます。いろいろな区切り方がありますが、代表的な考え方を整理すると、北海道アイヌ・千島アイヌ・樺太アイヌという この三つに区分するのがよいようです。

北海道アイヌについて、自然人類学者の埴原和郎《はにはらかずろう》さんが『日本人の起源』という本のなかで、「渡来人、すなわち北東アジア民族の影響をほとんど受けなかったのが、北端のアイヌと南端の琉球人であり、したがってこれらの人びとは、現在でも縄文人的特質をよく残していると考えられます」と書いています。

埴原さんは骨や歯などの人間の形質・形態からみてこういうことをいっています。これは、半島や大陸から弥生人が弧島に入り込んできた結果、縄文人を北と南へ押し出し、北はアイヌ、南は琉球となったという近年の通説とも整合性があります。いずれにせよ、ここで強調したいことは、東アジアの文字文明を基本的に拒絶した状態で近代に至ったのがアイヌ、ここでいえば北海道アイヌであるということです。

北海道アイヌだけがアイヌではなく、カムチャツカから千島列島に至る地域、それから樺太の南部（樺太の北半分はギリヤークなどの先住民族の土地でアイヌはいないらし

い）と、その三つの領域でアイヌを考えるのが一般的な考えです。

膠着語と抱合語

言うまでもないことですが、日本は単民族国家ではなく多民族国家です。朝鮮文学者の野崎充彦《のざきみつひこ》さんは「朝鮮で檀君神話が非常に強く強調されてきている」と指摘していま す。大陸（中国）との繋がりを証す、箕子朝鮮、衛氏朝鮮以前に、独自の古朝鮮の存在を主張するのが檀君神話です。どんな国でもいわゆる単民族説が声高に唱えられるときには神話をつくっていきます。日本の場合でいえば、天皇を中心としたいわゆる天皇制イデオロギーによって単民族説が流布され、あまり深くものを考えない人がときどき単民族説を放言するのですが（最近は放言をしても、マスコミは咎《とが》めるだけの力がないところまで落ちてきているようです。かつては、そういうことをいえば激しく非難され、ヘタをすると大臣を辞めざるをえないというところまで行ったものです）、いずれにしても単民族説は神話の形成と並行して出てくることが多いのです。

実際には、日本が単民族であるはずがなく、これは多民族国家に決まっています。本書では一貫してお話ししていることですが、朝鮮も、日本も、アイヌも、琉球も、それから蘇州人も、広州人も、四川人も含めて、汎東北アジア人であるとしか表現しようがないのです。汎東北アジア人が言葉によって分かれていっただけのことです。

アイヌの人たちも東北アジア人です。肉体的な形質とか形態のようなものでは、民族は規定できません。あくまで文化的な存在として民族はあるからです。

現に日本人は、顔の形、体毛の濃さ、あるいは背の高さ足の長さがさまざまであり、どう考えても多民族国家です。逆にいえば、いわゆる純粋のアイヌの歴史を辿ってきた人がいたとしても、日本語をしゃべってさえいれば、その人を異民族と思う必要はないということです。

さて、そのアイヌ語ですが、これは日本語とは異なると一応されています。日本語のなかの方言としては説明しにくいからです。

日本語というのはどういう言語かというと、これは先ほどいったように、漢語と和語、つまり漢字語と仮名語を二重に併せもった言葉です。この島にもともと日本語があったわけではありません。あくまで日本語は歴史的に生まれてきたものであり、その日本語と、文字をもっていない言葉、アイヌ語とは当然違うことになります。

また、文法形態的には、日本語は膠着語で、アイヌ語は抱合語だといわれています。膠着語というのは、「詞」を「辞」でつないで文章をつくる言葉です。膠着語は中国語をとりまくように漢字文明圏に広範囲に存在しています。日本語、朝鮮語、モンゴル語、トルコ語などがそれに含まれます。

単音節孤立語の中国語つまり漢語は「詞」だけでできています。決して軽蔑していうわけではありませんが、中国人が日本語を使っている真似をするときに、「私 行くある」とこういう言い方をする芸人がいます。これは「詞」だけを繋いで話しているのです。

それに対して「私は行きます」は、「私 は 行き ます」ということで、これは順番に、詞、辞、詞、辞です。このように「辞」で「詞」を繋いでいく言葉が膠着語です。一方の抱合語というのはどういう言葉かというと、簡潔に説明すれば「分割できない言葉」のことです。たとえば「私、行く」というときに、「わちいく」や「わちく」とでもいったとしたら、語が相互に溶け込んでいるので、どれが主語でどれが述語かが明確に区別できないわけです。

イヌイットの言葉やアイヌ語は抱合語と分類されるのですが、その意味は、どこからどこまでが単語かが分けられないからそう呼んでいるだけのことです。まったく理解できない言葉の世界のなかに入り、その言葉を引き写してくれれば、みな抱合語だということになってしまいます。文字があれば、文字によって単語を分けられます。ところが、その文字がないために、どこからどこまでが何を指しているのかがわからないのです。

たとえば「東風」を「ひがしかぜ」と読めばわかりやすいのですが、和語ではこれを「こち」といいます。「南風」を「みなみかぜ」といわずに、「はえ」という。しかし東や南や風という文字を知る以前に、本当に「東風」が「こち」であって、「南風」が

「はえ」であったのかはよくわからないのです。つまり、はたして「こち」が「東の方から吹いてくる風」だけを意味していたのかどうか、そうではなく「幸せをもたらしてくる風」というような意味であったかもしれず、「はえ」は「飛び来るもの・こと」という意味であったかもしれないのです。あるいは、「こち」や「はえ」という語はあっても「かぜ」という単語はなかったかもしれない。つまり、どこで切れるかは無文字言語ではよくわからないのです。

たとえば、青森で地元の人同士が早口でしゃべっているのを聴き取ろうとしても、何をしゃべっているのかわからない、どこで言葉が切れるのかさえわからないことがあります。それでも、今のわれわれは文法を知っているので、理解不能な言語を聴いても「これが述語だろう」というように見当をつけることは可能です。それに、しゃべっているほうも文字を知っているので、それによって再整序されていますから、努力すれば聴き取ることも可能です。

けれども、文字がなければ、それはできません。たとえば、次の古代の『万葉集』の最も古い歌などは、音は並んでいるけれども、何をいっているのか、どこで文節が切れるのかさえわかりません。

こもよみこもちふくしもよみぶくしもちこのをかになつますこいへのらせなのらさ

ねそらみつやまとのくにはおしなべてわれこそをれしきなべてわれこそませわれこそはのらめいへをもなをも

（籠毛与美籠母乳布久思毛与美夫君志持此岳尓菜採須児家告閑名告紗根虚見津山跡乃国者押奈戸手吾許曾居師吉名倍手吾己曾座我許背歯告目家呼毛名雄母）

さらにわれわれが使う「えんやこらさ」というかけ声の意味もよくわからないし、文節がどこで切れるかわからない言葉がたくさんあります。しかしそれを使っていた側は、ある意味を込めてしゃべっていたのです。現代のわれわれはそれを「合いの手」といって済ませていますが、無文字の言葉はそのような「どこからどこまでが何かがわからない言葉」としてありつづけているのです。

しかも、無文字の世界では、身ぶりや手ぶりで補ったり、強調したり、間合いがあったり、踊りによって補足されたりするので、自立した言葉は基本的には存在しないと考えられます。純粋の無文字社会においては、言語は音楽もしくは踊りと一体のものなのです。文字がない以上、かならずほかの表現と組み合わされて整理されて表現されるのです。

日常のわれわれの生活でいえば、長年連れ添った夫婦のあいだでは、夫や妻が「あれ」といえば、妻や夫が「はい」といって意中の物をもってくるようなものです。指さすだけで済む場合もないわけではありません。普通の日常の生活ではそれで済みます。ある状況のなかで、ある一定の声の高さと強さで言葉を発するだけで、何を言わんとしているかが瞬時に伝わります。

したがって口語ではわざわざ「私は」などと主語はほとんどいわない。講演のときや、改まった席などでは「私は」といいますが、日常は「行く　新宿」と言うことも多いのです。

たとえば、「行く」という動詞について考えてみます。これは世界中の言語に共通していえることですが、語尾を上げれば「行きますか?」という意味です。また、場面によっては「行く」というだけで、「行けよ」とか「行くぞ」と行動を促す意味となり、別段命令のための辞をくっつけなくても、強く言うだけで「行け」という命令形にもなる。「さあ、行く」と「さあ」のようなニュアンスがつけ加われば、単に「行く」というだけで「レッツ・ゴー」の意味にもなります。いろいろな意味が無変化の孤立語風の動詞一語のしゃべりで十分成り立ちます。

いずれにしてもアイヌ語のような抱合語というのは、文節構造に分けられない言語と考えられています。ただ、言語学的にそう分類されているだけのことであって、無文字言語は基本的に「分けられない」接合語的構造をもっているということにすぎません。

大陸の視点が脱落した古代史観

次に、アイヌ語と日本語との関係についての諸説を少しみましょう。

計量比較言語学者の安本美典《やすもとびてん》さんは『日本語の成立』（講談社、一九七八年）という本のなかで、「音韻上、文法上の特徴を全体的にみたばあい、上古日本語にもっとも近いのはアイヌ語である」。また「アイヌ語についで上古日本語に近いのは、現代朝鮮語」であるといっています。

先ほども触れましたが、自然人類学者の埴原和郎さんは、『日本人の起源』のなかで、「渡来人、すなわち北東アジア民族の影響をほとんど受けなかったのが、北端のアイヌと南端の琉球人であり、したがってこれらの人びとは、現在でも縄文人的特質をよく残していると考えられます」という説を述べています。

また、考古学者の坪井《つぼい》清足《きよたり》さんは、『縄文との対話』（集英社、一九八六年）という本のなかで、「最近の考古学、人類学研究の成果からも、アイヌ語が縄文語の伝統を今日に伝えている可能性がある」と述べています。日本の地名にはアイヌ語に似ているものがあるといわれるのですが、現在までのところ、その由来については謎に包まれたままです。

むろん、縄文時代には古代倭語があったと考えられています。現代のアイヌ語、あるいは近世・近代になって書きとめられたアイヌ語のもとになった言葉（前アイヌ語といってもいいし、古アイヌ語といってもいいと思いますが）は、古代倭の諸語のなかのひとつであったことは間違いありません。古代倭にはいろいろな言葉があり、そのなかのひとつに書きとめられた古アイヌ語が当然含まれていたのです。なぜなら、アイヌ人はこの弧島に住んでいたからです。そういうことになります。

縄文時代の弧島が単一言語であったはずがありません。この島に単一言語である「やまと言葉」がもともと存在したということはありえないのです。なぜかといえば、アイヌ語以前のアイヌ語も倭にあったし、琉球語以前の琉球語も倭にあったからです。

これらのいわゆる縄文アイヌ説は、千島、カムチャツカ、樺太、あるいは大陸からの視点が脱落しているのではないかと思われます。縄文時代の弧島の中央部に弥生人や弥生文化が割り込んできて、縄文人が北のアイヌと南の琉球に分かれるという本州中心の図式のみで考えているのではないかと思われます。

しかし、はたしてアイヌを北へ追われた縄文人、と考えるので十分なのかどうか。北から渡ってきたということはないのかは、もう少し丁寧に辿ることが必要だと思われます。おそらくアイヌの領域はもっと北まで広げて考える必要があります。縄文という枠組みだけで考えていくと、千島や樺太まで広げるのには無理があります。その意味でアイヌは「北方の人たち」という前提で考える必要があると思います。

ところで縄文文化について、司馬遼太郎《しばりょうたろう》さんは、三内丸山で、この時代にこれだけの文明は世界でも類例を見ないというようなことをいっていますが、それは一万年程度のスケールで考えればそういうことになるのかもしれませんが、日本人はもともと素晴らしい力をもっていたのだ、大陸から入ってくる前に、ものすごく素晴らしい文明・文化が日本にはあったのだというようなことをいいたいという心理が、縄文神話を異様に肥大化させ、そう言わせている要因になっています。それは朝鮮半島において檀君神話が神話の域を超えて史実とされていくのと同じようなものです。

むしろそれよりも、それはもっと汎東北アジア的な視野で、弧島にも、朝鮮半島にも、大陸にもいろいろな文化がいっぱいあったけれども、そういうなかから漢字ができ、それによって東アジアが文明化され、やがて新しいステージに入っていき、徐々に各地方に分節されていったと考える方が事実に即していると思います。

日本人が縄文をいうと、朝鮮人が檀君神話をいうのとほとんど同じようなことになります。なぜかといえば、縄文時代にすでに孔子がいるからです。孔子がいて、孔子は基本的な東アジアの政治のあり様から、政治的支配のあり様に至るまで、もうすでに語っている。その時期に日本はまだ無文字縄文だったのですから、縄文時代はそんなに自慢できるような話ではやはりないのです。

朝鮮が云々、日本が云々ということより、東北アジアがその時代にどんな状態であったかということを事実として冷静に明らかにすればいいのです。それが東北アジア全体の遺産です。したがって、殷の時代に東北アジアの大陸に漢字ができたけれども、それはなにも大陸の人が偉かったわけではなく、われわれの文字が大陸に生まれたと思えばいいということになるのです。

縄文思慕は本居宣長的、うるはしきやまとごころ幻想の一亜種であるといえます。

無文字＝無国家

アイヌ語は無文字の言葉であると述べましたが、そもそも無文字というのはどういうことなのでしょう。無文字とは無国家ということです。国家をつくらないのです。国家をつくらないということは、それぞれの小さな共同体はあっても、トータルに大きな共同体、国家という共同体をつくらないということです。したがって、大きな神（天）を想定する宗教もなければ、文字も主語もない言語であることになります。

そのアイヌの歴史とはどうなっているのでしょうか。本章の冒頭で述べたように、アイヌの歴史はアイヌ自身によって書かれたものではなく、中国の史料、朝鮮の史料、日本の史料に記された断片的なものです。

朝鮮の史料『李朝実録』には、一四八二年に朝鮮国王のもとに日本国王（足利義政）の使いとともに、蝦夷千島王の使節と名乗る者が大蔵経の下賜を依頼に来たと記されています。蝦夷千島王が「私たちは仏教を信じていますが、大蔵経がありませんので下賜してください」と朝鮮国王に依頼したというのです。むろん、この記述そのものは、朝鮮の歴史書から採ったものとはいえ、事実かどうかは定かではありません。

アイヌ語とその歴史を考えていくうえで重要な問題なのは、日本語と衝突（接触）していることです。アイヌが無文字だといっても、有文字社会と接触すれば、当然それをもつことと同じような状態に至ります。その意味で日本語との衝突以降のアイヌはまったくの無文字社会であると言い切ることはできません。日本語と衝突することによって文法も変わった可能性は十分あります。ましてや、いま見たように、朝鮮国王に対して使者を出したとすれば、朝鮮国王に対して漢文の文書を送っていることになるので、もしこの記述が事実だとすれば、あるアイヌ社会の上層部は漢文が書けたことになります。

また、アイヌはいうまでもなく、弧島に住む和人（日本人）と交易をしていました。交易をすれば、当然そこには文字が付随してきます。記帳することもあったでしょうし、また契約のときに文字を用いることもあったでしょう。したがってアイヌが一〇〇パーセント無文字であったと考えるのは非常に難しい。もしまったくの無文字であったとすれば、文字をもつ側からの一方的収奪はあっても、双方向的な交易など成り立たないはずだからです。にもかかわらず、アイヌの歴史は基本的に無文字文化の悲劇を辿ることになります。

アイヌの抵抗運動史

「日本との接触」について時系列で整理してみましょう。ただ、アイヌと日本の関係史については、最近の研究によってようやく構成されてきたばかりなので、史料的には限界があります。

古い記述としては、一二一六年に鎌倉幕府が、京の強盗・海賊ら五十余人を蝦夷ヶ島に流したという記述があります。この蝦夷ヶ島というのはどこなのか、東北から北海道にかけてのどこかの島のことでしょうけれども、これについてもよくわかっていない。さらに、一二三五年には、鎌倉幕府が野盗・強盗は蝦夷ヶ島に流刑にするという布告をしていると記されています。

中国の『元史』に一二六四年から一三〇八年に至る約四十年間の元と骨嵬《くぎ》との戦いと帰順の記述があります。アイヌを指すとされる骨嵬がサハリン（樺太）北部から大陸の黒龍江で戦ったというのです。元は、大陸から近いサハリン北部を支配していたことになっていましたが、これを骨嵬が脅《おびやか》したというのです。元と闘ったといっても、北京から兵が出たとは考えられず、大陸黒龍江河口付近の元支配下の、いわば無文字同士の小さな戦闘の連続だったのでしょうか。一三〇八年には、獣皮を献上するということで闘いは収拾したと書かれています。

日本側からいえば、一四四三年に、津軽の安東氏が南部氏に敗れて、十三湊から蝦夷ヶ島に敗走したとあります。この安東氏とは、鎌倉時代に阿倍氏から安藤氏に変わり、室町時代に安東氏になり、やがて秋田氏に変わる一族です。この蝦夷ヶ島がどこなのか、普通に考えれば北海道と考えられるのですが、特定できていません。

交易によって日本（和人）と接触することによって、無文字と有文字の落差に起因する齟齬《そご》からアイヌは日本に対する抵抗をはじめます。その過程のなかでアイヌは分化していきます。日本化していくアイヌ、和人と共存するアイヌ、抵抗しつづけるアイヌという三つに分かれていくのです。その歴史が一四〇〇年代半ば以降、明治に至るまでずっとつづいていきます。

和人に対する小さな抵抗運動はむろん無数にあったのでしょうが、大きなそれとしてはコシャマインの乱（一四五七）、シャクシャインの乱（一六六九）、クナシリ・メナシの乱（一七八九）の三つがあります。

まず最初の大きな事件として、一四五七年、アイヌの首長コシャマインが武田信広《のぶひろ》に倒されるという事件があります。これは『北海道史』によれば、アイヌが和人に刀を発注したところ、その出来上がりの質と値段で言い争いになり、和人の鍛冶屋がアイヌを斬り殺した。推量すれば、和人が悪どい商売をしようとして、それに憤ったアイヌを殺したというようなことかもしれません。ここでコシャマイン率いるアイヌは蜂起し、志濃里館、箱館を陥いれ、次いで、中野、脇本、穏内、覃部、大館、禰保田、原口、比石の諸館を陥れた。和人は茂別・花沢の二館を守り、これを拠点に、コシャマイン父子を殺し、和人が勝利したという。

イエズス会の布教が、一六一八年以降、松前藩にまで達しています。また一六三九年には、その松前藩がキリシタン宗徒一〇六人を処刑しています。江戸時代初期には、キリスト教が明らかに北海道の南部にまで伝わっていたのです。

その次の大きな事件としては、一六六九年のシャクシャインの戦いが指摘できます。これは東蝦夷地に拠点を構えるアイヌの首長シャクシャインの蜂起のことです。発端は現在の静内川の西のオニビシを首長とする親和人のアイヌと静内川の東の排和人のアイヌとの間でのアイヌの内乱でした。和人がオニビシをそそのかしたかどうかはともかく、親和と排和間の闘争であったことは間違いないでしょう。この内乱に排和のシャクシャインが勝利し、やがて松前・幕府の連合軍と排和アイヌとの直接の戦いになります。和人二七〇余人を殺害し、商船一九艘を奪い、二〇〇〇の大軍が松前へ進撃しましたが、銃をもつ松前藩が優勢の展開ですすみ、シャクシャインの助命などを条件に和議となるはずでした。しかしその約束は偽りで、講和をしようとした酒宴で酔ったシャクシャインがだまし討ちにあい、殺害されたという事件です。

この事件以後、松前藩の勢力が全蝦夷地に及び、アイヌの産物と猟場、さらには労働力として若者、さらには弄《もてあそ》びものとして娘が収奪され、一七八九年、道東・クナシリ（国後）から道東北岸・メナシ（目梨）のアイヌの若者二百数十人が和人によるサンキチとマメキリの妻の毒殺事件を機に蜂起し、和人七一人を殺害。クナシリの首長ツキノエは勝機なしと判断してこれを収拾します。しかし、主だったアイヌの若者三七名は虐殺されたといわれます。

コシャマイン、シャクシャイン、クナシリ・メナシの乱というアイヌの抵抗闘争を見ていくと、松前を先兵として、道南、道東、道北へと、和人によるアイヌ居留地への植民地化が進展していった様子がわかります。

アイヌと和人との衝突の原形を象徴する言葉に「アイヌ勘定」という言葉が、今も北海道の一部に残っています。たとえば毛皮を取引する時に、まず「はじまり」といって一枚をとり、次に、一から十まで数えて十枚をとり、最後に「おしまい」といってさらに一枚をとる。つまり一から十まで数えて十枚分の対価で十二枚を手に入れるという、アイヌを欺く勘定法を指します。むろん、アイヌと和人はさまざまな取引をしていましたから、実際にこのような取引が恒常的でありえようはずはありません。しかしながら、実際の取引現場で、有文字和人が無文字アイヌを収奪した象徴としては、ありえない話でもありません。

近代に入ると、ご存じのように、官軍に敗れた榎本武揚《えのもとたけあき》らが蝦夷に独立国（第二の日本）の建国を夢想したことなども含めて、その後アイヌと入植者とのあいだにさまざまな軋轢《あつれき》が生じます。

一八六八年（明治元）榎本武揚ら旧幕府軍が上陸、五稜郭《ごりょうかく》へ入ります。清水谷府知事軍は箱館を退去し、青森へ移ります。翌年には新政府軍が江差に入り、箱館に進撃、しかし五月には榎本軍が降伏し、戊辰戦争は終わっています。

明治二年に新政府は蝦夷地を北海道と改め一一国八六郡を置きます。江戸時代に、松前領の渡島半島、庄内、秋田領の日本海岸、津軽、南部領の太平洋岸があったものの、内陸部は、アイヌの土地として認められていました。しかし、近代天皇制国家・日本は、一八七三年（明治六）の地租改正で、蝦夷地＝北海道を無主の地として、天皇領とします。

一八七四年（明治七）には屯田兵制度による開拓、つまり武装植民をはじめ、これが廃止される一九〇四年（明治三十七）には、約四万人が北海道に移住したといわれます。

一八七二年（明治五）には「北海道土地売貸規則」を公布し、一人一〇万坪を限度に土地を払い下げ、一八七七年（明治十）には「北海道地券発行条例」で土地の私有化をはかりました。アイヌが自由に生活してきた土地が、アイヌによってではなく、日本政府によって私有され、分割されていきます。

ちなみに、アイヌ人は一八七三年（明治六）に一万六二七〇人、日本人居住者は一六万八〇〇〇人であったとされています。

これらに加えて一八九九年（明治三十二）の「旧土人保護法」さらには「旧土人児童教育規程」などによって、沖縄などと同様に、皇民化教育、日本的氏名への改名などが行われていくのです。

このようなアイヌの歴史を辿っていくと、その歴史は悲惨としか言いようがありません。とりわけ、明治維新以前の近代「国民－国家」形成のために、多民族・多文化を前提とせずに、文化的同化を進めていく過程は、原住アイヌにとっては、許せざるものに違いありません。しかも、それからまだ一五〇年も経てはいないのです。狩猟、漁撈の生活を奪われ、言葉を奪われ、しかも差別されもするわけですから。

ここには、西欧植民地主義だけではなく、根っこの部分には、東アジア的中華・華夷（中央－辺境）思想が横たわっています。そして、アイヌが悲惨な運命を辿ることになったのは、文字文明によって無文字文化が呑み込まれるという無文字文化の悲哀があったのです。

とはいえ、近代における北海道の歴史は基本的には炭鉱史と考えていいでしょう。当時の日本のエネルギー資源である炭鉱開発の歴史を北九州とともに背負ってきた北海道は、その炭鉱開発の歴史がちょうど一九六〇年頃に終わると同時に、北海道の産業も窮地に陥って現在に至っています。

次ページに示した二つの地図をみてください。注意してほしいのは、アイヌを通じてサハリン（樺太）の南部にまで繋がっていることです。サハリンは大陸と非常に近い関係にあります。図48の「大陸にあるエゾ」の地図は中世の史料です。大陸が明朝だった頃、秀吉が半島に渡り大陸進出を企て、中国からインドまで平定することを考えていた時代の地図は、このような北の大陸にあるイメージで蝦夷を考えていたのです。蝦夷は大陸に属し、蝦夷・サハリンは大陸の延長線上にあるという認識だったようです。

図49が「近世のエゾ地」を示した地図です。和人が入り込んだところが、江差、松前、箱館、この三地点を中心とした南の三角形が和人の地であり、残りは北海道のほぼ全域を二分するように東西の蝦夷地に分かれ、南樺太は北蝦夷地と呼ばれていたことがわかります。さらに、この地図には示されていませんが、さらに千島の蝦夷地を加えた領域にアイヌが住んでいたことになります。

無文字の文化を捉えることは非常に難しいですが、結論をいえば、アイヌの歴史は、要するに「日本語の周縁における無文字の言語の歴史」です。

紙幅の都合で大づかみな説明になってしまいましたが、これをもちまして本章を終えたいと思います。

そして最後に、文字即言語という構造の漢字を有する東アジアの言葉、つまり生活と

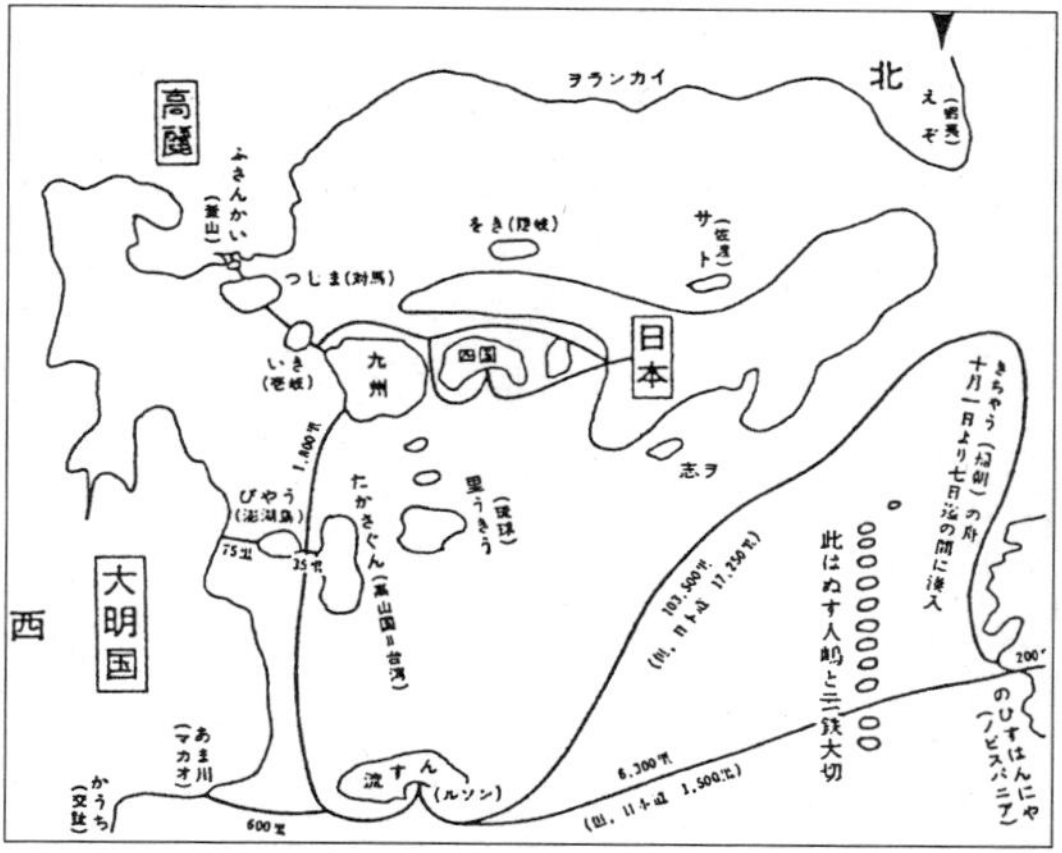

（出所）海保嶺夫『エゾの歴史』（講談社、2006年）

図48　大陸にあるエゾ

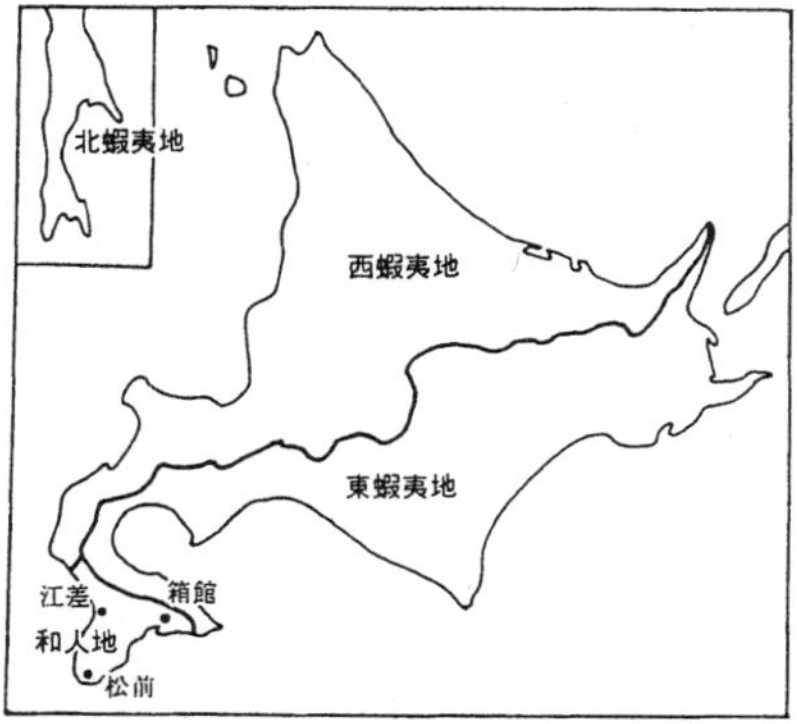

図49　近世のエゾ地

思想のスタイルにあっては、西欧風の音声言語学をすべて排除するわけではありませんが、発音記号のごときアルファベットとともにある西欧の言語からは気づきにくい、「文字」という視点を一滴滴下するだけで、その姿を明らさまにすることをつけ加えておきます。

終章　東アジア漢字文明圏の射程

漢字がつくり、漢字とともにありつづける東アジア

東アジアにおいては、言語は声である以上に文字（書字）である。文字が歴史をつくり、文字によって文化のみならず国までもが形成されている。漢字（簡体字）の言語の国が中国であり、漢字（繁体字）の言語の国が台湾で、元漢字とハングルの国が韓国・朝鮮で、元漢字と字喃（ベトナム文字）の国がベトナム（越南）で、漢字とひらがなとカタカナの国が日本である。その地圏をつくりあげた文字が漢字である。漢字がつくった東アジア。東アジアは漢字がつくりあげた文明圏である。

それを証明する一例として、身近にある二〇一八年五月二十二日付朝日新聞の「天声人語」、第一段落を引用する。

最初の資産はわずかな現金と車のみ。就職も投資も病気もすべてルーレットの目

次第だ。どれだけ財をなしたかを競う「人生ゲーム」の日本版が発売されて今年で50年を迎える。盤ゲームとしては異例の長寿である。

人生ゲームができて五十年。今なお人気のある玩具に触れた論説である。「車《くるま》」「目《め》」「競《きそ》う」「迎《むか》える」の四語はひらがな語（和語）に漢字を当てたもの。他の漢字はすべて漢語（漢字語）。それは全語彙の過半を占める。ふだん強く意識することもなく、何気なく使っているが、日本語は漢字（漢語）から生まれ、またそれに大きく依存している。この文から漢字だけを拾ってみる（カタカナも準漢字としてこれに加える）。

最初　資産　現金　車　就職　投資　病気　ルーレット　目　次第　財　競　人生　ゲーム　日本版　発売　今年　50年　迎　盤ゲーム　異例　長寿

単語の羅列ではあっても、これなら、おおよそ何を言わんとしているかが大まかに想像できる。「くるま」「め」「きそう」「むかえる」は和語（ひらがな語）ではあるが、漢字との同伴性が良く、漢語「車《シャ》」「目《モク》」「競《キョウ》」「迎《ゲイ》」と二重複線化している。それゆえ漢字で書かれるのが常である。

だが、ひらがなだけの語彙、

の　はわずかな　とのみ　も　も　もすべて　の　だ　どれだけ　をなしたかを
う　の　が　されて　で　える　としては　の　である

ではいったい何を言わんとしているのかさっぱり解らない。

形容動詞や副詞の類、「わずかな」「すべて」「どれだけ」「なした」はひらがなで書かれる方がふさわしいが「僅かな」「総て」「何れだけ」「成した」と漢字語との複線性をもたないわけではない。そうすると、この引用文の中で、漢語との関わりをもたない語は次のようになる。

の　は　と　のみ　も　も　の　だ　を　かを　う　の　が　（さ）れて　で
を　える　としては　の　である

このようにひらがな語（和語）は助詞、助動詞の類、象徴的に言えば「てにをは」に限られるといっていいほどだ。

言うまでもなく日本語は、中国語とは異なる。とはいえ、日本語がどれほど深く漢語

＝漢字語＝中国語に依存した言葉であるかは、「天声人語」のこの一段落だけからでも明らかである。そうは見えなくとも、そうは思わなくても、あるいはそう思いたくなくても、「日本語は漢字＝漢語がつくった」「漢字がつくった日本語」と説く理由はやすやすと理解してもらえるのではないだろうか。

日本語も日本文化もすなわち日本人も「漢字がつくった」。ハングルの韓国、北朝鮮語もアルファベットのベトナム語も、現在では、あるいは現在のところは漢字を使っていないが、漢語＝漢字語への依存度は、日本語より高い。東アジアは漢字がつくり、漢字語（漢語）を共通語とするひとつながりの漢字文明圏を形成しているのである。

秦始皇帝と東アジア漢字文明圏の成立

漢字語を共通語とする漢字文明圏は、秦始皇帝時代、紀元前二〇〇年頃に成立した。これは世界史上の最大の奇跡と言っていい。この頃までの東アジア唯一の文字・漢字は、「王は鉞である」「父は斧である」「母は垂乳根である」という神話に依存し、その形をとどめていた。鉞形の図象が「王」を、斧をもつ手の図象が「父」を、跪づく垂乳根の図象を「母」を指示する記号としてきた。この古代宗教神話文字段階を字画からなる新しい文字へとつくり変えることによって、宗教段階から散文的な政治段階へと転位することになった。それがいわゆる「秦始皇帝の文字統一」である。

たとえば「王」字はもはや神話に根拠づけられた鉞形の図象ではなく、ヨコ画三本、タテ画一本の合計四画の字画を寄せ集めた殺風景な文字となった。これを「篆書体《てんしょたい》」と呼ぶ、現在の日本でも実印として通行している書体へと変えたのである。この「点画＋点画＋点画＝文字」という構造は現在の漢字にまっすぐ繋っている。篆書体の成立によって、不思議なあるいは思わせぶりな図象（古代宗教文字）は姿を消した。すべては点画で書き表わせるようになり、宗教を脱した政治的な文字として、周辺地方を政治的に啓蒙、文明化していったのである。秦の篆書体のタテ二、ヨコ一のタテ長体の形状は、天に聳え立たんとする政治文字の成立を象徴的に宣言している。現実にはつづく漢のタテ一、ヨコ二のヨコ長扁平体の肉文字・隷書体が周辺の地方へとどんどん広がって行った。漢の時代の文字すなわち漢字つまり漢語が東アジア漢字文明圏を形成した。ヨコ長の隷書体は、地方への拡散、伸長力に育てられた形状である。ここにヨーロッパとはまったく異なった東アジアが成立することになったのである。

象形文字から大きく変貌したアルファベットの文字から、その原初の意味や形状は見えてこない。むろん漢字とて原初の意味と形状が直截に見えてくるわけではない。だが、「王」の字は、「鉞」の形状との繋がりをまったく残していないわけではない。第一、第二のヨコ画は鉞の持ち手。第三のヨコ画は鉞の刃が変容したものという説明が加われば、なるほどそうかと辿ることができることだろう。

字画文字と化して古代宗教文字段階を脱した、にもかかわらずその繋がりが読みとれないわけではないという絶妙の「継承と飛躍」によって、一字が一語であるという構造を保存した新生の漢字（篆書体・隷書体）は生まれた。かくて、一字が一語である言語の漢字文明圏が、ヨーロッパアルファベットの声の言語圏とは別箇の世界史・東アジア史を誕生させることになったのである。おそらく、世界史上最大の事件は、紀元前二〇〇年頃に成立する秦始皇帝の「文字統一」にある。この篆書体の成立によって、欧州とはまったく異なる文字＝書字を共通語とする言語圏として東アジアが成立したからである。

文字への誤解

近代において、おそらく文字ほど誤解されつづけてきたものはないだろう。文字とは言葉であり、言葉と無縁の文字はありえない。文字は言葉のために、そして、言葉とともにある。したがって文字を扱うときの主語は、文字ではなく言葉であるべきである。声中心の西欧の言語と、文字＝書字中心の東アジアの言語は基本構造を違えている。この事実が理解されれば、東アジアの問題はもっとクリアになり、西欧ともお互いにもっと理解を深めることができるようになることだろう。だが、残念なことには、この構造の異なる言語を錯覚して、同じ構造と取り扱うところから、東アジアの言語についても文化についても、西欧風のねじ曲った理解と政策が蔓延することになる。

東アジアに生まれ、存在しつづける漢字は、アルファベットと同様に扱える文字ではない。

漢字は一字が一語。漢字はそれ自体がそのまま言葉そのものなのだ。最近少なくなったが、かつて裁判所判決などで総字数一〇万字などと字数を云々称したのは、たんに字数を言っているのではなく、一〇万字は一〇万語に相当した漢文時代の名残りの表現である。一〇万字というのはほぼ「一〇万語」を意味したのである。

それに対して、アルファベットは文字とは呼ぶものの音字（記号）、音標、発音記号の類である。

漢字＝漢語の「春」に相当する英語は「spring」である。点画数が九画からなる「春」は、アルファベット六字からなる「spring」に等しい。「春」を文字と呼ぶなら「spring」が文字であって、「s」や「p」は文字ではなく、「ｓｐｒｉｎｇ」という文字を構成する要素、字素である。また「s」や「p」を文字と呼ぶなら、「春」字を構成する一点一画の「三」や「人」や「日」などが文字であるということになる。

漢字を表意文字、アルファベットを音素表音文字、ひらがなを音節表音文字と分類するのは文字を主語と勘違いした誤りである。文字は主語ではない。あくまで主語は言葉であるから、「春」は「ｓｐｒｉｎｇ」また「はる」という単位で扱うべきものである。

一字が一語である漢字＝漢語は、きわめて造語力の高い言語である。「春」は「風」と組み合わせれば（連語）で「春風」という語をつくる。幕末、前島密の「漢字御廃止之議」以来、漢字は学習・習得が困難だと考えがちだが、アルファベット語では一〇〇万語を使うためには一〇〇万語を覚えなければならないが、連語がやすやすと作れる漢語（漢字語）においては、わずか一〇〇〇字学習すれば、一〇〇〇字×一〇〇〇字＝一〇〇万語の語彙の大宇宙に触れることができるのである。

漢字ほど学習効率のよい言語はない。連語によって高度な言語も、目くるめく新語も、また奇怪な語彙もやすやすとできる。それゆえ、もはや書を語るときには欠かせない、筆触と刻蝕を統合した「筆蝕」なる的確な新語も生れたのである。

このような東アジアの言語を根柢において支えている漢字への誤解が、近代・現代に「漢字廃止論」や「かな書き論」「ローマ字書き論」等まったくもって不毛な「国字国語論争」にむだな時間と労力を費してきた。漢字語（漢語）とひらがな語（和語）の混合体たる日本語において、漢字を廃することは日本語の過半を廃することになるから漢字を廃止することなどできはしない。漢字語は、政治・宗教・哲学の表現に長けた言語である。にもかかわらず、西欧言語学と西欧文字論に眩惑されて漢字語を軽んじてきた。かくて、日本語における政治・宗教・哲学の表現は、見る影もなく乏しくなった。近年日本の政治や外交が世界と較べて劣勢につぐ劣勢と化しているのは、この辺りに原因がある。

漢字語を軽視して、漢字語教育を怠れば、四季と恋愛を語るひらがな語の表記が異様に肥大化する。ひらがな語は漢字語との緊張関係の下、その抑制とともにあって、その美しさを発現する。平安中期から後期にかけての和歌と和文のめくるめく展開は、ひらがな語の放縦ではなく、和漢朗詠など、漢字語の学習とその抑制下に花開いたことを忘れるわけにはいかない。

言語的に分析すれば、中国、台湾、韓国、朝鮮、越南と日本は、漢語を共通語とする兄弟言語圏であり、兄弟国である。兄弟喧嘩や近親憎悪があるにせよ、過半が共通の言語であり、お互い解り合うことはやさしい。

遅きに失した感があるものの、朝鮮戦争の終結がやっと見通せるようになった。東アジア漢字文明圏のこの文化的特質に垂露を下ろし、この地域の平和と安寧の実現に向かうことが、今ほど必要な時期はない。

あとがき

　二〇〇一年に、私は「二重言語国家・日本の歴史」というテーマで京都精華大学文字文明研究所の連続講義を一年間行った（『二重言語国家・日本』の歴史』〈青灯社、二〇〇五年〉として出版された）。この講義が、本書のテーマである日本と他の東アジアの諸国との異同の考察へと誘ったのである。したがって、本書は『二重言語国家・日本』の歴史』の姉妹著書となるものであり、また『日本語とはどういう言語か』（中央公論新社、二〇〇六年）と三部作を構成する。このため、言語論および日本についての記述は必要最小限にとどめている。

　中国はともかく、韓国・朝鮮、越南、沖縄、アイヌは、関心はあったものの私にとってはほとんど未知の分野であり、先学の諸文献から多くを教わりつつ、東アジアの歴史像への接近を試みたものである。それは困難で苦しくもあったが、また冒険を伴う楽しい営みでもあった。

本稿を書き進めるなかで、かつては「漢字文化圏」と使ってきた用語を、確信をもって「漢字文明圏」と書き変えることになった。「Civilization（文明化）」つまり西欧風の「市民化」は、東アジアにおいては、文字によって照らし出し、明るみに出す「文字化（文明化）」と同義であり、「Culture（文化）」つまり西欧風の「開墾」は、東アジアでは文字の変相《ヴァリエーション》、文字の化体群を指す。この意味で、「漢字文化」ではなく、「漢字文明」がふさわしい。

さらに、本書の原題名となった「漢字がつくった東アジア」について二つの点を補足しておく。ひとつは「漢字」の語について。ここでの「漢字」とは、近年奇妙な関心と誤解が増幅されているような、字形の側面に力点をあてた意味でのそれではなく、言葉たる側面に力点をあてた漢字である。「東アジア」とは、「文字即言語」つまり「漢字即漢語」という構造から離れられない言語の地方であり、「漢字がつくった」というよりも「漢語がつくった」という方が正確である。そして「書く」ことなくして文字が再生産されることはないから、「漢字がつくった……」「漢語がつくった……」は、「書字がつくった東アジア」という意味でもある。

第二には、「つくった」は、この「漢字＝漢語＝書字」による文明啓蒙ののっぴきならなさを意味するもので、時制上はたんなる過去形ではなく、現在もなお生き続け、今後も永続するという意味で、現在完了形であることにも触れておく。

本書は、地理的、民族的（うまく定義しきれていると思えぬ用語だが）には解きえない、東アジアの根っこにある共通性の由来とその特質への接近を試みたものである。脚下照顧――漠然と使われている「東アジア」なる語だが、これに鮮明な歴史的文明的像が描けるようになれば、他の文明圏の理解も進むだろう。民衆は、国家も文明圏も超えて、手を携えて歩んで行かねばならない。

平成十九（二〇〇七）年三月十三日

石川九楊

文庫版へのあとがきに代えて

本書は二〇〇二年一〇月から二〇〇三年十一月までの講義録をもとに成っている。二〇〇七年刊行の単行本段階では現実性をもって読まれた箇所も、十五年近くも経過するといささか通じにくい記述も見うけられるようになった。そこで現実性を感じられなくなった記述は基本的に削除するように努めた。しかしながら、渤海史を講義中に起きた二〇〇三年のイラク戦争については、元々の講義がどのように展開されていたかという臨場感をとどめており、あとがきに代えて留めておきたい。

＊

本章では渤海史についてお話をしますが、この間、非常に悲しい事件、しかも世界史的な大事件が起こってきて、そちらの方が気がかりで仕事の方に打ち込む時間を奪われるというようなことがあり、この二週間ばかりは、寝る前にもテレビをつけたままでイラクがどうなるかを気にしながら過ごしてきました。

そういう個人的な問題もあって準備が整わなかったということもあり、渤海史も主としてアウトラインで終わることになるかと思います。

今回のイラク戦争において何が口惜しいかといえば、世界史のターニングポイントに日本政府が戦後はじめて関与して、しかもそれが、われわれ国民あるいは世界史の流れを裏切るような方向に舵を切ったということです。これはわれわれ民衆にとって非常に大きな屈辱だと思います。

もう少し具体的にいえば、今回の米英のイラク攻撃に対して、日本政府はこれに賛同の意思を表示して、世界の流れを戦争の方に向けたということです。これは非常に口惜しい問題です。

二〇〇一年の九月十一日にはじまった新しい二十一世紀の歴史が、それこそ二十一世紀に新しい世界が生まれてくる方向に突き進みながら、それを獲得するまでに通過しなければならないおそらく四半世紀、二五年ぐらいの悲惨な時代がはじまっていくことになるそのキャスティングボートを日本が握って、それを間違った方向に使ったということです。

死刑と戦争に残存する古代性

敗戦後しばらくすると、戦争の悲惨さを忘れた政権党から憲法は愚弄されつづけてきましたが、今われわれの前にある希望は日本国憲法です。

国連憲章は戦争を基本的に認めています。それに対して、日本国憲法では陸海空軍その他の戦力をもたず、加えて国の交戦権を認めないということ、要するに戦争する権利をもたないと宣言しています。平和を目指して、平和を愛する諸国民の公正と信義を信頼してともに歩むのだと。この軍隊をもたない、交戦権を認めないという宣言は、国家が国家たることを一部ではあれ放棄したことを意味します。真面目な国際法学者などが、これは国家を否定したものだという認識は正しいのです。ただし、それゆえ変える必要があるのではなく、それゆえ変えてはならないのです。なぜなら国家というのは、民衆にとっては桎梏《しっこく》、手かせ足かせ、言い換えれば、古代遺制にすぎないからです。国家というのは、領土・領域と領民をもつという神話によって支えられている虚構《フィクション》にすぎません。皆さんは日本国の国民、つまり領土民にすぎませんか？　国家によって庇護される客体にすぎませんか？　そんなことはありません。実際は逆です。民衆が国家をつくっている、民衆こそが主役のはずです。その民衆は、領土や領民（国民）として制約される以上の幅広い存在です。どこに住もうと、周囲の人々との共同を生きる存在です。

この日本国憲法が、おそらく二十一世紀の人類のひとつの希望になるだろうと思います。そのスタートが切られたことは間違いありません。ところがそれをもっている張本人の国家の長が、そのまさに日本がもっている唯一最大の外交の武器、世界に対してものがいえるのはこれしかないという希望の原理を踏みにじり、米英にすり寄って、世界史を間違った方向に導いていこうとしています。

彼ら為政者が米英に加担した原因はどこにあるのかというと、結局北朝鮮という問題がそこには見え隠れしています。これは、歴史的に見ればどう考えても大きな罠で、じつはそのようにわれわれは考えてはいけないのです。北朝鮮の脅威などというものは基本的に存在しないと見ていかないと、イラク侵攻で犯した誤りと同じ誤りを犯すことになります。

それでは、その戦争がなぜ克服できないのかといえば、国家の大罪は法の埒外《らちがい》、戦争における殺人や破壊は無罪という馬鹿げた古代的制度にあります。人を殺せば、これは殺人罪です。極刑は死刑。殺人は最大の犯罪です。もちろん国家に対する犯罪は重罪です。また経済生活を保証する貨幣、贋札《にせさつ》をつくるのも大罪となりますが、人を殺せば殺人罪で罰を受けなければならないのに、戦争においては人を殺しても殺人罪にはなりません。首相や大統領が、また殺人たる戦争を進めていっても殺人教唆《きょうさ》にはならない、これは考えてみれば実に異様な問題です。

この古代からつづく遺制がじつはすべての悪の温床です。人を殺してはならないというテーゼがある。その方向に人類史は歩んで来たのです。古代はそうではなかった。戦争で敵の大将の首を斬って、それを棒にかざして帰還凱旋してくるとみんな拍手喝采で迎えた。そういう時代から徐々に人を殺すのはいけないという方向へ進んで来たのです。唯一その古代的な遺制が残っているのが戦争とそれから死刑です。国家が主宰する戦争と死刑だけは人を殺してもいいということにいまだになっています。

国家は人を殺してもいいという愚昧《ぐまい》、これが二十一世紀に克服しなければならない人類の最大の課題です。アメリカ国家の大統領には開戦つまりは人を殺せといってもいい権限が与えられている。日本の首相も戦争があれば多少は人が死ぬだろうというようなことを平気でいう。その言葉は、おおむねオウム真理教の麻原彰晃《あさはらしょうこう》がいったかどうか本当のところは知りませんが、それと同じことです。麻原彰晃は死刑になりました。ところが他方で、多少死ぬのはやむをえない、早く終わってくれればと言っている大統領や首相は死刑にはならないという不思議な問題が残っている。

これが独裁と圧政の温床です。フセインがどうとか、あるいは金正恩がどうとかといいますが、圧政と独裁というのは何によって成立しているかといえば、フセインとか金正恩という人間によって成立しているのではなく、死刑制度をもっている、つまり処刑する権限をもっているとする制度にあるのです。合法的に人が殺せる。何かあったら国家は合法的に殺戮と破壊をする権利をもっているということです。ここにすべてが集約されています。

これを個人がやればテロだということになって、厳しく罰せられるのに対して、国家が戦争し、国家が死刑にするのはいいということになっているこのあきれた古代性を克服するのがおそらく二十一世紀の課題になるだろうと思います。

憲法九条に秘められた思想

日本国憲法は死刑を禁じてはいませんが、少なくとも戦争は禁じ、自ら放棄しました。古代的な国家たることを克服した。その意味において世界でいちばん前に進んでいる憲法です。現在、それこそ若者も本当のところでは窒息するような意識をもっているにしても、一応はのびのびと生きていられるというのはどこから生じているかというと、この戦争を禁じているというところにあります。徴兵制がある国では、戦争だということになればいやでも出ていかざるをえないことになるのです。

もちろん日本国憲法にはアメリカが押しつけたという問題はあります。しかしアメリカが押しつけただけではなく日本も戦争を放棄することを望んだのです。また日本人だけで、これだけのスケールの憲法をつくれるはずはありません。一九四五年の敗戦を経て、巨大なスケールの殺人と破壊の体験の上から導き出されたのが憲法の前文であり、第九条なのです。

そこに秘められた思想は、ただ単に戦争をしないということではなく、国家だけが人を殺してもいいという矛盾——、それをなくすということです。つまり国家も人を殺してはいけないのです。だから当然死刑もいけないということになります。

死刑を許す方法はありうるとは思います。たとえば子供を殺されたとして、犯人が裁判で死刑相当ということになった場合に、その死刑の執行を国家ではなく、被害者の遺族にやってもらうのです。死刑相当であれば、一〇年間は刑務所にいて、一〇年後に家族がまだ殺したいと思えば直かに殺せばいい。その代わり家族が殺すのはもういやだということになったときには、そこでその罪が終わるというような方法があるかもしれません。

あるいは、国家がやるというのなら、死刑執行はかならず総理大臣が執行すべきです。下級の役人にすぎない執行官に殺人を犯させることを止めることです。あれは大変なのです。何人かを集めて一緒にボタンを押させたりするらしいのです。誰のボタンによって刑が執行されたか曖昧にすることによって、執行官の心理的負担を軽減させるといっても、それで執行官の重荷が解かれるわけではありません。そういうことを止めて、国家の長たる総理大臣が目の前の相手をどうしても殺すというようなことであれば、まだ多少はわからないわけでもない。

そのように国家の一大事と考えるわけでもない。遺族に殺させるわけでもない。遺族がもう殺さなくてもいいといっても国家が殺すのです。だからこれは国家の犯罪としての死刑です。それから最悪の殺人はやはり戦争という国家の犯罪です。正義の戦争などありえません。戦争というのは殺戮と破壊しかもたらしません。民衆の犠牲の代償として勝利国家は領土などわずかの利益を得られるかもしれないけれども、そこからは新たなものは何も生まれてこない。だから戦争になると人間のせっかく築き上げてきたものが非常にナイーブな古代段階に退行していくことになります。

少し脱線がすぎましたが、繰り返していっておきたいのは、死刑と戦争が要するに独裁と圧政の源泉であるということです。死刑と戦争がなくなれば独裁と圧政は間違いなくなくなります。もしもアメリカのいうようなならず者国家が仮にあったとしても、その源泉は、この死刑制度と戦争という二つの原因に帰一します。独裁と圧政という政治を終わらせるためには死刑と戦争をなくす、つまり民衆にとっては桎梏にすぎない国家を廃絶する以外に方法はないというのが私の基本的な考えです。

二〇〇一年九月十一日のあの事件の前にはもう少しアメリカの民衆に対して違う感覚ももち合わせていたのですが、あのあと、星条旗が振られ、アメリカ国民(領民)の多くが熱狂して、「ゴッド・ブレス・アメリカ」と大合唱する姿から見えてきたものは、これはやはり、私などは現実には体験していませんけれども、日本の戦時中と同じ姿ではないでしょうか。われわれ日本の民衆は基本的にそれを克服しました。日本はおそらくそれを克服していて、改憲したいという人たちがどのように考えようと、憲法の前文と九条に結晶された理念のなにがしかはやはり日本人のなかに息づいてきていると思われます。日本国憲法は国家であることを超えようとしているのです。

ところがアメリカにはそれがない。いやアメリカばかりではなく国家というものにはそれがない。アメリカについていえば、やはりいちばんの問題は銃社会です。拳銃社会というものを克服することをまずやらなければ、あの国はどうしようもないのです。スーパーマーケットで拳銃を売っているような国です。世界最大の軍事力というより、唯一アメリカだけが新型の大量破壊兵器を多量にもっている。そういう社会の根本レベルでは拳銃から離れられないのです。これは日本でいえば太閤秀吉の刀狩以前の時代です。その時代をいまだに抜けていないという、そういう国と社会が世界の盟主になるということはたいへん危険ですね。

そういうアメリカに対して、フランスやドイツは牽制球を投げたのです。そして中国やロシアはもう少し違う道を行く。そういうなかで、日本がそれこそもっとも重大、貴重な役割を果たせるにもかかわらず、それを怠るのみならず、間違った方向に舵を切ったということが、この二十一世紀の初頭の歴史としておそらく記録されるだろうと思います。

北朝鮮は脅威か？

そしてその理由として、みなさんにお話しするところの北朝鮮問題を取り上げて、北朝鮮が何かを起こした場合——何かを起こすというのは、ミサイルを日本に撃ち込むというのか、日本に攻めてくるというのか、小泉や、安倍内閣が何をイメージしていっているのかよくわかりませんが、北朝鮮という国家を何か非常に危険な、日本に対して敵対するものであるという前提で捉え、これに対抗するためにはアメリカの力を借りるしかないというきわめて幼い判断をしています。

注目すべきは、アジアではアメリカに追随しているのは日本と韓国とフィリピンで、いわばアメリカの植民地のような国です。これは非常に象徴的なことだと思います。

先ほどもお話ししましたが、北朝鮮の不幸の原因、南北分裂のいちばんの原因は国連の介入です。一九四五年に大戦が終わったあと国連が朝鮮半島を信託統治する。ここから南北の分裂の問題が起こってきたのです。現在の朝鮮半島の直接の不幸の原因は国連の統治です。国連の信託統治というアメリカが提唱した政策が不幸の原因になったのです。放っておけばおそらくは中国のような社会主義政権による統一国家として歩んだであろう朝鮮半島にアメリカの主導のもとに無理矢理線引きがなされたのです。

もうひとつの遠因をいえば、日本の植民地侵略です。これは間違いのない事実で、このふたつの歴史的な事件が現在の北朝鮮民衆の苦境という問題を築き上げています。別に金正日、正恩が好んでそれをつくったわけではないのです。

したがって、私の考えからいえば、北朝鮮の脅威など何もないと思います。たとえばミサイル云々という話をしていますが、北朝鮮がミサイル発射の実験をするとすれば、これは大陸に撃ち込むわけにはいかないのですから、日本海に撃つか、もうちょっと延びれば日本を越えて太平洋へ向けて撃つということにしかならないのです。

現在の北朝鮮問題がそういう武器の問題であるとすれば、やはりアメリカからまず大量破壊兵器を捨てていかなければ話がはじまらないのです。戦争でもしアメリカの思いどおりになるとすれば、みんなが欲しがりますよ、きっと。デイジーカッター（大量破壊の燃料気化爆弾）も欲しいと思うでしょうし、あるいは「爆弾の歯」などというふざけた名前の大量破壊兵器もあるようです。しかしそれよりも何よりも、一九四五年以降、大量破壊兵器を使った張本人はアメリカです。広島と長崎の原爆では非戦闘員も含めて三十数万人が死んでいます。三十数万人殺した張本人ですよ。そのアメリカがイラクの大量破壊兵器がどうした、北朝鮮の大量破壊兵器がどうしたなどといっていること自体おこがましいことです。

今のような大量破壊兵器を背景とした、力で一気に戦争決着をつけるというような姿を見せつづければ、これはもうどこもが欲しがるに決まっています。それを禁止するにはまずアメリカ自らが大量破壊兵器を捨てなければならないのに、一向にそれに取り組む気配がない。それを支えているのが拳銃をスーパーマーケットで売っているという社会、とそれを容認しているアメリカ市民の意識です。拳銃をスーパーマーケットで買い、身を守るためにはその拳銃で相手を撃ち殺してもかまわないという、そういう論理がはびこっている社会、それがアメリカです。

アラブ問題の深淵

これは二十一世紀には当然批判されるべきものです。私の考えでは、現実にそういう新しい歴史が二〇〇一年九月十一日からはじまっています。ツインタワーに飛行機が飛び込んだことによって死んだ人はこれはまぎれもなく、突入した飛行機の側に責任がある。しかし、そのビルがその後自己崩壊を遂げた。この自己崩壊は二次的に起こったものので、問題はその建物の構造にあった。したがって、死んだ人の五分の四の責任はビルを設計した建築家、あるいはそのビルの建設を許したニューヨーク市当局にあるというのが私の考え方です。

そしてこのツインタワーの自壊はアメリカの自己崩壊がはじまっている象徴的な出来事で、それより少し前からはじまっていたものが二〇〇一年の九月十一日にその姿を見せたということです。アメリカ型の社会と経済のシステム、端的にいえば行きすぎた資本主義が必ずしも人類にとって永続的なものではなく、自己崩壊をはじめたひとつの象徴だと私は思っています。スペースシャトルが落ちるとか、そういうものを含めてアメリカの時代の終わりがはじまったと。それがフランス、ドイツが国連を舞台にアメリカを向こうに回しての発言であり、ロシアもアメリカに対して少し距離を置きはじめた。また中国は例によって、アメリカとの距離を測りながらも要するにマイペースで、絶妙な位置取りをしている。

こういうなかで北朝鮮がもし問題であるとすれば――私はちっとも大した問題ではないと思っていますが――、ただひとついえることは、日本は本気になって北朝鮮と国交を回復する気になっていないことです。かつて、文禄、慶長の役で日本に拉致された朝鮮人を奪還するために、朝鮮は刷還使を送り、連れ帰りました。その例にならって、本気になって次から次と外交使節団を送り、民間の交流団を送り、ということをやっていけば、日朝問題は簡単に解決すると私は思います。それをやっていないだけの話です。そこにいわゆる拉致問題をひとつのきっかけにして、かつて共産主義が怖いといっていたのと同様、今度は朝鮮人が怖いといってまたぞろ同じ過ちを繰り返そうとしています。

このことについて私が今いちばん問題だと思うのは、日本人のなかに漠然とした朝鮮人に対する差別意識、あるいはまた幾分か共産主義のいわゆるアカに対する怖さが残っていることで、そういうものに依拠しながら北朝鮮の怖さを演出することになれば、そこで展開されるこれからの世界史は非常に不幸なことになると思います。

そうではなく、よくよく冷静に考えてみればいいのです。アメリカがイラクに臨時政権のようなものをでっちあげようとしても――こういうのを傀儡《かいらい》政権というわけですが、傀儡政権でうまくいったためしはいちどもありません。過去アメリカはベトナムに介入しましたが、アメリカは統治などはできませんでした。もちろんベトナムのうしろにソ連や中国はいましたが、要するにベトナムはベトナム人自身の手によって最終的には解決しています。アメリカが介入しなかったところだけがうまくいっているのです。中国もそうです。中国は日本を追い出しつつ国民党と共産党との闘争がありましたが、アメリカはこれに介入できませんでした。

要するに中国のことは中国に任せる。ベトナムのことはベトナムに任せる。だからイラクのことはイラクに任せる。本当はアフガニスタンのこともアフガニスタンに任せればいいのに介入したがためにたいへんな事態に至っています。他国が介入すればろくなことにならないのです。

もう少しこの問題でいえば、イラクに臨時政府をつくって、そしてこれがスタートすればどうなるかというと、アラブはこれから二五年ぐらいにわたって悲惨な状況になるだろうと思います。

それはなぜかというと、アラブの第一の問題はイスラエル建国の問題だからです。一九四七年、アメリカとイギリスがイスラエルというひとつの国をあそこに建てていいと認めた。アラブの人たちが住んでいたところを無理やり追い出して、そこに国を建ててしまったというところに大問題があります。これがいつも火種になっているわけです。

イラクもまた民主化とかいって変な政権をつくって、どうせ寄り合い所帯でつくるのでしょうから内部も不統一で、できたとしてもこれは第二のイスラエルですから、まわりのイランやサウジアラビア、エジプト、ヨルダン、シリアを含めて泥沼の状況になっていくと思います。

それぞれの地方のことは地方に任すのがいちばんいいのです。アメリカが介入していい結果をもたらしたことなどまずありません。日本の占領はうまくいったと言いたいのでしょうけれども、日本は島国だということ、また天皇制がそっくりそのまま残るという特異な事情があったからです。そうでないところ、要するにイラク問題は非常に大きな禍根を残すと思います。まして臨時政府を建てるなどということをいえば、これはアラブが相当ごたごたしてくることは必至で、アラブがごたごたするということは石油がごたごたするわけです。石油がごたごたするということは、世界のエネルギー源がごたごたするという状況になるだろうと。ただしこのごたごたは、私は二五年で終わると思っています。

参考文献

東アジア史全般

伊藤幸司『中世日本の外交と禅宗』（吉川弘文館、二〇〇二年）
藤堂明保『漢字とその文化圏』（第四版、光生館、一九八一年）
布目潮渢・山田信夫編『東アジア史入門』（新訂版、法律文化社、一九九五年）
石原道博『倭寇』（新装版、吉川弘文館、一九九六年）
宮脇淳子『モンゴルの歴史』（刀水書房、二〇〇二年）
大澤陽典・大庭脩・小玉新次郎編『アジアの歴史』（増補版、法律文化社、一九九五年）
堀敏一『東アジア世界の形成』（汲古書院、二〇〇六年）
岩橋小弥太『日本の国号』（新装版、吉川弘文館、一九九七年）
西嶋定生『西嶋定生東アジア史論集・第三巻——東アジア世界と冊封体制』（岩波書店、二〇〇二年）
西嶋定生『日本歴史の国際環境』（東京大学出版会、一九八五年）

『ことばと社会』5号・6号（三元社、二〇〇一年・二〇〇二年）
関晃『帰化人』（至文堂、一九六六年）
護雅夫・神田信夫編『北アジア史』（新版、山川出版社、一九八一年）
竹貫元勝『新日本禅宗史』（禅文化研究所、一九九九年）
京大東洋史辞典編纂会編『新編東洋史辞典』（東京創元社、一九八〇年）
増田弘・大野敏明『古今各国「漢字音」対照辞典』（慧文社、二〇〇六年）
亀井高孝・三上次男・林健太郎・堀米庸三編『世界史年表・地図』（吉川弘文館）
西尾賢隆『中国近世における国家と禅宗』（思文閣出版、二〇〇六年）
張翔・園田英弘編『「封建」・「郡県」再考』（思文閣出版、二〇〇六年）
佐藤正衞『チンギス・カンの源流』（明石書店、二〇〇六年）

中国

石川九楊『中国書史』（京都大学学術出版会、一九九六年）
石川九楊『日本書史』（名古屋大学出版会、二〇〇一年）
牛島徳次・藤堂明保・香坂順一編『中国文化叢書　言語』（大修館書店、一九六七年）
岡田英弘『世界史の誕生』（筑摩書房、一九九七年）
三崎良章『五胡十六国』（東方書店、二〇〇二年）
S・R・ラムゼイ『中国の諸言語』（高田時雄他訳、大修館書店、一九九〇年）

J・K・フェアバンク『中国の歴史』(大谷敏夫・太田秀夫訳、ミネルヴァ書房、一九九六年)
堀敏一『中国通史』(講談社、二〇〇〇年)
宮崎市定『中国史』上下(岩波書店、一九七八年)
鈴木俊編『改訂新版 中国史』(新編、山川出版社、一九六四年)
尾形勇・岸本美緒編『中国史』(山川出版社、一九九八年)
中嶋幹起『広東語四週間』(大学書林、一九八六年)
金丸邦三『中国語四週間』(大学書林、一九九四年)
孟慶遠・李敏・鄭一奇・夏松涼編『中国歴史文化事典』(小島晋治・立間祥介・丸山松幸訳、新潮社、一九九八年)
黄仁宇『中国マクロヒストリー』(山本英史訳、東方書店、一九九四年)
大庭脩『漢籍輸入の文化史』(研文出版、一九九七年)
大庭脩・王勇編『日中文化交流史叢書第九巻 典籍』(大修館書店、一九九六年)
岡田英弘『中国文明の歴史』(講談社、二〇〇四年)

朝鮮

田代和生『倭館』(文藝春秋、二〇〇二年)
青山秀夫・熊木勉編著『朝鮮語漢字語辞典』(大学書林、一九九九年)
北島万次『豊臣政権の対外認識と朝鮮侵略』(校倉書房、一九九〇年)

北島万次『豊臣秀吉の朝鮮侵略』（新装版、吉川弘文館、一九九五年）
南基鶴『蒙古襲来と鎌倉幕府』（臨川書店、一九九六年）
海津一朗『蒙古襲来』（吉川弘文館、一九九八年）
龍粛『蒙古襲来』（増補版、至文堂、一九六六年）
紙屋敦之『大君外交と東アジア』（吉川弘文館、一九九七年）
中上史行『壱岐の風土と歴史』（一九九五年）
武田幸男編『朝鮮史』（山川出版社、二〇〇〇年）
日韓共通歴史教材制作チーム編『朝鮮通信使、日韓共通歴史教材』（明石書店、二〇〇五年）
鄭晋和編『朝鮮史年表』（雄山閣出版、一九九二年）
朴永圭『朝鮮王朝実録』（尹淑姫・神田聡訳、新潮社、一九九七年）
李進煕『日本文化と朝鮮』（新版、日本放送出版協会、一九九五年）
李進煕・姜在彦『日朝交流史』（有斐閣、一九九五年）
井上秀雄『古代朝鮮』（日本放送出版協会、一九七二年）
金両基『ハングルの世界』（中央公論社、一九八四年）
姜在彦『朝鮮近代史』（新訂版、平凡社、一九八六年）
仲尾宏『朝鮮通信使をよみなおす』（明石書店、二〇〇六年）
古田博司・小倉紀藏編『韓国学のすべて』（新書館、二〇〇二年）
姜信沆『ハングルの成立と歴史』（大修館書店、一九九三年）

崔官『文禄・慶長の役』（講談社、一九九四年）
宮田節子・金英達・梁泰昊『創氏改名』（明石書店、一九九二年）
金達寿『朝鮮』（岩波書店、一九五八年）
朝鮮史研究会『朝鮮の歴史』（新版、三省堂、一九九五年）
李玉『朝鮮史』（金容権訳、白水社、一九八三年）
安田吉実・孫洛範編著『日韓辞典』（新訂、三修社、一九九四年）
梶村秀樹『朝鮮史』（講談社、一九七七年）
金両基監修、姜徳相・鄭早苗・中山清隆編『図説・韓国の歴史』（河出書房新社、一九八八年）

渤海

中西進・安田喜憲編『謎の王国・渤海』（角川書店、一九九二年）
石井正敏『日本渤海関係史の研究』（吉川弘文館、二〇〇一年）
朱国忱・魏国忠『渤海史』（佐伯有清監訳・浜田耕策訳、東方書店、一九九六年）
濱田耕策『渤海国興亡史』（吉川弘文館、二〇〇〇年）
上田雄『渤海国』（講談社、二〇〇四年）

越南

竹内与之助『字喃字典』（大学書林、一九八八年）

アジア・アフリカ研究所編『ベトナム　上・下』（水曜社、一九七七・七八年）
古田元夫『ベトナムの世界史』（東京大学出版会、一九九五年）
小倉貞男『物語　ヴェトナムの歴史』（中央公論社、一九九七年）
西川寛生訳・著『ベトナム人名人物事典』（暁印書館、二〇〇〇年）

琉球

東恩納千鶴子『琉球における仮名文字の研究』（球陽堂書房、一九七三年）
田代安定『沖縄結縄考』（養徳社、一九四五年）
豊見山和行『琉球王国の外交と王権』（吉川弘文館、二〇〇四年）
大田義弘『方言から考える』（新報出版、二〇〇一年）
外間守善『沖縄の言葉と歴史』（中央公論新社、二〇〇〇年）
原田禹雄『琉球と中国』（吉川弘文館、二〇〇三年）
宮田俊彦『琉球・清国交易史』（第一書房、一九八四年）
陳舜臣『沖縄の歴史と旅』（ＰＨＰ研究所、二〇〇二年）
宮城栄昌『琉球の歴史』（新装版、吉川弘文館、一九九六年）
野原三義『うちなあぐち考』（沖縄タイムス社、一九九二年）
上村忠男編『沖縄の記憶／日本《ヤマト》の歴史』（未來社、二〇〇二年）
谷川健一編『沖縄・奄美と日本』（同成社、一九八六年）

半田一郎編著『琉球語辞典』（大学書林、一九九九年）
大城立裕『沖縄歴史散歩』（創元社、一九八一年）
外間守善『沖縄の歴史と文化』（中央公論社、一九八六年）

アイヌ

小笠原信之『アイヌ近現代史読本』（緑風出版、二〇〇一年）
日本国有鉄道北海道総局編『北海道 駅名の起源』（日本国有鉄道北海道総局、一九七三年）
大塚徳郎『みちのくの古代史』（刀水書房、一九八四年）
菊池勇夫『アイヌ民族と日本人』（朝日新聞社、一九九四年）
三好文夫『アイヌの歴史』（講談社、一九七三年）
佐々木馨『アイヌと「日本」』（山川出版社、二〇〇一年）
佐々木利和『アイヌ文化誌ノート』（吉川弘文館、二〇〇一年）
海保嶺夫『エゾの歴史』（講談社、二〇〇六年）
新谷行『アイヌ民族抵抗史』（増補版、三一書房、一九七七年）
北海道新聞社編『年表でみる北海道の歴史』（北海道新聞社、二〇〇二年）
知里真志保『アイヌ語入門』（北海道出版企画センター、一九八五年）
知里幸恵編訳『アイヌ神謡集』（岩波書店、一九七八年）
村崎恭子・吉本隆明・池宮正治『ユーカラ・おもろさうし』（新潮社、一九九二年）

ポン・フチ『ユーカラは甦える』（改訂版、新泉社、一九八七年）
村山七郎『アイヌ語の起源』（三一書房、一九九二年）
切替英雄編著『アイヌ神謡集辞典』（大学書林、二〇〇三年）
河野本道『アイヌ史／概説』（北海道出版企画センター、一九九六年）
チューネル・M・タクサミ、ワレーリー・D・コーサレフ『アイヌ民族の歴史と文化』（中川裕監修、熊野谷葉子訳、明石書店、一九九八年）
ニコライ・ブッセ『サハリン島占領日記　一八五三～五四』（秋月俊幸訳、平凡社、二〇〇三年）

本書は、二〇〇七年四月、筑摩書房より刊行された。

ハーメルンの笛吹き男 阿部謹也

「笛吹き男」伝説の裏に隠された謎はなにか？ 十三世紀ヨーロッパの小さな村で起きた事件を手がかりに中世における「差別」を解明。（石牟礼道子）

自分のなかに歴史をよむ 阿部謹也

キリスト教に彩られたヨーロッパ中世社会の研究で知られる著者が、その学問的来歴をたどり直すことを通して描く〈歴史学入門〉。（山内進）

逃走論 浅田彰

パラノ人間からスキゾ人間へ、住む文明から逃げる文明への大転換の中で、軽やかに〈知〉と戯れるためのマニュアル。

純文学の素 赤瀬川原平

まわりにあるありふれた物体、出来事をじっくり眺めると不思議な迷路に入り込む。「超芸術トマソン」前史ともいうべき「体験」記。（久住昌之）

パラノイア創造史 荒俣宏

悪魔の肖像を描いた画家、地球を割ろうとした男、新文字を発明した人々など、狂気と創造のはざまを生きた偉大なる〈幻視者〉たちの魅惑の文化史。

ナショナリズム 浅羽通明

新近代国家日本は、いつ何のために、創られたのか。日本ナショナリズムの起源と諸相を十冊のテキストを手がかりとして網羅する。（斎藤哲也）

幕末単身赴任 下級武士の食日記 増補版 青木直己

きな臭い世情なんてなんのその、単身赴任でやってきた勤番侍が幕末江戸の〈食〉を大満喫！ 残された日記から当時の江戸のグルメと観光を紙上再現。

増補 経済学という教養 稲葉振一郎

新古典派からマルクス経済学まで、知っておくべき経済学のエッセンスを分かりやすく解説。本書を読めば筋金入りの素人になれる⁉（小野善康）

辺界の輝き 五木寛之 沖浦和光

サンカ、家船、遊芸民、香具師など、差別されながら漂泊に生きた人々が残したものとは？ 白熱する対論の中から、日本文化の深層が見えてくる。

仏教のこころ 五木寛之

人々が仏教に求めているものとは何か、仏教はそれにどう答えてくれるのか。著者の考えをまとめた文章に、河合隼雄、玄侑宗久との対談を加えた一冊。

自力と他力　五木寛之

俗にいう「他力本願」とは正反対の思想が、真の「他力」である。真の絶望を自覚した時に、人はこの感覚に出会うのだ。

サンカの民と被差別の世界　五木寛之

歴史の基層に埋もれた、忘れられた日本を掘り起こす。漂泊に生きた海の民・山の民。身分制で賤民とされた人々。彼らが現在に問いかけるものとは。

隠れ念仏と隠し念仏　五木寛之

九州には、弾圧に耐えて守り抜かれた「隠れ念仏」があり、東北には、秘密結社のような信仰「隠し念仏」がある。知られざる日本人の信仰を探る。

宗教都市と前衛都市　五木寛之

商都大阪の底に潜む強い信仰心。国際色豊かなエネルギーが流れ込み続ける京都。現代にも息づく西の都の歴史。「隠された日本」シリーズ第三弾。

わが引揚港からニライカナイへ　五木寛之

玄洋社、そして引揚者の悲惨な歴史とは？　アジアとの往還の地・博多と、日本の原郷・沖縄。二つの土地を訪ね、作家自身の戦争体験を歴史に刻み込む。

日本幻論 漂泊者のこころ　五木寛之

幻の隠岐共和国、柳田國男と南方熊楠、人間としての蓮如像等々、非・常民文化の水脈を探り、五木文学の原点を語った衝撃の幻論集。　（中沢新一）

建築の大転換 増補版　伊東豊雄／中沢新一

いま建築に何ができるか。震災復興、地方再生、エネルギー改革などの大問題を、第一人者たちが説き尽くす。新国立競技場への提言を増補した決定版！

その後の慶喜　家近良樹

幕府瓦解から大正まで、若くして歴史の表舞台から姿を消した最後の将軍の〝長い余生〟を近しい人間の記録を元に明らかにする。　（門井慶喜）

「月給100円サラリーマン」の時代　岩瀬彰

物価・学歴・女性の立場――。豊富な資料と具体的なイメージを通して戦前日本の「普通の人」の生活感覚を明らかにする。　（パオロ・マッツァリーノ）

9条どうでしょう　内田樹／小田嶋隆／平川克美／町山智浩

「改憲論議」の閉塞状態を打ち破るには、「虎の尾を踏むのを恐れない」言葉の力が必要である。四人の書き手によるユニークな洞察が満載の憲法論！

隣のアボリジニ　上橋菜穂子

大自然の中で生きるイメージとは裏腹に、町で暮らすアボリジニもたくさんいる。そんな「隣人」アボリジニの素顔をいきいきと描く。（池上彰）

サムライとヤクザ　氏家幹人

「男らしさ」はどこから来たのか？　戦国の世から徳川の泰平の世へ移る中で生まれる武士道神話・任俠神話を検証する「男」の江戸時代史。

弾左衛門と江戸の被差別民　浦本誉至史

浅草弾左衛門を頂点とした、花の大江戸の被差別民の世界に迫る。ごみ処理、野宿者の受け入れなど現代にも通じる都市問題が浮かび上がる。（外村大）

熊を殺すと雨が降る　遠藤ケイ

山で生きるには、自然についての知識を磨き、己れの技量を謙虚に見極めねばならない。山村に暮らす人びとの生業、猟法、川漁を克明に描く。

世界史の誕生　岡田英弘

世界史はモンゴル帝国と共に始まった。東洋史と西洋史の垣根を超えた世界史を可能にした、中央ユーラシアの草原の民の活動。

日本史の誕生　岡田英弘

「倭国」から「日本国」へ。そこには中国大陸の大きな政治のうねりがあった。日本国の成立過程を東洋史の視点から捉え直す刺激的論考。

倭国の時代　岡田英弘

世界史的視点から「魏志倭人伝」や「日本書紀」の成立事情を解明し、卑弥呼の出現、倭国王家の成立、日本国誕生の謎に迫る意欲作。

よいこの君主論　架神恭介　辰巳一世

戦略論の古典的名著、マキャベリの『君主論』が、小学校のクラス制覇を題材に楽しく学べます。学校、職場、国家の覇権争いに最適のマニュアル。

もしリアルパンクロッカーが仏門に入ったら　架神恭介

パンクロッカーのまなぶは釈迦や空海、日蓮や禅僧たちと殴りあって悟りを目指す。仏教の思想と歴史を笑いと共に理解できる画期的入門書。（蟬丸P）

仁義なきキリスト教史　架神恭介

イエスの活動、パウロの伝道から、叙任権闘争、十字軍、宗教改革まで――。キリスト教二千年の歴史が果てなきやくざ抗争史として蘇る！（石川明人）

戦国美女は幸せだったか　加来耕三
波瀾万丈の動乱時代、女たちは賢く逞しかった。武将の妻から庶民の娘まで。戦国美女たちの素晴らしい生き様が、日本史をつくった。文庫オリジナル。

きよのさんと歩く大江戸道中記　金森敦子
江戸時代、鶴岡の裕福な商家の内儀・三井清野のゴージャスでスリリングな大観光旅行。総距離約2420キロ、旅程108日を追体験。（石川英輔）

「幕末」に殺された女たち　菊地明
黒船来航で幕を開けた激動の時代に、心ならずも命を落としていった22人の女性たちを通して描く、もうひとつの幕末維新史。文庫オリジナル。

哀しいドイツ歴史物語　菊池良生
どこで歯車が狂ったのか。何が運命の分かれ道だったのか。歴史の波に翻弄され、虫けらのごとく捨てられていった九人の男たちの物語。（鎌田實）

闇屋になりそこねた哲学者　木田元
原爆投下を目撃した海軍兵学校帰りの少年は、ハイデガーとの出会いによって哲学を志す。自伝の形を借りたユニークな哲学入門。（与那原恵）

現代人の論語　呉智英
革命軍に参加!? 王妃と不倫!? 孔子とはいったい何者なのか？ 論語を読み抜くことで浮かび上がる孔子の実像。現代人のための論語入門・決定版！

つぎはぎ仏教入門　呉智英
知ってるようで知らない仏教の、その歴史から思想的な核心までを、この上なく明快に説く。現代人のための最良の入門書。二篇の補論を新たに収録！

吉本隆明という「共同幻想」　呉智英
熱狂的な読者を生んだ吉本隆明。その思想は「正しく」読み取られていただろうか？ 難解な吉本思想の核心を衝き、特異な読まれ方の真実を説く！

考現学入門　今和次郎　藤森照信編
震災復興後の東京で、都市や風俗への観察・採集からはじまった〈考現学〉。その雑学の楽しさを満載し、新編集でここに再現。（藤森照信）

レトリックと詭弁　香西秀信
「沈黙を強いる問い」「論点のすり替え」など、議論に仕掛けられた巧妙な罠に陥ることなく、詐術に打ち勝つ方法を伝授する。

ちくま文庫

漢字《かんじ》とアジア
――文字《もじ》から文明圏《ぶんめいけん》の歴史《れきし》を読《よ》む

二〇一八年八月十日　第一刷発行

著　者　石川九楊（いしかわ・きゅうよう）

発行者　喜入冬子
発行所　株式会社　筑摩書房
東京都台東区蔵前二―五―三　〒一一一―八七五五
振替〇〇一六〇―八―四一二三
装幀者　安野光雅
印刷所　三松堂印刷株式会社
製本所　三松堂印刷株式会社

乱丁・落丁本の場合は、左記宛にご送付下さい。
送料小社負担でお取り替えいたします。
ご注文・お問い合わせも左記へお願いします。
筑摩書房サービスセンター
埼玉県さいたま市北区櫛引町二―六〇四　〒三三一―八五〇七
電話番号　〇四八―六五一―〇〇五三
© KYUYOH ISHIKAWA 2018 Printed in Japan
ISBN978-4-480-43534-7　C0195